JN177105

ミルトン・エリクソンの

催眠の経験

変性状態への治療的アプローチ

ミルトン・H・エリクソン
アーネスト・L・ロッシ
横井勝美＝訳

Ψ金剛出版

思慮深い編集作業によって本書の刊行を可能にしてくれた
エリザベス・エリクソンとマーガレット・ライアンに捧げます。

Experiencing Hypnosis
Therapeutic Approaches to Altered States

Milton H. Erickson, Ernest L. Rossi

Copyright © 1981 by Milton H. Erickson and Ernest L. Rossi
Japanese translation rights arranged with
The Marsh Agency Ltd
through Japan UNI Agency, Inc., Tokyo

序文

本書は、『催眠の現実Hypnotic Realities』(Erickson, Rossi, & Rossi, 1976：金剛出版刊)、『Hypnotherapy: An Exploratory Casebook』(Erickson & Rossi, 1979：金剛出版から刊行予定）の続編です。そして、これらの本によって、上席著者ミルトン・H・エリクソンは、下席著者アーネスト・L・ロッシに対して、臨床催眠分野の訓練をしました。これらの三巻は、催眠とは何かということについて、深化した見方、および催眠療法の創造的なプロセスを達成する方法を総合して示しています。これらの本の中の資料は最終的に、人間の意識の性質に触れています。そして、形式的な研究状況の中だけでなく催眠療法の中で、その探求をもっと促進するために、さまざまな無制限な形式のアプローチを提案します。

間接的コミュニケーションは、ツー・レベルのコミュニケーション、自然主義的アプローチ、そしてユーティライゼーション・アプローチと評したものをカバーするために、私たちが使用する包括的な概念です。これらすべてのアプローチに共通する要素は、催眠療法には、単一な、オブジェクティブ・レベルにおける単純な話以上の何かが含まれているということです。見てすぐに分かるような明白な内容のメッセージは、氷山の一角のようなものです。間接的コミュニケーションを受け取る人は、通常、彼あるいは彼女の連想プロセスが、多くの方向へ自動的に動かされているその範囲に気づきません。このように受け取られた催眠暗示は、そうしなければ手が届かなかったかもしれない治療的なゴールを達成するために、患者自身の独自の反応ポテンシャル response potentials のレパートリーを自動的に喚起し、そしてユーティライゼーションすることになります。前著において、私たちは、このプロセスの働きを、トランス誘導と暗示のミクロ動力学として概説しました。これは、現代の暗示理論への上席著者の独創的な貢献の本質であり、催眠の長い歴史の中で、他の著者らが間接的なコミュニケーションの理解にたどり着くのに苦労したものでした。私たちは、他の著者らが使った多くの手段と意味のいくつかを本書の中でチェックします。

本書のセクションⅠは、上席著者による臨床催眠についての歴史的に見て重要な講演を提示します。そこで、私たちは、催眠への以前の権威主義的なアプローチから、(エリクソンが創始した) 新しい許容的アプローチへ、エリクソンが移行したのを目の当たりにします。このプレゼンテーションの特異な性質のために、本書にはその録音カセットが付いています (日本語訳である本書にはついていません)。専門家である読者には、このカセットを聞くことを強くおすすめします。そして、テキストに示された講演に対処する前に、カセットを少し味わってほしいと思っています。

本書のセクションⅡとセクションⅢでは、トランス誘導と催眠療法に対する上席著者の二つの基本的アプローチであるカタレプシーと観念運動シグナリングに焦点を当てます。実際問題における主な心配は、いかに治療的なトランス誘導をするか、そして、いかに患者の人生経験のレパートリーと催眠療法において利用される不随意的反応システムを呼び起こすか、ということです。以前の仕事の特徴である広く知られている臨床的トランス、そして変性状態の主観的な経験に対して、現在においても理解するために、ずっと議論され続けています。

スタンフォード大学で、アーネスト・ヒルガードとジェイ・ヘイリーによって作成されたエリクソンの映像は、アービントン出版から入手できます。これは、セクションⅢで提示された催眠誘導におけるリバースセットを利用するエリクソンの革新的な仕事の非言語的な面を観察したい真摯な学習者が研究するためのものです。このリバースセット・アプローチのさらなる研究とその発展は、大いにトランスの力学の理解を拡大して、そして催眠療法において、新世代のもっと効果的なアプローチの基盤として用いられるだろう、と私たちは思っています。

セクションⅣでは、近年、上席著者の大好きな仕事を例示します。そして催眠経験の学習に対処します。すなわち自分自身のプロセスを経験できるようにして、臨床催眠を使用する専門家をトレーニングすることです。このセクションで提示される二つのセッションは、催眠現象を経験することを学ぶ際に、現代的で、合理的で、科学的な訓練を受けた心が直面する問題を実例で説明します。現在の限界を越える努力をすることによって、それ自体についてより多くのことを理解することを現代的な心が求めるとき、多くの現象と現代的意識にはパラドックスがあることを、ここで例示します。

アーネスト・ロッシ
カリフォルニア、マリブにて

ミルトン・エリクソンの

催眠の経験

変性状態への治療的アプローチ

Experiencing Hypnosis : Therapeutic Approaches to Alterd States

［**目次**］

ミルトン・エリクソンの

催眠の経験

変性状態への治療的アプローチ

Experiencing Hypnosis : Therapeutic Approaches to Alterd States

セクションⅠ
催眠への間接的アプローチ

One

　ここでは、専門家集団を前にしてエリクソンが講演した記録を使って、催眠的コミュニケーションに向けた間接的アプローチの説明を始めます。その後、催眠誘導および治療的トランスのプロセスを促進するために、この間接的アプローチ、およびそのアプローチの妥当性について、現在理解していることを概説します。

A　精神医学における催眠
――オーシャン・モナークでの講演

　この講演は、エリクソンの催眠誘導および催眠療法へのアプローチについてのすばらしく明快で簡潔なプレゼンテーションです。このときは教育者としてのエリクソンの頂点でしたので、過去の権威主義的な方法から、現代に特徴的な許容的で洞察に満ちたアプローチを使った先駆的な仕事へ、重要なシフトをしています。このプレゼンテーションで使われる実際の言葉によって、移行段階において概念がいかに重要かを目の当たりにすることができます。エリクソンはいまなおテ・ク・ニ・ッ・ク、コ・ン・ト・ロ・ー・ルという言葉を何度も使用していますが――そして操・作と誘・惑が一度ならず現れてさえも――その言葉を使用すると伝統的な権威主義の感覚がして時代遅れであることは、幅広い文脈から見ればはっきりしています。

このプレゼンテーションでは、パラダイムシフトが行われています。すなわち、現在では催眠療法的相互作用において、最も重要な人物はセラピストではなく患者だと考えられています。催眠療法においては、世間で言われるような催眠術師の「力」ではなく、患者のポテンシャルと気質proclivitiesが違い（実際に起こるかどうか）の大部分を占めています。セラピストは患者に命令しません。むしろ、「それは常に、考えに応答する機会を彼ら［患者］に提供するという問題です」と、エリクソンは言っています。今では、催眠療法家が患者に催眠テクニックを施すのではなく、催眠の経験に向けて、いろいろなアプローチを提供することである、と理解されています。テクニックという概念は、予想される反応、そして予測可能な反応を起こす目的で、すべての患者に対して同じ方法で、特別なプロセスを機械的に反復して適用することを意味しています。一方で、アプローチという概念は、いろいろな催眠現象や催眠療法的反応が経験できるように、彼あるいは彼女自身に特有な学習された限界を、それぞれの患者が、選択肢を選んで回避することを意味します。

セラピストは患者を「コントロール」しません。そうではなく、セラピストは、患者自身のポテンシャル、および望ましい治療結果therapeutic outcomeを促進するような無意識のテクニックのレパートリーを、患者が「利用する」ことを学べるようにします。この新しい方針に従えば、催眠療法家は、多くの観察テクニックとパフォーマンステクニックを開発することが必要になります。これまで以上に、ユニークな個人として、それぞれの患者を認識し、患者への感謝を学ぶことが、催眠療法家に求められます。すべての催眠療法的相互作用は、創造的な努力がその本質です。特定の既知の原理が適用されたとしても、基本的に調査アプローチに要求されることは、各々の患者の無限の可能性によって、治療的なゴールを達成することです。

エリクソンは、彼特有の、催眠誘導と催眠療法に対するアプローチスタイルをこの講演で提示しています。本書に従って、リラックスした気分でカセットテープを聞くことは、読者にとって大きな価値があります。しかし、カセットテープは、別売りですから、この本には付属していませんが、さらに読み進める前に、読者は「精神医学における催眠：オーシャン・モナーク講演」とラベルが付けられたカセットテープを聞くことが最も良いと思われます。前著の二冊の本をよく知っている読者はカセットテープを最初に聞くことを推奨する理由がおわかりだと思います。読者は、編集されたページの後に続くこのテープに関する議論を読めば、理由を理解できます。それでは講演を聞いてください。

精神医学における催眠
——オーシャン・モナークでの講演

意識的な心と無意識的な心

精神医学での使用を議論するために、私は必ずしも、今日、催眠をあなた方に、デモンストレーションするつもりはありません。しかし、精神医学における催眠の使用法は、歯科、皮膚科など、他のどんな医学分野で催眠を使用する際にも実際に当てはまります。最初に、臨床的な患者についての考え方を、あなた方の心に焼きつけたいと思います。患者に関する概念形成が容易なので、このフレームワークを使ってほしいと思います。私は患者を見る場合、意識的な心、そして無意識的な心、あるいは潜在意識的な心を持っていると考えることが好きです。私は、意識、無意識の二つの心が、同一人物の中に一緒に存在していることを期待しています。また、私は、意識、無意識が両方とも、私のオフィスで私とともにその場にあることを期待しています。意識レベルで人と話しているとき、私は、その人が意識レベルだけでなく、無意識レベルで私の話を聞いていると思っています。

したがって、私は、患者のトランスの深さを、あまり気にしません。というのは、より深い中程度の催眠状態だけでなく軽いトランスであっても、広範で深い心理療法をすることができることを、私は理解しているからです。治療的な結果を確保するためだけなら、必要なことは、患者と話す方法を知っていることだけです。

患者が示す手本に従って暗示の方法を自分なりに学習すること

ここで、次に私が強調したいことは、各々の医者が自分自身のために暗示法を考えることに、大きな必要性があることです。私自身は、テクニックを発展させる中で、良い催眠テクニックであると、私が感じるものはどんなものかを理解しました。深いトランスを誘導するためには、ぎっちり詰めて三〇ページにもおよぶいろいろなタイプの暗示が必要でした。それから、三〇ページから、二〇ページへ、一五ページへ、一〇ページへ、五ページへと、私はゆっくり減らして行って、三〇ページ全体でも、一ページだけでも、一つの段落だけでも使うことができるようになりました。しかし、私は、暗示を少しずつ変化させる方法、そしてある暗示を別の暗示に結びつける方法を徹底的に学習しました。その種のことを学習する場合、患者が示す手本に従います。

トランス誘導——反応性を高めるためのカタレプシー

精神疾患を持つ患者、さらに言えば患者なら誰でも、トランスを誘導する際には、どのように患者に暗示を提示するかが重要です。例えば、あなた方のうち何人かは、患者の手首をつかむ方法を私がデモンストレーションするのを見たことがあるでしょう。本当によくあることは、医者が無理やり手首をつかんで持ち上げることです。しかし、私が誰かの手を持ち上げるときは、腕を持ち上げて、私がいろいろな方法で手を動かすと暗示をします。そのときとても穏やかな方法で意図的に持ち上げます。そして、カタレプシーを誘導するために、手を空中に持ち上げているとき、腕に優しく接触できればできるほど、暗示はさらに効果的になります。患者の腕を無理矢理につかめば、あなたに対して反応するので、患者を刺激したくてもできなくなります。催眠は、あらゆる種類の考えに対して、主として反応が増加する状態です。そして、即時反応を引き出そうとすることによって――そして、患者を参加させて、反応を引き出そうとすることによって反応するのであって、強要されて反応するのではありません。

私は、「あなたに疲れて眠ってほしいのです。そしてもっと疲れて、もっと眠ってもらいたいのです」と、患者に一言一句同じように話すことは好きではありません。このように言うことで、患者にあなたの望んでいることを無理強いしています。このように言うことで、患者を支配しようとしています。疲れること、眠くなること、トランスに入ることができることを暗示した方がもっと良いのです。というのはいつでも問題は、考えに反応する機会を患者に提供するということだからです。

患者が反応する自由——正と負の暗示

術者の望みどおりに患者を行動させる強力なツールであるという概念を、患者が催眠について抱いている場合が多いことに、私は気づきました。精神疾患を持った患者に対して——神経症、情緒障害、前精神病的状態、あるいは精神疾患であったとしても——どんな程度ででも、自由に反応できると感じさせるようなやり方でアプローチすることが、私は好きです。その問題のために、深いトランスに、あるいは中程度のトランスに、あるいは軽いトランスに入らなければならないとは、決して患者に話しません。さらに私は、本当に私に言いたいことだけ話して、それ以上決して話さないように、と患者に提案します。通常、話したくないことすべてを話さずにいることができます、と患者に伝えます。そして、確実に、患者が話したくないことすべてを確実に話さずにいられることを話します。あなた方に、正の暗示と負の暗示について、ある程度理解してほしいので、私はこのポイントを強調しています。患者に「今、私にすべて話して下さい」と言うことは、脅迫的で、危険でさえあります。むしろ、これを話したい、あれを話したいと患者が思うことを、あなたは望んでいます。そして、患者があなたに、あれこれ話し始めるとき、患者もまた、ある一定の信頼感を育成し始めます。

ラポール——両面性と自然主義的な機能法を利用すること

ときどき、あなたはすぐにラポールを持てる患者と出会うでしょう。その場合、あなたは優位な態度をとることができます。しかし、本当は用心する必要があります。正の暗示と負の暗示を使う中で、あなたの利益のために、そして患者の利益のために、患者自身の両面性を、患者が行使できるようにします。患者は、あなたからの支援を得るのに乗り気ですが、一方で乗り気ではありません。したがって、一方では支援を得ることができ、そして別の状況では支援を拒むことができるような方法で、患者のための状況を定義します。そのように、患者は、あなたと一緒に催眠に入るための準備をします。

さて、精神疾患を持つ患者に催眠をかける際に、重要な行為の一つは、意識的に良好なラポールを最初に確立することだと私は思っています。催眠が判断する際の手助けになると考えるなら、あなたは彼と彼の問題に興味を持っていて、催眠を使用することに興味を持っていることを、患者に知らせてください。患者が入って来て、催眠をかけるよう要求されることが頻繁にあります。それに対して、通常私は、患者が処方するより、医者が処方した方が良い、と話して反撃します。そして、患者が確実に催眠から利益を得られるなら、私は催眠を使用します。しかし、私は、最も患者の助けになる方法で催眠を使用するために、患者に許可を求めます。

それでは、実際に暗示したことは何だったでしょうか？　私は、とても役立つ方法で、患者に催眠を使用することを示唆しました。通常、患者に、意識を残したままにするつもりです、という予備的な説明をします。しかし、壁の時計の音を聞けること、部屋の本棚を見られること、どんな気がかりな音でも聞けることは、むしろ大事なことではありません、と私は患者に指摘します。大事なことは、私に注意するのではなく、特に、心にひらめく考え――心にひらめく方法と手順を含んでいるような自分の考え――に患者が注意を払う必要があるということです［催眠暗示は、そのように機能する自然主義的な方法を常に利用します。それは、患者に、知らないことを決して強制しません］。

現在では、催眠は、いろいろな方法で機能する個性を操作する［原文のまま―私たちは、現在、ユーティライゼーションを使います！］ことができるものです。トランス状態の患者に、過去のことを思い出すこと、あるいは将来を推測すること、あるいは一つのギアからもう一つのギアへシフトするよう頼むことができます。あまりにも疲れて、あるいはあまりにも感情に邪魔され、そうすることができなくなるほど長いこと、患者が一つの問題を一貫して貫き通そうとしていることが、とても頻繁にあります。あなた方は、催眠によって特別な考え、恐れ、あるいは心配が再び自分に戻ってくることを理解しなければなりません。それを理解していれば、患者にどんなときであっても、あまりに多くの苦しみ、あるいは情緒的な不快感を一度に経験してほしいとは思わないでしょう。

ラポールと信頼を促進する質問

精神医学で、どんなことに催眠を使いますか？　という質問に、私が最初に、そして主として考えることは、患者との良い個人的関係が確立した上で催眠を使用しなければならないということです。あなたがいったん患者に催眠をかけると、患者はあなたを信用することができると、多くの場合感じます。そして、あなたを信用することができることを、患者に気づかせることが大事です。したがって、私は、通常催眠トランスに入っている患者に、そのとき、患者が答えるべきでないことが私に分かっている質問をします。私は質問をし、そして患者が質問を聞く前に、今の時点では、答えるべきではない質問なので、適切な時間が来るまで、質問に答えるべきではありません、と患者に指摘します。その後、私が言ったことについて、考えてくれるように患者に求めます。その結果、患者は、自由に気軽に、質問に答えることができることを理解します。しかし、質問に答えたいという衝動は、ふさわしい時間が来る前にはありません。私は、トランス状態でだけでなく覚醒している状態でも、患者に対して、このことをはっきりさせます。

意識と無意識の学習を統合すること

催眠の使用に関して、もう一つの重要な点が、このことから分かります。なぜなら、あなたは意識と無意識を併せ持つ人を取り扱っているからです。深いトランスで良い結果を達成すれば、患者は普通の覚醒状態でも利益が得られるという意味ではありません。意識的学習と無意識的学習を統合する必要があります。精神疾患を持つ患者に催眠を使用するときはいつでも、このことをあなたの心の中で一番に考える必要があります。トランス状態で葛藤、恐怖症、あるいは不安を解消できることを、皆さんは理解しています。しかし、覚醒状態で何かしない限り、患者は不安、あるいは恐怖症にかかったままだと思われます。患者が正常に振る舞えるように、トランス状態で特定の色に関する恐怖症を取り除くことができます。それでも、トランス状態から目覚めると、患者はまだその特定の色に対して、習慣的意識パターンで反応します。したがって、重要なことは無意識の学習と意識の学習を統合することです。

患者が外傷経験をよみがえらせている間、青色に対する恐れが生じました。彼女は妹がおぼれそうになっているのを見ました。そして、彼女の妹は、外観上は明らかに青くなっているように見えました。トランス状態で青いものを何でも取り扱うことができて、青いものを何でも見ることができましたが、患者は青色の恐怖から、本当は立ち直っていませんでした。それで覚醒状態で患者が青色のものに対処できるようにします。必ずしも彼女は、妹がおぼれたことについて、完全な知識がある必要はありませんでした。しかし、青がとても不快なものと関係していたという認識を持つ必要が彼女にはありました。したがって、患者を取り扱う際には、患者が意識的に学習するものと無意識的に学習するものを、どれくらい素早く、どれくらい徹底的に統合する必要があるか、常に決定する必要があります。

不安、恐怖症および精神的外傷に対処する際に、知性と感情を解離すること

さらにあなたは、催眠を使って、患者の問題を分割することができます。例えば、過去に精神的外傷を経験した患者が、あなたのところに来ます。そして、精神的外傷は、結果的に恐怖反応または不安神経症になっています。深いトランスに患者を入れて、患者がその経験の情動の面だけを取り戻すように暗示します。私が過去にこの現象をデモンストレーションしたときは、一人の被験者に、どんなジョークだったか理解させることなく、ジョークで笑った思い出を回復させました。その被験者は、ジョークに対して陽気に大笑いしました。しかし、その時、ジョークが何であったか、疑問に思いました！　後から、私は被験者に、実際にあったジョークを思い出させました。言い換えると、患者のために、問題の知的な面を分割して、感情的な面だけを残して対処することができます。患者に、精神的外傷となる経験の感情的な面を回復して徹底的に泣き叫ばせ、その後、患者に、精神的外傷となる経験の実在した知的内容を回復させました。あるいは、ジグソーパズルのように、それをすることができます――つまり、患者に過去の外傷経験の知的な内容をほんのわずかだけ回復させ、その後、ほんの少し感情的内容を回復させてください――そして、この異なる面を、必ずしもつなぐ必要はありません。このようにして、若い医学生に熊手を見させました。それから、彼に臀部の痛みを感じさせてから、緑色のものを見せました。それから、あなたは彼に自分自身が硬直して、こわばっていると感じさせました。そしてその後、彼に、硬直してこわばっているという恐怖感に満ちていることを感じさせました。このようにいろいろな部分をジグソーパズルのようにして事件を回復させ、最終的に幼児期のすべての、忘れられた精神的外傷経験［熊手で偶発的に起きた刺傷事件から壊疽した傷］を回復することができます。この外傷経験は医学部でのこの学生の行動を決定づけたので、彼の人生にとって、非常に深刻なハンディキャップを負ってしまいました［このアプローチの詳細な例についてはErickson & Rossi, 1979を参照］。

外傷となる出来事のリカバリーと健忘を促進すること

これによって、外傷経験の完全な記憶を誘導できるようになる可能性があります。そして、記憶を誘導するために健忘を引き起こします。多くの場合、患者は、不幸な理由、あるいは苦しんでいる理由、あるいは妨害の理由を少しも知らずに、あなたのところに来ます。患者が知っていることは、自分が不幸であるということだけです。そして、患者はあなたに、正当性をふんだんに盛り込んで、自分の不幸を説明します。すなわち、うまく物事が運んでいなくて、借金の重みに耐えられず、仕事が上手く行っていないということが、父母との関係や子どものときに経験したことに由来する無意識の影響で、実際に長引いている場合があります。そして、幼児期に患者を退行させることができます。そして、幼児期に患者を戻して、実際に患者を退行させることができます。そして詳細に、忘れられた事件を、ものすごくはっきり、そして詳細に、忘れられた事件を、患者に思い出させます。多くの面を完全に理解している患者から、すべての情報を得ることができます。そうしたら、患者があなたに話したことすべてを、健忘させて覚醒させてください。患者は自分が話していることをわかっていません。しかし、あなたは患者が話したことをわかっています。したがって、あなたは患者の考え方と話を、もっともっと実際の問題の近くへと導くことができます。あなたは、患者が意識的には気づいていない外傷経験を指す重要な言葉を見つけることができます。このようにして、患者が話していること以上の深い意味を理解することができます［最終的に、患者はおそらく意識的に外傷経験に対処することができます。しかし、外傷経験を意識的に認識することがあまりに辛い間は、間接的、あるいは比喩的に、患者が問題に対処することを、あなたは手伝うことができます］。

間接的アプローチを学ぶこと

この点に関して言えば、通常の日常生活でのものごとについて、繰り返し患者に話させる練習が必要です。正常な催眠被験者に、例えば部屋のコーナーの照明の話をさせる練習が必要です。もちろん、その照明が大事なのではありません。あなたが被験者を照明の話へとガイドすることが重要です。あなたはどうやってそうするでしょうか？　あなたに必要なことは、被験者の通常の発言と、さり気ない会話を観察することだけです。そのとき、不意に被験者がコーナーという単語を言ったことを強調してください。そしてあなたは、どうして、と不思議がります。すぐに、被験者は、何かが輝いています、と言います。そして、ほどなくして、あなたは被験者に、部屋のコーナーの照明について話をさせることができます。被験者に指示するということは、こういうことです。同様にして、被験者の過去の精神的外傷の一部を知っていれば、その方向へ、あなたの意見を使って、どんな被験者でもガイドすることができます。

抵抗を放出して、置き換えるための精神的なリ・オリエンテーション——イエスセットを促進すること

あなたが催眠を使用する際に直面する障害には、どんなことがありますか？　精神科領域の患者は、非常に難しい場合が多くあります。そのような患者は始めることを怖がっていますし、苦しんでいます——患者は自分をどう取り扱って良いかわかりません。そうでなければ、あなたの患者になろうとしません。あなたは、いろいろな催眠現象をすべて使用することができます。私が思い出すのは、私のところへ来て説明しようとしても、私に話すことができずに時間を費やした患者がいたことです。患者には、話す必要があることは何もありませんでした。しかし、あまりに惨めだと感じていたので、何も考えられませんでした。私がしたことは以下のようなことだけでした。彼は軽いトランス状態になって面白くて、役に立つ現象をいくつか経験することができました。彼は、支援が必要なことに同意しました。しかし、彼には、支援を得る方法がわかりませんでした。それで、私は、椅子をどのようにも、どこにでも、そのあたりに置くことができると言いました。椅子は本棚からかなり離れていて、ドアからかなり離れていて、机からかなり離れていて、そして、その椅子に座ることが本当にとても気分が良いので、その椅子に座っていると話すことができますよ、とぶっきらぼうに言いました。患者は、私が、椅子があそこにあるなら、ドアからとても離れていて、私の机からとても離れていて、本棚からとても離れているでしょう、と言ったことに納得しました。

この時点で、私は患者から、素晴らしい同意を三つ取りつけました。そして、そのような椅子に座っているとしたら、そのことが自分のことを話す際に役立つと感じるかもしれない、というメッセージに対して同意が得られました。もちろん、椅子はなかったので——その椅子に彼が座るなら、椅子が役に立つとわかるかもしれな

いと言っても、彼にはリスクは何もありませんでした！　私は、彼に椅子の幻覚を見させませんでした。皆さん方ができるように、私は彼に想像させませんでした。しかし、被験者は実際、何をしていますか？　もし彼がオフィスで違う姿勢で座っていたら、もっと自由に話すことがもっと簡単にできる、ということに気づかずに、彼は私に同意しています。それから、私は、本当に、この椅子――現に彼が座っている椅子――で話すことは不可能です、と暗示しました。しかし、彼がする必要のあることは、その椅子を持って、あそこに置いて、座って、話し始めることだけです。私は、何度も患者に椅子を持たせ、部屋のもう一方の側へ椅子を運ばせました。そして、すぐに彼の問題を議論し始めました。そして、私に教える必要があったことを、彼は話し始めました。事実、彼は、この椅子に座って、部屋での向きを変えたので、彼の抵抗はすべて、その場に残されました。しかし、今、あそこへ動かしたその椅子に座ったので、彼は部屋の見方を完全に変えました。

患者とコミュニケーションするとき、オフィスで患者の方向を変えることができたら、それがどんなことであっても、大いに問題を調べる助けになることに、私は気づきました［患者を物理的、空間的に、リ・オリエンテーションすることで、多くの場合、心理的にリ・オリエンテーションすることができます。以前の場所の椅子は、患者の以前の思考パターンと行動を表わしています。椅子の場所を別の場所に移動させることは、異なる方法で自分を見る患者の意欲を表わし、文字通り心理的に、異なる見方を患者に与えます］。もちろん、催眠を使って深いトランスを誘導し、さらに患者を非人格化するために、患者を完全にリ・オリエンテーションすることは、とても簡単です。あなた方がたとえどんな医学分野にいたとしても、すべての方に私が重要性を強調する理由は、正常な被験者を扱うためです。正常な被験者と短時間過ごしただけで、あなた方はいろいろな催眠現象すべてを見つけることができます。

のろまなハービー――治療的な変化のために知性を解放する非人格化と投影

非常に役に立つ他の催眠現象としては、非人格化と自身の投影があります。映画スクリーンの幻覚を見ること、スクリーンに彼「自身」を見ることを、被験者に教えることができます。それから、自分自身のすべてを忘れること――劇場でサスペンス映画などに完全に没頭しているとき、私たちが通常しているように、被験者の名前、被験者のアイデンティティを忘れさせることができます。それから、スクリーンを観察するようにと患者に求めて、一連の連続した出来事——映画の中の患者、あるいはスチール写真の中の患者——を見ることになります、と患者に話します。

一人ののろまな男がいました。その人が私のところへ来た理由は、独り立ちした男になりたい、と思ったからでした。私は、そうすることを求められました。それで、私は、精神分析医および精神科レジデント（何人かは精神分析の経験者）という敵対する聴衆の中で、その男に催眠を使用して心理療法をしなければなりませんでした。私が、のろまな男に使用した手順は、以下のような単純なものでした。その男ハービーは、あらゆる痛みと苦痛、あらゆる劣等感を持っていました。彼は知的でしたが、知性を表に出していませんでした。彼は恐がっていました。そして、その男について、私が本当に知っている必要があったのは、そのことだけでした。なぜなら、彼が知的だということが私にわかっていたので、彼が空想生活にかなり浸っていることもまた、理解できました。それで、私は一連の映画スクリーン、あるいは水晶球で、とても大事な人生の一コマ still-life picture を見るように、ハービーに暗示しました。私は、ハービーに、自分の名前、自分のアイデンティティ、自分の年齢、実際にハービーという人がいたということを忘れさせました。彼の知性がしていたことは、私が彼のために部屋のあちこちに、ばらまいたものを見ることだけでした。彼は、動画映像として、学校へ行く途中の男の子を見ました——そのほとんどは動画映像でした。彼は学校まで男の子を追いかけました。彼は、男の子が教師に手を掴まれているのを見ました。彼は、教師が男の子に字を書くときは左手から右手に変えるようにと強制しているのを見ました。彼は、男の子が先生によって、ひどく罰せられているのを見ました。ある日、彼はその男の子がとても悲しげに歩いて帰っているのを見ました。ハービーはそれを見て、その情景には価値がないとコメントしました。彼は、その男の子が歩いて家まで帰ると、門の向こうの庭を覗いているのを見ました。そして、そこには銃を持った保安官代理がいました。保安官代理は、男の子の犬を今まさに撃ったところでした。その後、彼は男の子が泣いているのを見ました。

そして、私はその場を離れて、その同じ感情が出て来る数年後の画像を見るように、彼に言いました。そして、彼は、森で兄弟と狩りをしている一〇歳の同じ男の子を見ました。彼はウサギを殺すことが辛そうでした。それから、彼は一五歳の男の子が壊れたダムの上に寝そべって、人間に起こる可能性があるすべてのひどいことについて考えているのを見ました。そしてその後、女の子に拒絶され、とても惨めで、とても劣っていると感じている二二歳くらいの若者を見ました。そして、彼は、裁判所から歩いて出て来た同じ若者が、気持ちが落ち込んで、同じ状態になっているのを見ました。若者は、今まさに離婚したところで、自殺したい、すごく劣っていると感じていました。そして、彼は二八歳の若者が、好きだった仕事を解雇されているのを見ました。そして、彼は、恐ろしく惨めであると感じている三〇歳の若者を見ました。

そして、それらの画像と、それらがおおよそ何を意味するのか、確認することをハービーの知性に、私は求めました。そしてハービーは私のために、それらの出来事を検討し、分析しました。そして、私たちは、人生では外傷経験を連続して経験すること、そして繰り返して経験することを筋道立てて話しました。しかし、ハービーは、自分のことを話しているということをわかっていませんでした。さらに、ハービーは、自分を見ていることを理解していませんでした。そして、私は、その若者の身に振りかかることを推測してくれるように、彼に頼みました。そのようなことが、彼の身にこれ以上降りかかったら、疑いなく自殺する——いつも負けて losing end いるので——と彼は言いました。人生を通じて、彼はすべてに敗れていました。おそらく負けたために自殺しようとしていたのでしょう。しかし、負けるとはどんな意味ですか？

［その後、エリクソンは、ハービーをトランスに入れて、問題の一つを解決するのを援助しました。彼はいつも書いている屈辱的な走り書きではなく、はっきり書く練習をすることになっていました。最後に、彼が覚醒したとき、ハービーは、はっきりと書くという後催眠暗示に従うことができました］「これは、三月の素晴らしい日です」。彼は書いて、書いたものを見て、そしてパッと立ち上がって、「私ははっきりと書くことができます！私ははっきりと書くことができます！」と言いました。そして、彼は医者のグループをぐるぐる回って、誰にでも、彼が書いたものを褒めるように要求しました。それは、文字通り喜んではしゃぎまわる男の子でした。それで、聴衆が相当な力量があると、書いたものを認めるまで、聴衆を悩ませました。

今のハービーの仕事は五番目の仕事で、そこでは上司に手荒な扱いを受けていました。ハービーはこれを書いて夕方の残りの時間中、彼は自慢し、さらに筆跡が素晴らしいと自慢しました。そして、私は、彼が達成感、個人的自尊心を持ち続けるように、そして、あらゆる重要な方法で、その感覚を使うように暗示しました。次の日、仕事に行って、彼は初めて上司に口答えして、給料の支払いを増額することを要求しました。そして、彼は要求したことを手に入れました。その後、彼はもっと良い机にしてほしいと言いました。ハービーは車で仕事に通っていました。彼は、駐車場では、いつも決まった場所に駐車していました。そこでは、一人の従業員の自動車が常に彼の進路をふさいでいました。また、その従業員は、ハービーより三〇分長く働いていました。ハービーは、臆病者のキャスパー風に[訳注1]、その従業員が自動車を移動させに来るのを待ちながら、自動車の中で座って、無力で苛立っていました。その夜、ハービーは出て行って、「このとんま、よく聞け。お前がひどい停め方で車を駐車しているから、ケンカをふっかけることもできるんだ。長い間、そうしてきたのを、我慢してきたんだ。それで、ケンカすることもできるが、そんなことより、一杯ビールに誘うから、話し合おう」と話しました。

ハービーの自動車を囲み込むように、その男が自分の自動車を駐車したのはその時が最後でした。そうした中で、車に愛着を感じたので、ハービーは自動車を塗装し直しました。彼は新しい家具カバーを買いました。彼はレストランをもっと良いところに変えました。彼は、下宿屋を、もっと良い下宿屋に変えました。彼は名前を明瞭に書き、次に、「これは、三月の素晴らしい日です」という単文を書くという簡単な問題に対してこみ上げる喜び、そして、少年のようにこみ上げる大いなる感激を感じることができました。

私が彼に、賃金をもっと上げてほしいと要求しにいくように、あるいは車を駐車した男に、駐車の仕方がおかしいと話すように、と言ったことは間違いだったと思います——というのは、何をするべきかという指示は、彼には必要なかったからです。しかし、彼には、やる気が必要でした。また、そのために、心理療法の一つとして、催眠を——物事をするように患者を動機づけるために——使用しています。その物事とは、必ずしもするべきであると思う物事でなく、個人として、本当にするべきであるという感じがする物事です。そして、通常、単純な物事から始めます。なぜなら、人間は基本的に、根

▼訳注1　Casper Milquetoast は、H・T・ウェブスターの漫画の主人公。

本的に単純な生きものだからです。したがって、皆さん方は簡単に始めるべきですし、患者の個人的ニーズに合わせて——患者にとって有用なことを、皆さん方のコンセプトと合わせるのではなく——詳しく話をさせるべきです。皆さん方が介入するときは、患者が自己破壊しようとするときだけです。

間接暗示と含意

催眠を使った心理療法の多くは、私がハービーに使ったような後催眠暗示によって、間接的に達成できます。「今日帰宅したら、あなたの無意識に、言われたことすべて、考えたことすべてをよく検討させてください」と患者に、暗示することが頻繁にあります。私は、日光浴に出かけることで、そして、腕、首、顔にとてもひどい発疹を作って、自分から精神神経症状を生じさせた患者のことを考えています。彼女は、腕と顔と首が見るもおぞましいことになるまで、一晩中発疹を爪で引っかきました。彼女が私のところへ来たのは、意見を聞いたあらゆる皮膚科医と医者が、意固地になっているだけだと彼女に言ったからでした。私もまた、意固地になっているせいだと言うと思っています、と彼女は決めつけるように言いました。それで、彼女が、私にすでに言ったので、「そのことを話す必要はありませんね、私はあなたの言葉をそのように捉えています」、と私は話しました。一方で私は、まだ問題に関して、私自身の考えを持ち続けていました。したがって、私は、彼女が私に言ったことを受け入れましたが、同時に、私は多くのことを保留give reservationしました。私は、自分の考えを信じていましたし、彼女は彼女の考えをまだ信じていました。

彼女にした私の暗示は、かなり簡単なものでした——すなわち、望んでいるだけ日光を楽しむべきだ、楽しみたいだけ日光を本当に楽しむべきだ、ということです。私は、家に帰って（患者は中程度のトランスの中にいました）、そして、一、二時間の間、横になって、彼女の無意識にその意味することをよく考えさせるように彼女に言いました。彼女は、「そうする必要はありません、私が何を言ったか、意識的に覚えています」と言いました。彼女が家に帰った後、彼女が座って、一時間休んだ後、彼女がしたことは起き上がって、庭に出ることでした。しかし、彼女は、広縁の帽子を被り、長そでの服を着たい、と思いました。そのとき、彼女は、そのほうが庭園では楽しいことがわかりました。そして、彼女はガーデニングの作業をしました。

いままで彼女は、十分気をつけて、日光を避けるように、日光を遠ざけるように、日光から身を守るために自分自身を覆うようにと言われていました。一方で、私は、彼女に日光を楽しみなさい、と言いました。さて、日光を楽しむとは、どんなことでしょうか？　日光を楽しむということは、日光と戦う必要のない状況、あなた自身を守る必要がない状況、日光を本当に楽しむことができる状況にすることを意味しています。彼女は花がとても好きでした。また、花は屋外の太陽の下にありました。したがって、彼女は日光を楽しむことができました。彼女に対して、暗示した含意がわかりますか？　私は、日光を避けるようにと彼女に言いませんでした。私は、自分を保護するようにと彼女に言いませんでした。私は、日光を楽しむようにと彼女に言いました。そして、日光の楽しみには、日光を浴びた後の楽しみ、眠っている間の楽しみ、次の日の楽しみが含まれています。私がする必要があったことは、日光を楽しむ動機を、彼女に与えることだけでした。彼女は、どちらかというと、とげとげしい敵対的な人だったのですが、私の暗示は戦いのもとを彼女に残しませんでした。彼女の発疹は、とても速やかになくなりました。それで、彼女は、私があまりにも高い治療費を請求している、と抗議しました。そして、「確かに、私の治療費は高いですね。しかし、あなたの楽しみの方がもっと高いと思います。ですから私が小さなことをしただけとしても、治療費分の価値があると思いませんか？」と、私は彼女に話しました。彼女は治療費が高いと抗議しました。しかし、私のところに合計一〇人の患者を紹介してきました。私は彼女の抗議を受け入れました。そして、紹介患者を受け入れましたが、それは彼女が受け入れたからでした。言い換えると、患者が、どうであったとしても、あなたは患者の考えを受け入れて、そして、あなたは患者に指示［原文のまま―私たちは、現在、ユ・ー・テ・ィ・ラ・イ・ゼ・ー・シ・ョ・ンを使います］します。

退行と健忘の使用——外傷経験、記憶、そして抑圧に関するコントロールを手に入れること

この退行という問題についてお話しすると、最初に精神疾患を持つ患者を、楽しいこと、気持ち良いことへと退行させることを、私は好んでします。私たちがその場にいるのは、楽しいことではなく、不愉快なことを是正するためですから、時間を浪費していると言われれば認めます。しかし、トランスの中で、過去に良いことがい

くつもあったことを理解することがとても重要であると、患者にはっきりと分からせます。そして、その過去の良いことは、現在の重症度を判断するバックグラウンドになります。したがって、私は、さまざまな精神的外傷経験を完全に、そして完璧に回復するための訓練を患者にするために、患者の過去の幸せな記憶を利用します。私は患者に精神的外傷経験を完全に回復させます。その後、私は経験を抑圧し、次に患者に再び記憶を回復させ、再び患者のために経験を抑圧します。

［このテクニックの基礎となる力学は下記のようなものです］患者は忘れられ抑圧された記憶とともに、あなたのところに来ます。あなたが記憶を手に入れ、記憶を患者に関連づけたら、あなたが患者に記憶を思い出させたら、患者は、再び抑圧する力を使って、思い出したものを忘れることができます。しかし、あなた自身が、忘れられた記憶を抑えたり、あるいは健忘を引き起こしたりする場合は、患者は、そのような外傷経験のコントロールを、気づかないうちにあなたに引き渡しています。これが意味することは、患者がどんな問題にでも取り組める十分な強さを確立するまで、あなたは、記憶を再生させること、再び記憶をすっかり覆うこと、再び記憶を引き出すこと、再び記憶をすっかり覆うことを自由にすることができるということです。催眠は、容易にあなたに、資料を回復することと抑圧することのどちらに対してでもアクセスとコントロールを提供しますから、患者の抑圧が状況を支配したり、コントロールしたりする可能性が低くなります。

暗示と抵抗をセンタリングすること

あなたが患者に与える暗示のタイプは、あなたに対するその患者の態度と治療的プロセスによって変化します。私は、実験的にそして臨床的に、否定的で敵対的な患者を取り扱いました。そして、この種の抵抗に適合するさまざまな方法を見つけました。患者は私のオフィスに来ますが、真っ向から相対するつもりで、絶対に私の忍耐を試してやる、と決心して、絶対にトランスに入らない、と決めています。治療のために、私に会いに来た医師のことを思い出すことができます。彼は私に数回、長距離電話をしてきて、面談に先立って手紙を書いてきました。そして、これらの接触から、私は、とても敵対的な人ということがわかりました。彼が私のオフィスの中に入って来たとき、彼は肩を張って、顎を突き出していました。彼は椅子に完璧に直立して座りました。「さて先生、早速ですが催眠をかけてください」と言いました。

私は、あなたは非常に多くの抵抗を持っていると思います、と彼に話しました。そして、彼は、抵抗のことを気にかけていませんでした、と言ってから、あなたの仕事は弁解をすることではなく、催眠をかけることです、と言いました。私は、喜んで始めました。私は、始めます、と彼に言って、私は、彼がトランスに入るように暗示を始めました。その人は、催眠について、ある程度、知識を持っていました。したがって、私は完全に失敗することがわかっていたので、直截的で、支配的なテクニックを使用しました。彼が私に微笑みかけ、私に効果的に抵抗して、そこに座っていた約一時間の間、私は彼に働きかけ、私が知る中で最も素晴らしく支配的なテクニックを使いました。私があらゆる方法で彼の抵抗を構築した後、私は、「しばらくの間、失礼します」と不意に言いました。(私はこのための準備をしていました。それは、電話の相手に彼の手紙を読んでいるのを、彼に聞かせる、というものでした。)

私は他の部屋に行って、若い女子大学生(心理学の学生で私の催眠被験者)と一緒に戻って来ました。私は、彼女を部屋に入れ、「エルザ、X先生に会ってください。X先生は、催眠をかけられるために、ここに来ました。エルザ、今、深いトランスに入ってください」と言いました。彼女は深いトランスに入ったので、私は彼女にいくつかの催眠現象をデモンストレーションしました。その後、私は彼女に、座って先生をトランス状態にして、そして先生がトランスに入ったらすぐに私を呼ぶように、と言いました。そう言って、私は、部屋から完全に出ました。一五分後、エルザは、私をオフィスへ呼び戻すためにドアのところに来ました。私は、実際にどんなことをしたのでしょうか? 先生は抵抗という重荷を持っていました。そして、私がオフィスから出るとき、抵抗のすべてを私にセンタリングして、私がその抵抗という重荷を、全部運び出しました。さらにまた、どのようにしたら、トランスに入っている人に、催眠暗示に反応しているだけの人に、抵抗することができるでしょうか? もちろん、エルザは、素晴らしい催眠テクニックを使って、とても満足がいくトランスを誘導することができました。私は、このテクニックを頻繁に使用して、特に抵抗する患者、あるいは被験者をトランス状態にするトレーニングをします。私に対しては抵抗すべきことが一つあります。しかしトランスに入っている人に、実際、抵抗できません。その人はトランスに入らせることだけを目標にして、あなたになんら手加減しません。そうすることは、とても困難なのです。

抵抗する被験者とラポールを間接的に確立すること

私は、一晩中、皆さん方が働きかけたとしても、二人のどちらにもトランス誘導することができない医者をフェニックスで知っていました。二人とも、優れた催眠術師で、そして、私が二人をトランスに入れることができなかったので、私にとても批判的でした。それで、ある晩、私は向かい合って座ってください、と二人にお願いしました。「先生、あなたは先生に催眠をかけて。先生、あなたは先生に催眠をかけて。そして、あなた方はそれぞれに催眠をかけている間、自分自身をトランスに入らせてください。そして、本当に、あなたがどのように深くトランスに、相手が入ることを望んでいるか、相手に示してください」と、二人に言いました。彼ら二人とも、非常にうまく、非常に深く催眠トランス状態に入りました。しかし、もちろん、彼らは私の暗示でトランス状態に入りました。彼らがお互いを深いトランスに入れたあと、私は双方のために、その場を引き受けました。それは、あなた方がいつか試してみなければならないと、私が考えているテクニックの一つ［原文のまま―私たちは、現在、アプ・ロ・ー・チ・を使います］です。なぜなら、それがラポールを確立することについて、あなた方にたくさんのことを教えるからです。他の医者をトランスに入れたあと、二人の医者のどちらもが私の指示の結果として、私とラポールするとは思っていませんでした。本当に多くの場合、私は、医者にさせるのではなく、他の誰か（特に完全に抵抗する患者）を使って、患者を深いトランスに入れます。通常、トランスに入れようとしている人に抵抗を少しも残さないようにして、私の方へできるだけ抵抗を向けさせれば、私は、その人たちの抵抗をすべて集めることができます。

抵抗と驚きテクニック

患者の強い抵抗を克服する手段には、この他に驚きテクニックを導入することがあります。私に説明させてください。トランスに入るために三二〇〇キロの距離を一人の医者がやって来ました。彼は私のオフィスへ入ると、私の机に小切手を置きました。そして、「あなたの時間を、これで補償します」と言いました。私は、その時・間・という言葉を聞きました。その小切手で、私の時間を補償することになっていました。しかし、彼はトランスに入れてもらうために来ました。そのとき、明らかなことは、小切手は、私の時間を補償するだけで、彼がトランスに入ることは補償していないということでした。私はそのときその場で、彼がするつもりのことを知っていました。そして、私がこれまで出会った抵抗の中でも、最も美しい仕事をしました。しかし、私は男性に、催眠に誘い込む［原文のまま―私たちは、現在、促進するを使います］とわかっていたあらゆるテクニックを使用しながら、二時間使いましたが、彼が意識の上では協力しているのを感じました。しかし、私は完璧に失敗しました。そして、最後に、「先生、あなたは、時間分の料金を私に支払いました。そして、私はほぼすべてのことをあなたに与えました。失敗したことを、とてもすまなく思っています。しかし、あなたがここを立ち去る前に、私は、あなたを別の部屋にお連れして、私の妻を紹介したいと思います。彼女はあなたに会いたがっています」と、私は言いました。

それで、私は隣の部屋に入って、妻を呼び、そして、Q先生は帰る途中で、すぐに立ち去らなければなりません、しかし、先生はあなたに会いたいと思われました、と言いました。その後、「先生、お別れする前に、握手させてください」と、私は言いました。彼は、非常に丁寧に手を差し出しました。そして、私は、深い催眠トランスを誘導しながら、ゆっくり手を持ち上げました。私はオフィスへ彼を導き、彼が望んでいた作業をしました。

まさか、あなたは、さよなら、と言ったあと、男性に催眠をかけませんね！　彼は防御も、警戒も、自分を守る方法も持ちあわせていませんでした。私が、さよならと握手するために手を伸ばしたとき、そして、ゆっくり穏やかに暗示的に、カタレプシー（カタレプシーと握手誘導の詳細は、セクションIIを参照）を誘導しながら、彼の腕を持ち上げたとき、トランスに入ることに関して、以前にしたすべての暗示が効果を現わしました。そうして、私はオフィスへ彼を連れ戻し、一五年以上の間、催眠の使用を妨害した若干の困難を修正しながら、彼と二時間以上過ごしました。彼は催眠を使用して診療を始めましたが、彼は個人的な精神的外傷を経験していました。それ以来、彼は催眠を引き起こすことができなくなりましたし、実際、催眠を恐れるようになりました。しかし、私が不意に彼の中にトランスを引き起こした後、彼は診療に戻ると、催眠を広範囲に使用し始めました。

催眠誘導へのユーティライゼーション・アプローチ——患者の行動に催眠誘導を適応させること

言いかえると、私が言及したことの一つは驚きテクニックという問題です。常に、患者がオフィスへ持って来るものすべてを使おうと試みます。患者が抵抗を持ち込むなら、その抵抗に感謝してください。どんな方法であっても、あなたにしてほしいと望むように、抵抗を積み上げてください——本当に、抵抗を山のように積み上げてください。しかし、常に抵抗の量にうんざりしてください。彼をトランスに入れるために、私にできることを二時間かけてしたとき、確かに、その医者は無意識に多くの抵抗をしていました。その後、私が彼を妻に紹介するために別の部屋へ連れ出したとき、彼の抵抗は積み重ねられ、オフィスに残されました。実際、それが認識するべきことです。今、まるで私が擬人化した考えを使っているように、思われるかもしれません。しかし、これは、これらの問題を概念化する簡単な方法です。患者がオフィスで、あなたにどんなことを提示したとしても、実際に使用するべきです。ため息をつくか、あるいは、くすくす笑うことによって、あるいは、椅子をまわりに動かすことによって、あるいは、多くのことをすることによって、あなたが催眠をかけるのを妨げるなら、なぜそれを利用しては駄目なのでしょうか?

患者の一人が私に、催眠をかけてほしいと言いました。それで、私は、そうすることに同意しました。彼は、足で拍子をとる、と言ってゆずりませんでした—最初に右足、次に左足、それから右手、それから左手と。次に、彼は、伸びをして起き上がり、それから、前より気持ちよく深々と椅子にもたれます。彼に催眠をかけながら、彼が右足から左足へ変えようとしているときに、私は注意しました。彼があまりに遅くて、変えることができなかったとき、私は、彼に右足から左足へ変える、と暗示しました。そして、彼が左手から右手へ変化させていたとき、まさに変えようとしていたときに私は気づきました。そのとき、今、右手を使って、その後、左手を使って、と暗示します。彼が背伸びをしようとしているのを見たとき、起きて、背伸びする時間です、と私は暗示します。私が腕浮揚を、横に、上に、あるいは下へ動かしながら、誘導していたかどうか、手と足を使って拍子をとって、起き上がり、背伸びしたいと、彼が思ったかどうかで、私にどんな違いが生じましたか? 彼がその種の行動を望むなら、彼にさせてください。しかし、私は実際、彼の行動を喜んで使用するべきです。彼が私のテクニック、私の暗示を笑いたいなら、私は笑うように彼を奨励し、「今、ここに、とても、とても、おかしいと気づくかもしれない別の暗示があります。しかし、その後、再び、私は間違えるかもしれません。また、それがおかしいことに全く気づかないかもしれません。私は、本当に話すことができません」と優しく暗示します。そして、私はすべての可能性をカバーしました。それがおかしい、と彼は気づくかもしれません。あるいは彼には、まったくそれがおかしい、とわからないかもしれません。しかし、私は本当のことを知りません――それがおかしいか、おかしくないか、彼は私に示さなければなりません。しかし、そうする際に、それがおかしいか、おかしくないか、彼が示すことが、私の暗示に従っていることだと、彼は理解していません。

普通の行動と抵抗を利用すること

　あなた方は普通の行動を観察しなければなりません。そして、完全に観察したことを使おうとしなければなりません。患者に来させて、私を、ののしることに時間を費やすようにさせました。なぜなら、「あなたは、これこれしかじかの催眠術師だと思う」からです。「そのとおりです。私はこれこれしかじかの催眠術師だと思います。そして、あなたがここにある二つ、三つの言葉を加えると、ずっとはっきりしたメッセージになります」と、私は患者に言います。それから、私はさらに言葉を強くして暗示することができます。そして、患者は暗示を受け入れることができます。そして、患者が最初に知ることは、私から他の言葉、他の暗示を受け入れているということです。そのように、私は患者自身のレベルで簡単に、患者と接触することができます。［暗示が患者の抵抗を受け入れて、拡大して、利用するので、患者は私の暗示に抵抗しません］

　患者の行動を即座に修正しなければならない、と術者が思うことがあまりに多過ぎます。そういった態度をとってはいけません。最終的に、患者がそこで利益を得られるような態度を、その瞬間ではなく、おそらく一日、一週間、一カ月、六カ月といった、ある程度の合理的な期間内にとります。患者はその特定の行動を、実際にあなたに見せる必要があるので、即座に行動を修正しようとすることは避けなければなりません。

沈黙を利用すること——意識－無意識のダブル・バインドを通して無意識のプロセスを促進すること

それから、電話であなたと緊急の約束をして、オフィスに来たとしても、まったく黙ったまま、そこに座っている患者がいます。あなたは、この行動が理解できません、と言いたいと思うかもしれません。しかし、私は、彼らが黙っていることに頓着しません。彼ら自身の無意識で何が起きているか、意識的にわかっている必要がないことを、無意識が考え始め、わかり始めています、と話します。実際、彼らに何を言っているのでしょうか？　彼らの無意識は、意識が認識することなく、今、働くことができる、密かに働くことができる、と言っています。このように、患者の意識的な沈黙を利用して、まったく意識的に話す必要がない、と患者に理解させています。あなたの声が聴こえる範囲内に、患者が単にいるだけで、患者は無意識を十分に働かせることができます。すべての時間を通して静かに座っている患者に、どうして憤慨するのか、私には分かりません。しかし、患者のために時間を使わなければ、それはあなたにとって、時間の浪費です。あなたは、多くのことを話す必要がありません——患者に、「あなたの目がオフィスをぐるりと見回す間、あなたがこの本のタイトルとその本のタイトルに注意する間、あなたが私を無視して見ていない間、あなたがカーペットを見ている間、あなたが外部の音に注意している間、あなたの無意識を働かせましょう」と簡単に言います。何が起こりますか？　患者自身の無意識は、あなたの暗示に応じ始めます。そして、今後——次のセッションかも知れませんが、意識的に沈黙している時間を使用して、催眠トランスの経験を患者に準備させていることに気づきます。

質疑応答——セッションの長さ

質問：一般的に、セッションにどのくらい時間をかけますか？　セッションではどのくらい、催眠状態に患者がいるようにするのですか？　どれだけの時間、トランスから出た患者と、催眠下で起こったことを意識的に議論することに費やしますか？

答え：私は、患者のニーズに必要な時間をとります。私は、患者がどのくらい没頭できるかで判断します。私は、一六時間連続して、患者につき合ったことがあります。私は患者に、食事の幻覚を見させましたが、その間、私はお腹を空かせていました！　患者の問題と緊急度によりますが、私は、一二時間、八時間、できれば四時間、そして、二、三時間、患者につき合うことは頻繁にありました。通常は、一時間だけつき合うことが好きです――その時間の最初の部分は、催眠のために使って、後の半分は、話し合いに使います。あるいは、私は近い将来、この問題が議論に上ったときに、トランス状態の患者に話すと、患者はそのときまでに、問題を気楽に感じるようになります。言いかえれば、私が催眠を使用するのは、患者に物事が提示される方法を管理するためです。学ぶことができて、素早く適応できる患者とは、一週間に四回、五回、六回、ときには七回、私は会います。他の患者は、週に一回以上の早さで、セッションを組み込むことができません。そして私は、月に一回のセッションであっても我慢できない患者の治療をしたことがあります。私は、患者のためにセットやルーチンパターンを持つ代わりに、完全にランダムなスケジュールを、患者に準備します。私は、一カ月に一回から、一週間で七回のセッション（各々二時間のセッション）へ、患者を移します。あるいは、心理療法をこなす能力によって、患者を、毎日四時間のセッションから一週間に一回へと移すこともあります。

以前の催眠経験の影響を克服すること

質問：前もってか、あるいは偶然に催眠をかけられた個人と、あなたはどうやってラポールを進展させるのでしょうか、両方のケースとも、催眠体験を再生しませんね？［あなたは、個人のそのような無意識の催眠状態を、どのように発見するのでしょうか？　そして、あなたは、以前の健忘している催眠経験から来る抑制暗示 inhibitory suggestions を、できる限り克服するために、どんなテクニックを使いますか？］

答え：多くの場合、患者はあなたから逃れるために、催眠トランスに自動的に入ります。前緊張型 precatatonic 統合失調症の患者は、特に自動的に催眠トランスに入ることに秀でています。そして、患者はあなたに、どんな形であれ心理的に触れてきなさい、と文字通り挑発します。時折、以前に催眠をかけられたけれども、絶対に、絶対に、絶対に二度と催眠をかけられません、と話す人に、あなたは出会います。そこであなたは、患者にうまく催眠をかけることができません。私が最近行ったフェニックスでのセミナーに、セミナー参加者の二人の歯科医が素晴らしい被験者を連れてきました。そして、彼女が新しい参加者だったので、良い催眠被験者になるよう彼女を訓練してほしい、と二人は私に話しました。しかし、私にわからないように、彼らは彼女に慎重に暗示して、絶対に彼女に催眠をかけさせないようにしていました。私が彼女に催眠をかけようとしたとき、私は、すぐに一つのことに気づきました――非常に親しみやすくて、非常に協力的でしたが、彼女は話したことすべてを過度に強調していました。「先生、あなたが私に催眠をかけることができると、実際、思っていません。実際、思っ・・・・ていません！」そして、その言葉を聞いて、その言葉が催眠にかかることが本当にできないと考えている人が言うような単純な言葉ではないことを、私は理解しました。もっと正確に言えば、その言葉は、彼女にとって、無縁、あるいは異質という確信を、あまりにキッパリと表現し過ぎている、と私は思いました。それで、メンバーの誰かを知っているか、彼女に私は尋ねました。すると当然ですが、彼女はすぐさま、マイヤーとビル、それにあと数人を知っています、と言いました。しかし、マイヤーとビルについてはファーストネームを彼女は口にしました。それで私は彼女に、催眠暗示をビルかマイヤーがしたら、どのように反応すると感じたましたか、と尋ねました。彼女は、二人のいずれかに、うまく反応することができるかもしれません、と言いました。そして、私は、私のテクニックは、マイヤーやビルの方法に似ていますか、と彼女に尋ねました。二人のテクニックは私に似ています、と彼女は言いました。それは私が二人に教えたからでした。以前から彼女に起こっていることが、皆さんにわかりますか？　それから、ビルが今、あなたの腕が重くなっていると言うなら、腕は重くなりますか？と私は暗示しました。そして、マイヤーが、腕がもっと重く、もっと重くなると言うなら、腕は前より重くなりますか？　と私は暗示しました。そして、もちろん、腕は、もっと重くなり始めました。そして、私は、以前、彼女の中で催眠が働いた状況があったに違いない、と認識しました。私は、誰がこのことをしたか推測しました。次に、彼女の心の中で、自分自身が彼らになったつもりになろうとしました。このケースでは、彼女に以前に暗示したのは、マイヤーとビルでした。

「私は催眠を以前かけられました。そしてその後、多くの医者が催眠を試みました、しかし、私はいつも、催眠状態に入ることができませんでした」という別の出来事を、被験者が自分から話しました。催眠術師は誰ですか、そして、どれくらい前に、催眠にかかりましたか、と私は尋ねました。「催眠をかけたのは、ステージ催眠術師でした。そして、彼は、二度と決して催眠にかからない、と私に言いました。私は、催眠を望んでいましたが、いつでもトランスに入ることができませんでした」。

それは五〜七年前のシカゴでの出来事でした。それから、私は彼女に質問を集中しました。「劇場の名前を覚えていますか？　どれだけの人々が、あなたと一緒にステージに上がっていましたか？　彼らのうちの何人を思い出すことができるか確かめてください。思い出すことができる状況が何か他にもありますか？　友達とそこに行ったのですか？　あなたは、友人と帰りましたか？　あなたは、その後、食事をしましたか？　あなたは、お酒を飲みましたか？　ステージ催眠術師があなたにアプローチしたとき、何がありましたか？　彼は、あなたに目を閉じると、眠くなる、とあなたに言いましたか？　彼はあなたに、とても眠いと感じる、と言いましたか？　彼は私のような声をしていましたか、それとも、彼は、もっと威圧的で、横柄でしたか？　彼はあなたに、今、眠りに入る、と言いましたか？　彼はあなたに、腕が堅くなる、と言いましたか？」このように、私は、彼女の記憶の中にある催眠経験を取り巻く忘れられたすべての詳細を呼び起こします。そして、自分自身が、その時点のステージ催眠術師になったつもりになろうとします。

時折、あなたは、同僚の一人に催眠をかけられ、他の医者に催眠をかけさせないように、と話された患者に出会います。とても親身に、そして興味をもって、その状況を詳細に調査してください。患者は、詳細を思い出し始めるとともに、その状況のトランス行動を生じ始めます。そして、トランス行動が生じるとともに、その後、患者はトランスに入るので、その時点で、あなたは暗示をします。「はい、ちょうど今、今後、再びトランスに入らないように、あなたに言っているように、そのとき、あなたはトランスに入らないように言われました。ちょうど今、今後再び、トランスに入らないように、あなたに私が言っているのと同じように」。しかし、患者は、ちょうどそこでトランスに入って、暗示を受け入れてからしか、今後再び、トランスに入らないという暗示を受け入れることができません。患者が過去に行ったトレーニングは、暗示を受け入れることでした。患者には、その種の暗示がおよそ五年間、残っていました。トランスに徐々に入り、患者は、その暗示が強化されることを受け入れました。しかし、患者をトランス状態にした後、すぐにあなたはその最初の指示を次のように修正することができます。「二度と、ばかげた目的のために、トランスに入らないでしょう。決して二度と将来にわたって、あなたは役に立たず、価値もなく、無益な目的のために、トランスに入りません」。［以前の催眠経験の記憶を呼び起こすことによって、あなたはもう一つの催眠経験の状況を呼び起こします。他のどの医者にも、患者に催眠をかけさせないという忠告を受け入れ、利用して、最初の経験を実際に再形成します。そして、このようにして催眠が再び起こることを可能にします］

これは、あなた方全員がお互いに協力して行うべきことです。知的で正常で素晴らしい被験者を確保してください。あなた方のうちの一人は、その被験者を深いトランスに入れて、誰それにはトランスに入れさせないようにと、その被験者に言います。それから、その暗示を修正するために、誰それに心の中で言語表現を考えさせてください。あなたは、心理療法に同じテクニックを使用します。「この一〇年の間、私は、起きたら、最初に少なくとも七回、銀食器や皿を洗わずに、テーブルに座ることができませんでした」と、ある患者があなたに言います。そのことについて最初に、私が知りたいことは、その問題が起きた以前、七年以上前、その人がテーブルでどのように座っていたかということです。そして、私は、もし彼にデモンストレーションさせることができるなら、そうします。患者は、私がトランスに入れていること、七年前の時期に退行させていることを認識しません。

私は被験者が、私のせいでトランスに入ることができなかったと思う、と言うようにしました。したがって、私は、トランスに被験者を入れ、そして、被験者がトランスに入ることができないことを、被験者にデモンストレーションさせようとします。そのようにして、私は被験者のニーズを満たしました。その後、私は被験者がかつて、トランスに入ったときについて、被験者と振り返り始めます。すると、被験者は、速やかにトランスに入ります。［過去のトランスの記憶を喚起すると、別のトランスを再誘導する傾向があります］その後、私はトランス状態で、私がどのように被験者をごまかしたか、どのように被験者を操作したか、被験者に指摘します。そして、私は、被験者に、二度と再び私のために、トランスに入らないという後催眠暗示を与えます、と申し出ます。あるいは、私は、トランスにならないと予想したのにもかかわらず、トランス経験をした理由を理解したいと思うように暗示します。その方法では、心理療法としては、多くのことを達成していますが、一方であなたはあなたに対する被験者の抵抗に遭う可能性がありますが、同時にその抵抗を徐々に弱らせることができます。催眠の使用に関して一つ言うとすれば、以下のようなことです。あなたは、催眠について患者が知っていることよりも多くのことを、実際に知っているべきです。あなたは、それが状況で生じることはなんでも完全に知っているべきです。あなたは物事を考えることができます。あなたは物事を考案することができます。それがあなたの患者の要求を満たします。

睡眠または自発的催眠状態を利用すること

［聴衆の一人が、メアリーという女性が眠っていることに気がつきます。彼はエリクソンに、このことを大声で言ってから、メアリーに呼びかけます］あなたは私と話をしたかったですか、メアリー？　あなたは眠っていますか、それとも、目が覚めていますか、メアリー？どんな方法でも、メアリー、私の話を聞いてください。それがあなたの望んでいることなら、眠り続けてほしいと思います。それがあなたの望んでいることなら、起きてほしいと思います。私の言うことを喜んで聞いてほしいと思います。私が言わなければならないことを喜んで聞いてほしいと思います。私はあなたが覚えていて、グレンがどんな助言および勧告を必要としたとしてもグレンにしてほしいのです。そして、私は彼が忘れそうだということを、あなたに覚えていてほしいのです。そして、誰にもあなたをイライラさせないようにしてください。誰かがあなたの邪魔をしようとするときはいつでも、素早くわきに押のけてください。▼訳注2

全聴衆に催眠をかけること

質問：私は以前のセミナーで、このような講演があるとき、グループ全体に催眠をかけた方が良いかもしれません、と発言しました。実際、私は、現在、催眠がかかっているかもと思っています。私の腕は、変な感じがし始めています！

答え：その通り、先生。私が講演をしたときはいつでも、あなたは、いつでもトランスに入りました。今、あなたの席に、あなたの椅子に座ったままで、気持ちよく

▼訳注2　a merry push と Mary を対比して使っている。

そのままいてください。そして、あなたの背中とあなたの肩を、快適に、しかし十分に堅くしておいてください。あなたは催眠状態で私の講演を聞いていました、そして、疑う余地なく、より一層、講演を覚えています。とても素晴らしい催眠睡眠をしていたメンバーが聴衆の中に何人かいます。

後催眠暗示の持続

質問：後催眠暗示は、平均してどれくらいの間、続きますか。

答え：それは後催眠暗示によります。一九三〇年代の初めに、私は、心理学博士号を持っている女性と、ある実験的研究をしていました。ハリエットが米国の他の地域へ、出発する時間が来たとき、私は、後催眠暗示の持続という問題を調査できるかどうか、彼女に尋ねました。彼女は、それは良い考えだと思いました。それで、私は、次にいつ私たちが会うかわからないことを説明しました。「来年かもしれません。五年後かもしれません。それは一〇年後、あるいは一五年後、あるいは二〇年後、あるいは二五年後かもしれません。しかし、あなたにしたいと思う後催眠暗示は、次のことです。私たちが再び会うとき、私に挨拶した後、状況とセッティングが相応しい場合、深い催眠睡眠に入ってください」。

一五年後、私はアメリカ心理学会に出席していました。私は、人類学者のグレゴリー・ベイトソンと一緒にいました。私たちは、レストランに入って、昼食を食べながら歓談しようと座ることができるボックス席を見まわして捜しました。座れるボックス席が一つだけあることに、彼は気づきました。しかし、そこには座っている女性がいました。彼は、一緒に私たちも座って良いですか、と彼女に尋ねました。私はまだレストランの正面にいたので、彼女からは見えませんでした。彼女は同意しました。それで、彼はカウンターに来て、私のトレイと彼のトレイを取って、そのボックス席へ持って行きました。

私はボックス席に入ると、女性が一五年間会っていなかったハリエットであることがわかりました。ハリエットは私を見て、次に、その人を見ました。私は彼女をグレゴリー・ベイトソンに紹介しました。彼女は名前を知っていて、紹介に答えて、そして、深いトランス状態に入りました。状況、セッティングは、相応しいものでした。私と一緒にいる知らない人は、明らかに、私の友人でした。彼は明らかに一人の学習者で、彼女は彼の名前を知っていて、彼が人類学の分野で、本を出版していたことを知っていました。したがって、催眠に科学的に興味を持っていることを知っていました。ボックス席にいたのは、私たち三人だけでした。したがって、ハリエットはトランスに入り、グレゴリー・ベイトソンを驚かせました。私は、ハリエットに、どのようにすべてが進行したか、どのように作業をしたのですか、と尋ねました。そして、私は彼女を目覚めさせました。目覚めたとき、私がちょうど今ベイトソンへの紹介をし終えたところだ、と彼女は思いました。彼女は、トランスの中にいたことを知りませんでした。明らかに、後催眠暗示は一五年間、持続していました！　そして、長い間、彼女に会わなかった後で私が再び彼女に会った場合、そして状況が適切だった場合、彼女はトランスに入ると、私は確信しています。

私は、何年も会っていないかなり多くの患者でこの経験をしました。患者に会うと、すぐさま、再びトランスに入り、後催眠暗示のいくつかをすぐに実行します。通常、私に向けて、そして、彼ら自身に向けて、人生で友好関係を保つために、患者にちょっとしたものを与えます。私は、例として、ボルチモアの一人の患者のことを考えることができます。私は、少なくとも、その患者に会うことを考える場合は、必ずとても明るい紫のネクタイをします。その患者は、赤色恐怖症のために、私のところへ最初に来ました。私たちの仕事は一緒に、色に対する非常に快適な感情を、彼女に与えることができるようにすることです。それで、その患者に会う可能性があるときはいつでも、私は最も明るい紫のネクタイをつけます。私は行動で、色に対して良い感情を持っていることを示します。そうすることで、私の患者は色に対して良い感情を持ちます。それは、私が生涯、彼女に持っていてほしいと思う後催眠暗示です。

なぜ、聴衆の中のメンバーが催眠にかかるのですか⁉

質問：あなたが聴衆を誘導するために、言葉を直接かけていないのに、なぜ、聴衆の中のある個人が催眠行動を示すのですか？　以前に、この人たちに催眠をかけたことがあったので、反応しやすかったのでしょうか？

答え：私の知る限りでは、トランスに入った人のうち何人かは、初対面でした。わかっている範囲では、私は前に彼らに会ったことはありませんでした——しかし、先週の日曜日に、私が講演したときの聴衆の中に、何人かがいたかもしれません。

質問：トランス誘導を説明してくださいますか？

答え：トランス誘導とは、次のようなものです。私は、無意識と意識について、最初に、皆さん方に話しました。彼らの無意識は聞いていました。そして、彼らは無意識に、私の考えを理解しようとすることに、興味を持ちました。あなたは、赤ちゃんに口を動かして固形物を食べさせることに熱中している親を見たことはないですか？親が赤ちゃんに口を開いてほしいと思うたびに、親は、自分の口を開きます。そして、赤ちゃんに行動を真似してほしいと思っています。催眠に関する講演に参加しているとき、良く耳を傾け、良く聞いて、良く理解するために、トランスに入る人たちがいることに、私はたびたび気づきました。ここにいるロジャーズ博士は、いつでもトランスに入ります。そして、彼女はそのようにして、ずっと多くの事柄を覚えています――なぜなら、彼女はとても集中して聞いているからです。例えば、音楽の番組をラジオで聞いているとき、楽器を選び出したいのであれば、あなたは明るい光に目をやることはありませんし、本のページをめくることもありません。あなたは目を閉じて、利き耳を音楽に無意識に向けます。そして、あなたは視覚刺激をとても慎重にシャットアウトします。冷たいグラスを手に持っているなら、あなたはグラスを置いて、冷たさで音楽から注意が逸れないようにします。無意識が、そのような行為を指示したので、これらの行動をしたことを、あなた方が必ずしも知っているわけではありません。どのようにしたら、音楽を最もうまく聞くことができるか、あなた方はわかっています。同様に、催眠についての講義では、無意識でよりよく聞くことができるように、意識的な心を閉じます。

質問：今、トランス状態にいるここの出席者は、これらの後催眠現象についてのあなたの説明をすべて、自分でわかっていますか？

答え：彼らは、これが講演であって、彼ら個人に向けられていないことをよく知っています。そして、すべてのことが彼らに向けられているというのが、講演における一般的な理解です。

無意識のプロセスを促進する間接暗示

私は、間接暗示についてお話ししようと思います。私は、たった今、ここの聴衆の誰かに向けて、間接暗示をするつもりです——少し前に私がその人を見ると、目と目が合いました。そして、その人はそれに気づいています。その人の心では、識別は行われました。それでは間接暗示とは何でしょうか？　あなたは、やり遂げたいことがたくさんあります。あなたの無意識は、それらに取り組むことができます。そして、実際にそれらに取り組んでください。［エリクソンの声は、ここで明らかに柔らかく、ゆっくりになりました］都合のよいとき、それらに取り組んで、そして一生懸命働いてください。［休止］そして今からの三カ月、六カ月、九カ月に、今から多くのことを達成することができます。あなたの無意識は、実際にそれらの問題に、取り組むことができます。［休止］実際にそれらに取り組んでください。多くのそれらがあります。［休止］そして、あなたは、それらに本当に取り組むことができます。そして、それは聴衆の誰にでも当てはまります。あなたは、多くのことをすることができます。あなたの無意識は、多くのことに興味があります。そして、あなたはここ数カ月、次の六カ月、次の九カ月、次の一二カ月で、それらに本当に取り組むことができます。かなりの量のことが達成できます。そして、あなた方が、あなたの無意識をあなたのために働かせて、大きな無意識の喜びを理解してほしいと、私は思っています。そして、私は、今日の午後の講演はここまでにしようと思います。ですから皆さん、起きて、そしてはっきりと目覚めてください。

B　間接的コミュニケーションへのユーティライゼーション・アプローチ

ここまでの講演は、催眠誘導と催眠療法の重要な力学を明快に説明するものとして始まりましたが、終わってみると、講演が、グループ催眠のデモンストレーションでもあったことがはっきりします。聴衆のメンバーは、そうしようと思えば、資料を上手く受け入れて、自分自身をトランスに入らせることができます。書かれた資料を読む前に、カセット録音を聞くことで、読者は重要な価値あることを得られるかもしれないと私たちが言うのは、このためです。集団催眠や催眠学習の促進には、このアプローチを概念化するために使用することができるいくつかの参照枠があります。催眠の歴史の古典的理論的枠組みから、上席著者は、聴衆の中に一連の重要な観念力学的プロセスを呼び起こすように講演を進行します。つまり、知的レベルで、はっきりと考えを説明することで、聞き手の心理状態を変える精神力学的なプロセスを実際に呼び起こします。これが間接的コミュニケーションへのユーティライゼーション・アプローチの本質です。食物について話せば、実際に空腹感を感じるようにすることができます。催眠の力学を面白い病歴を使って議論することで、聞き手の中に、実際の催眠経験を喚起することができます。この講演-デモンストレーションにおけるエリクソンのメッセージの多くには、観念力学的な含意がありました。ですから、聴衆の内部に以下のことを喚起することができました。(一)興味、動機づけ、そして期待、(二)学習セット、そして、(三)内部探索と自律的な無意識のプロセスのパターンです。それは講演の間中、トランス経験を促進すること、そして聞き手自身の専門技術を強化することができました。そのような観念力学的含意があるメッセージについては、ゴシック体にしました。

単語、ジェスチャー、そしてメッセージの大部分には、複数レベルで意味がある可能性があるということは、今では自明のことです。しかし、間接的コミュニケーションへのエリクソンの自然主義的なアプローチは、これらの複数レベルを系統的方法で利用しようと努力したものとしては最初のものです。彼は、この中(Erickson, 1958)で、自然の道 nature's way をたどっているだけだ、と主張しています。心が直線 linear、一本道 one-track、一つの原因と結果 single-cause-and-effect という方法で、情報が処理されると考えることは、幻想ですが、例えば、直線的に印字された活字、デジタルコンピュータのような技術的装置 technical device、そして前提から結論へと系統的に進める論理的議論の活用への広範な依存によって、おそらく恒久化されています。しかし、これらは単なる道具であり、テクニックであり、自然は、そのように働きません。自然は、新しい進化という目的のために、すでに存在している形式を適応させ、利用することにおいて経済的です。類似したやり方で、エリクソンは、人々がそれらの学問的な制限から脱出するのを助けて、その後、人々が大局的見地から、人生経験を再構成することができるようにします。意識を拡張し意識を高めることを、私たちが現在強調していることが、私たちたち人間の可能性をもっと広く理解するように、私たちが限られた先入観から抜け出る本質的プロセスだと、エリクソンは考えています。

どんなメッセージでも多くの方法で複数レベル（メタレベル）の意味を構築することができるという見解が、治療コミュニケーションのプロセスに対して、現代の言語理論およびコミュニケーション理論を適用することによって重視されています（Rossi, 1973a, 1973b, 1973c; Erickson & Rossi, 1974, 1976, 1979; Erickson, Rossi, & Rossi, 1976; Watzlawick, Weakland, & Fisch, 1974; Bandler & Grinder, 1975; Grinder, Delozier, & Bandler, 1977）。神経心理学の研究は、左脳と右脳が異なるスタイルで情報を扱っていることを示唆しています。また、このように、どのようなコミュニケーションでも、処理方法が一つだけとは限りません（Rossi, 1977; Watzlawick, 1978; Erickson & Rossi, 1979; Shulik, 1979）。これらすべてのアプローチに共通する要素は、人間関係には、一つのレベルで客観的情報を単純に交換する以上の広さが含まれているということです。私たちが使用するすべての言葉、フレーズ、休止、文、音の抑揚、そしてジェスチャーには、多くの意味と神経心理学的効果があります。間接的なコミュニケーションの研究には、これらすべての複数の意味を調査すること、そして通常の認識レベル以下で、不随意的な方法で、自動的に起こっている神経精神的なプロセスを調査することが含まれています。

本当に小さな幼少期から、エリクソンは、日常会話が、いかに多くのレベルで意味を持った上で進行するかについて、異常なほど高度な自覚を発達させました。つまり、彼は、含意に対する感性、そしてコミュニケーションの無意識の面に対する感性を発達させました。この後、私たちは、エリクソンがどのように、こういった感性を発達させたかを示す最近の会話をいくつか最初に提示します。その後、前述のオーシャン・モナークでの講演で使われた方法を説明します。

一　言語と暗示のテクニック

エリクソン――暗示のテクニックは、言葉の用法と言葉のさまざまな意味に依存します。私は、辞書を読むことに多くの時間を費やしました。同じ言葉にいろいろな定義があることを読めば、それがその言葉の概念と言語の使い方を完全に変えます。あなたは速く fast 走ることができます。あるいは、しっかり fast つかまることができます。それから、一部の女性は早口 fast です。変化 change

という単語を考えてください。心変わりchangeは、あなたのポケットの中のおつりchange、あるいは馬の交換changeとは、大きく異なっています。そして、あなたが川の中央で馬を換えるとき、それは異なる種類の変化changeです。あなたが服を替えるchangeとき、それは、もう一つの完全に異なるものです。服を変えていません。あなたは、着ているものを変えています。それは、そんなふうに続いていきます。とても多くの言葉に、多くの使い方があります！　それらを認識し始めると、その後、実際と本当（さらに深く、そしてさらに強調したイントネーションで話しました）には違いがあることを理解することができます。実際に本当ということはreally for real、小さな子にとって確実に何かしら意味のあることです。

ロッシ―話し声を強調したり、声の力を使ったりするだけでなく、このような言葉の複数の意味を知って、正しく利用することに、多くの暗示に関するテクニックと科学があります。

二　催眠における複数レベルのコミュニケーション

エリクソン―幼児期から、私は、二つ、あるいは三つのレベルで話す練習をしました。私は、何人かの遊び友達と話すことができました。そして、一人の遊び友達は私が犬について話していると思いました。もう一人は私が凧について話していると思いました。そして、もう一人は私がフットボールについて話していると思いました。

ロッシ―あなたは、いつも複数レベルのコミュニケーションをしていたのですか？

エリクソン―その通り。今、私が催眠ワークをするときには、何も考えなくても複数レベルになります。治療的トランスでは、患者はもっと簡単に複数レベルでコミュニケーションすることができます。

ロッシ―あなたは、複数レベルでのコミュニケーションが、どのように働くのか、一般的原則を提示することができますか？　どのようにして、複数レベルのコミュニケーションを設定するのですか？

エリクソン―他の人のことを、特にその人たちが興味を持っていることを良く知っている必要があります。

ロッシ―あなたは、個人的興味や個性のために、含蓄、連想、そして意味に複数の応用パターンがある言葉を使用しています。それが、催眠におけるコミュニケーションに対して、間接的アプローチを使用する基本原理ですか？

エリクソン―その通り。

三　暗示のエッセンスとしての内部反応

声の力を使うことには意味があるということを、休止を使用することにおける以下の解説で、エリクソンは実証しています。この例は、セラピストによって提示される刺激に対する患者の内部反応が、暗示の本質である、というエリクソンの見方について、はっきりした証拠を提供しています。催眠コミュニケーションの間接的な側面が、これらの内部反応です。

エリクソン―私はときどき、催眠誘導を次のように言うことで始めます。

私は知りません

これは、そう言うことによって、私は患者の抵抗を捉えて、抵抗を建設的目的のために利用する否定です。

［休止］

休止は、「手元の問題に関して、あなたが私に話していない重要なことは何ですか？」と示唆します。

～とき

～ときは、そのとき、そのイベント（トランス）が行われることを示唆しています。

あなたは深いトランスに入る～

「私は知りません」というさらに広い文脈に埋められるので、これは直接暗示ですが、一つのようには見えません。

ロッシ―あなたは患者に対して、多くのメッセージを伝えて、患者の中に、特定の自然な連想反応を喚起します。

催眠暗示の本質は、患者内のこれらの反応です。
エリクソン―はい、それが催眠というものです！
ロッシ―そしてこれは、催眠を生じる間接的アプローチ、あるいはユーティライゼーション・アプローチです。すなわち、あなたは言葉の刺激を提供し、連想によって患者内に催眠反応を引き起こします。あなたは、患者が自分自身に暗示を容易に言えるようにします。
エリクソン―はい、患者自身に、それを言わせてください！
ロッシ―私たちは、被験者に特定の予想できる反応（実際の催眠暗示）を引き起こすような、あなたが知っている語句の催眠辞書を開発することができますか？　私たちは、まったく催眠について話すことさえ必要なく、催眠の性質である特定の反応を、患者に引き起こす特定の言葉の刺激とジェスチャーをすればいいような。
エリクソン―そのような催眠辞書は、おそらく適用が限られているでしょう。なぜなら、あなたは聞き手の個性に、各々の語彙を合わせなければならないからです。［エリクソンは、彼の妻が、自分の子どものために、イースターエッグをどのように隠す必要があったか、という逸話を語ります。というのは、その子が、母親の推理を容易に理解できなかったからです。もし、エリクソンが卵を隠したのなら、父親の心の働き方を、その子はわかっていたので、すぐに卵を見つけました。ですから、探し始める前に、「卵は、パパが隠したの？　それともママが隠したの？」と、子どもは尋ねます。この逸話から、行動に対して、そして、さまざまな人が暗に自分のことを内部連想したことに対して、深く波長を合わせることができる方法を、子どもであっても持っていることがはっきりわかります。まさに催眠療法家がワークで必要とするのは、こういう感性です］

四　オーシャン・モナーク講演での間接的コミュニケーション

私たちは、ここでエリクソンが、オーシャン・モナーク講演で議論した間接的コミュニケーションへのアプローチのいくつかを概説します。その講演と同時に、エリクソンは聴衆の何人かの中に、間接的コミュニケーションを喚起していました。すなわち、聴衆は、最初、精神医学における催眠についての講演を期待しながら聞いていましたが、そうしている間に聴衆の一部は、実際に催眠を経験したのでした。コミュニケーションへの自然主義的アプローチ、そしてユーティライゼーション・アプローチについての、一見すると客観的な講演によって、聴衆の中の反応のよい人々の内部に、間接的方法で催眠経験が実際に生じました。

含意と否定

「私は必ずしも、今日、あなた方に、催眠をデモンストレーションするつもりはありません……」というエリクソンのまさに最初のメッセージには、その反対の含意が含まれています。そして、すべてのコミュニケーションと同様に、否定、断り書き、あるいは資格制限もまた含まれています。政治家は、よくこのことを知っています。政治家はこれこれの方策を決して支持していませんでしたとか、この段階では、絶対に候補でありませんでしたとか、最初に宣言することで、市民に対して、嫌われる方策を誘導したり、あるいは彼ら自身の立候補を誘導したりします。聞き手の意識的な心は、額面通りにこれらの否定を受け入れるかもしれません。しかし、この表面的な受け入れと同時に、ほとんどの聞き手は、さらに無意識上で、あるいはメタレベル上で、あらゆる否認の反対のもの、そして多くの重要でない発言でさえもその含意を調査し、処理します。これらの自動的な内部探索が、表面的なメッセージと大きく食い違っている場合、彼/彼女の精神力学の特定のパターンを通して解決する必要がある矛盾であふれかえります。フロイト（Breuer & Freud, 1895/1957）からベイトソン（Bateson 1972, 1979）への精神病理学の研究の歴史は、これらの精神力学を理解する努力の記録です。

意識と無意識のダブル・バインド

オーシャン・モナーク講演での第一節で、エリクソンは以下のようにダブル・バインド形式を導入します。「意識レベルで人と話しているとき、私は、その人が意識レベルだけでなく、無意識レベルで私の話を聞いていると思っています」。ほとんどの聴衆は、これを巧妙な意識・無意識のダブル・バインドの形と認識しません。そして、そのことについては、以前詳細に話し合いました（Erickson & Rossi, 1975, 1979）。「意識レベルで」、エリクソンの言うことを注意深く聞いている聴衆の多くは、今、それをまったく自覚することなく、さらに、「無意識レベルで」聞いて、観念力学的な暗示を受け取ります。確かに、すべての聞き手が、この間接的コミュニケーションに対して、受容的だとは限りません。高められた期待、そして好意的なラポールを、エリクソンと持っているのは、主として聴衆の中のメンバーです。そして、その人たちは、個人的レベルで、エリクソンの言葉を受け取り、利用する可能性が最も高い人たちです。

しかし、問題は、これほど単純でありません。なぜなら、聴衆の中の何人かは講師に好感を持っていませんし、意識レベルでは、好意的な期待や動機づけを持っていません。しかしながら、そのような意識的な抵抗を持った人たちでさえ、提示されている間接的コミュニケーションの一部を受け取って、利用します。明らかに、意識的な態度を制限しているのにもかかわらず、無意識レベルでは、彼らの中の何かが、提示されているものの価値を認識して、受け入れます。

反応性を高めるためのカタレプシー

次のセクションでは、反応を高めるための暗示とカタレプシーを学習する方法について、トランス誘導と催眠療法におけるエリクソンの大きな革新性を議論します。その一方で、エリクソンはいくつかの観念力学的な暗示を聴衆に提示します。カタレプシーは、興味深い催眠現象というだけではありません。聴衆の中の多くのメンバーは、「増加した反応性」について聞いているとき、「彼らに考えに反応する機会を提供している」エリクソンの話を聞いている今ここでの状況において、増加した反応性で応えます。

聴衆メンバーは、次に彼らが「どんな程度にでも、自由に反応することができる」ということを聞きます。しかし、「また、ある一定の信頼感を育成し始める」ことができるように、「[彼らは]どんな願望であっても、自制すること」ができます。

私たちは、エリクソンが見掛け上話している患者についてだけでなく、聴衆メンバーに対して、フレーズが持つコミュニケーションの価値について、この講演の各トピック内のフレーズを、分析することができました。しかし、たぶん今、読者は、価値あるトレーニング課題として、自分自身のために、そうしたいと思うことでしょう。**ラポール**、**両面性**、**統合された意識的・無意識的な学習**、**解離する知性**、および**情動**などの一連のトピックを調査することで、コミュニケーションに対するエリクソンの自然主義的アプローチについて、そして聴衆のメンバーが自分独自の方法で利用するために自動的に手に入れる豊富な観念力学的な連想について、妥当な理解を読者に提供することができます。

次のセクションで、私たちは、催眠プロセスと変性状態を促進するために、いわゆる正常な日常的意識の学習された制限を回避しながら、間接的アプローチを利用する実用的手段の例をさらに調査します。

セクションⅡ
催眠誘導と催眠治療におけるカタレプシー

Two

カタレプシーは、自発的な運動停止であり、通常、トランスと催眠の中で最も特徴的な現象の一つです。カタレプシーの重要性と意味については、世代を超えて変わってきたので、このセクションでは歴史的展望の中でのカタレプシーの説明から開始します。この後、私たちは、自然発生的な形のカタレプシーを日常生活での観察から説明します。というのは、すべての催眠現象を、正常な行動の側面として、あるいは正常な行動から派生したものとして考えているからです。これらの自然発生的なカタレプシーが診療室で見られるとき、カタレプシーは患者内部の状態に関する重要な合図になって、最も自然な方法で治療的トランスを引き起こすための重要な手段を提供します。私たちが前のセクションから推論できることは、日常的に、これらのカタレプシーが発生するという議論から考えると、患者が催眠誘導に気づきもしないうちに、カタレプシーとトランスの観念力学的な様相を喚起しながら、催眠誘導を始める優れた方法である可能性があるということです。

その後、私たちは、トランス誘導の正式なプロセスの中で、カタレプシーを促進するエリクソンのアプローチをいくつか提示します。基本的に非言語的なプロセスなので、カタレプシーは現代を象徴するような、そして過度に洗練された多くの患者の学習された限界を回避するとても効果的な手段になります。そして、そのような患者は、治療的なトランスを経験したいと思っていますが、トランスを生じさせる邪魔をするような誤解をしています。それから、カタレプシーは、内部および外部刺激の微妙な違いに対して、患者の感受性の感度を高める手段として使うことができます。そのため、彼／彼女は治療的な変化のプロセスを、さらに素早く受け入れることができますし、実行することができます。

専門家が知的レベルで、カタレプシーの利用という新しい概念を受け入れることに興味を持っている一方で、治療においてカタレプシーが本当に効果を持つようになるのは、催眠療法家が診療室で実用的な方法でカタレプシーを引き起こしながら、観察テクニックとパフォーマンステクニックが調和するようにテクニックを発展させたときだけです。このため、これらのテクニックを開業医に取得してもらうためにいくつか練習をして、この議論を終わります。

その後、エリクソンがカタレプシーを使用したデモンストレーションをさらに提示します。このデモンストレーションは、最近記録されたもので（Erickson, 1976)、腕浮揚アプローチで、盲目の被験者にエリクソンが催眠誘導しようとしたのを、ロッシがテープ録音したときのものです。エリクソンは、このデモンストレーションで失敗しました。すなわち、エリクソンは種々のレパートリーを使って、挑むかのようにアプローチしましたが、被験者はほとんど反応しませんでした。このため、このデモンストレーションは、エリクソンのワークを研究するための優れた手段になっています。

エリクソンは、ルースとのデモンストレーションでカタレプシーを使ってアプローチして、解離プロセスを強調しました。そのデモンストレーションには、視聴覚記録があります。そしてその記録は、「観念運動の動作とカタレプシーの視聴覚デモンストレーション：催眠誘導を促進するためのリバースセット An Audio-Visual Demonstration of Ideomotor Movements and Catalepsy: The Reverse Set to Facilitate Hypnotic Induction」というタイトルのものが、セクションIIIに示されます。セクションIVでは、懐疑的な意識が、変性状態の経験を学ぶことを、どのように主観的に経験するかについて、カタレプシーを使ったデモンストレーションを提示して説明します。

A　歴史的展望の中でのカタレプシー

歴史的に見て、カタレプシーは、最も初期の頃からトランスの特徴として定義されるものの一つだと考えられていました。エスデイル（Esdaile, 1850/1957）は、以下のように、患者がカタレプシー状態を達成して、外科麻酔を経験できるようにするために、「メスメルの手の動き mesmeric passes」▼訳注3を使いました。

私は、通常、次の方法で進めました。メスメル的催眠がヨーロッパでは比較的まれなのは、術者のすべての器官から、そして、メスメル的催眠の影響 mesmeric influence を伝えることができるあらゆるチャンネルを通して、メスメル的催眠の影響を患者の脳に送ることによって、患者を一気に十分に集中させていないせいではないか、と思うことがよくあります。そこには、忍耐と注意の継続が必要なだけです。そして、次のプロセスは、適切に指導されたアシスタントがいれば、多くの広い分野で昏睡をもたらすのに、とても有効なので、毎日、ここで行われている外科手術を無感覚にすることができるかもしれません。一時間未満の取り組みは、正しいものとして数えるべきではありません。二時間なら良いでしょう。そして、もっとも完璧に成功するのは、多くの場合失敗した後です。しかし、無感覚は、ときには数分で誘導されます。

あなたが、手術したいと思うなら、あなたの意図を知らない患者に、注意しながら横になって、眠るために気を落ち着かせるように求めてください。この目標は、単なる試みだと言うだけで得られるかもしれません。なぜなら、恐れと期待は、必要とされる身体的な印象にとって有害だからです。ベッドの端に患者の頭頂部を持ってきて、あなたの顔と彼の顔が接触するような位置に座って、みぞおちに手を伸ばします。そして、そうして良いと思われるとき、部屋を暗くして、静かにするよう命じてください。そして、あなたの患者の目を閉じさせながら、頭の後ろからみぞおちまで、表面から一インチ以内で、ゆっくり、鉤爪の形にして、あなたの両手でなぞり始めます。数分間、あなたの両手を目、鼻と口の上にかざして、首の両側を下に通って、

▼**訳注3**　個別治療では、メスメルは患者の前に、お互いの膝が触れあうくらいの距離で座って、両手で患者の両方の親指を押し、患者の目をジッと見た。メスメルは患者の肩から腕に沿って手を動かす「passes（手の動き）」をした。それから患者の季肋部（hypochondrium: 横隔膜の下あたり）を指で押し、ときどきは何時間もそこに手を置いたままでいた。多くの患者たちは奇妙な感覚を覚えるか、それが峠でじきに治癒されると考えた痙攣を起こすかした。

みぞおちへと下に行って、あなたの両手をしばらくの間、そこで停止したままにします。しっかりと一五分間、常に頭と目の上で穏やかに呼吸しながら、この方法を繰り返します。その後、穏やかに、しかし、しっかりと両手を、みぞおちの横に置くことで、縦の手の動きをうまく終わらせられるかもしれません。さらに、汗と唾液は、システムに効果があるように思われます。

患者と話すのではなく、カタレプシーの傾向が腕に存在するかどうか、やさしく試みることで、患者の状態をテストします。どんな位置に腕を置いても固定され続け、すべての新しい位置から、腕を移動するのに、ある程度の力が必要な場合、プロセスは成功しています。患者の名前を呼んだすぐあとに、針を刺して、患者が目覚めないならば、作業を続行します。私たちに必要な無感覚の程度について、正確に言うことができません。トランスは、外科ナイフによってときどき完全に壊れます。しかし、それはプロセスを続けることによって時折、再生できます。そして、眠っている人は何も覚えていません。彼は、悪夢に邪魔されるだけで、覚醒したときにそのことを記憶していません。

(Esdaile 1957, pp. 144-145)

この一節には、注目に値する観察がいくつかあり、トランスとカタレプシーを、現在、私たちが理解する助けとなります。一つ目は、時間それ自身が、非常に重要な考慮すべき事柄であるということです。外科麻酔できるほどのトランスには、一時間、あるいは二時間の誘導が必要でした。しかしながら、今のようにその当時も、催眠経験に対する感受性には、極端なばらつきがありました。一部の患者は、二、三分必要なだけでした。

もう一つの面白い観察は、驚きの要素の重要性です。恐れていること、そして医者の意図を知っていることは、「必要とされる身体的な印象にとって有害です」。それがエスデイルの時代に必要な方法であったことを、理解できたとしても、この種の「驚くべき手術」は確かに現代的センスには調和していません。しかし、その手術では、催眠の重要な促進剤として、気を逸らすことと驚きが重要であることが示されています。適切な気を逸らす対象、そして驚きの対象があれば、一つのものから、別のものへ、対象を変化させることができます。各被験者の個性に適合した適切に構築された驚きを利用することは、催眠療法家のテクニックの一部です。

さらに、トランス状態の妥当性のテストとしてカタレプシーを使用したのは、エスデイルの時代の特徴でした。催眠を研究する場合、そして催眠を臨床的に利用する場合、患者の状態に関する基本的な問題は、常に術者の不確実性でした。トランスの「深さ」は、自然に、そして自発的に変化したので、早期の催眠麻酔現象は明らかに信頼できませんでした。それで結果的に、その「トランスは、外科ナイフでときどき完全に壊れ」ました。幸いにも、トランスは再誘導できました。そして、全プロセスの間のことを、患者は頻繁に健忘しました。

ここでの始めの説明から、実際に、術者のすべての器官から患者に送られる、ある種の身体的な「メスメル的催眠の影響」があるとエスデイルは思っていた、と私たちは推測しています。他の一節で、「私が行うようなメスメリズムによって、システム上で作られた最初の身体的な印象と想像力には関連性がない」と主張することによって、エスデイルはこの見解を支持します（Esdaile 1957, p. 246）。彼は、「その水は、催眠の流体で充満していて」、しかも、かなり距離のある大気を通って、さらには高密度の金属でさえ通って、メスメル的催眠の影響を送信することができると思っていました（Esdaile 1957, p. 246）。

ブレイド（Braid, 1855）のような催眠におけるパイオニアによる後からの実験で、トランスでは流体、あるいは磁石は不必要で、トランスは単に「放心状態、あるいは注意が集中した状態」であることが証明されました。ブレイド（Tinterow, 1970の中で引用）から引用された次の一節の傍点の箇所は、ブレイドが明確に表現した催眠に関する現代的な見方について、私たちが強調したものです。

一八四一年に、私は催眠現象の性質と要因を明らかにするために、実験的な研究を初めて行いました。今まで、催眠mesmeric状態が、多少の磁性流体、あるいは超自然的影響、術者の身体から投影され影響を与え、そして、患者の身体を満たしている流体、あるいは力の伝達に起因するという主張がなされてきました。しかし、単に被験者は無生物の対象に数分間、注意を固定して注視させることによって類似した現象を生起したので、私はこの客観的な影響論の誤りを示すことが、すぐにできました。したがって、それは、主観的な影響であり、注意を固定する行為を長引かせることを強制されると、心が精神的機能ならびに身体機能にもたらすある独特の変化に起因することが、はっきりと証明されました。したがって、私は、私のプロセスによって生じさせることができる現象をわかりやすくするために、催眠術hypnotism、あるいは神経質な睡眠nervous sleepという用語を採用しました。催眠状態が基本的に精神的集中状態であること、そして、その間、他のすべての考慮事項と影響に対して、差し当たって、催眠状態を死んだような、あるいは無関心な状態にするように、患者の心の能力が、単一の考え、あるいは一連の思考にとても没頭していること、に私は納得するようになり始めました。かなりの程度で強化されて、再び手元の主題に対して注意を集中した結果、個人の心が覚醒している状態の間に、彼の身体的な機能にどんな影響力を産み出すことができたとしても、そのとき、被験者の注意は他の印象によってますます拡散して、逸らされました。その上、話し言葉、あるいは第二者によって、個人の身体上で作られたさまざまな知覚可能な印象に受け取る人にとっては等しいので、思索と行動に関する暗示として作用します。その結果 so as to、彼の身体の一部分あるいは機能に、彼の注意を引きつけ、固定します。そして他の人から注意を引き離します。通常の覚醒状態の間に、このような暗示や印象によって生じることができる影響なら何であっても、神経質な睡眠の間においても、当然それに応じた大きな影響をともなって振る舞うことが予想されるべきです。そのとき、注意がますます集中すると、患者は心の中で、想像、信頼、さらには期待という考えに、普通の覚醒状態より、一層集中します。ここで起こっていることは、まさにこのようなことです。そして、私は、これがこの被験者を見る最も冷静な方法であると納得しています。そしてそれは、どんな偏見を持っていない人の懸念に対してでも、全体を明確に単純に理解できるようにします。そして、その偏見を持っていない人は、催眠術 hypnotism、あるいはメスメリズム mesmerism の状態を誘導する、いろいろなプロセスの本当の対象と傾向が、明らかに集中した状態、あるいは注意が集中した状態を誘導すること——すなわち、モノイデイズム monoideism の状態——だとすぐに気づくかもしれません。そして、そのモノイデイズムは被験者に、若干のありきたりで、空っぽの生命のないもの、あるいは理想的な対象をしっかり見ることを要求することによって、あるいは術者の一定の視線、目、彼の指した指、あるいは手の動き the passes、あるいは他は催眠術師 mesmerizer の操作を見ることを誘導することによってであるかもしれません（pp. 372-374）。

ブレイドは催眠の心理学的側面に対してはっきりとした洞察を持ちましたが、他の研究者はその生理的根拠の探求を続けました。

催眠を身体現象として確立するための早期の努力において、シャルコー（Charcot, 1882）は、三つの発達段階——カタレプシー状態、無気力な状態、そして人為的夢遊病状態――を概説しました。シャルコーは、次のように初めて説明しました（Weitzenhoffer, 1957の中で引用）。

カタレプシー状態――これは以下のようにして、作ることができます。（a）第一に、激しく、思いもよらない雑音、提示された明るいライトの影響下での凝視、あるいは再度、何人かの被験者においては、既知の対象に多少長く目を固定させることによって。（b）その瞬間まで閉じられていたまぶたを上げることによって、目がライトにさらされるとき、無気力な状態へと連続します。このようにカタレプシーになった被験者は、動きを失くし、いわゆる陶酔状態fascinatedになっています。目は開いています。凝視して固定しています。まぶたはピクピクしていません。涙はすぐにたまって、頬を伝って流れ落ちます。多くの場合、結膜、そして角膜さえ麻痺しています。姿勢を維持するのが難しい場合でさえ、四肢と身体各部すべてが、かなりの間、置かれた位置を保ったままでいます。手を上げるとき、あるいは動かしたとき、手はとても軽いように見えます。ろう屈症flexibilitas cereasも、▼訳注4 粘土像の硬さと名づけられるものさえありません。腱反射は消えます。神経と筋肉の過剰な興奮はなくなっています。完全な無感覚で痛みはありません。しかし、いくつかの感覚の少なくとも一部分（筋肉感覚、および見たり、聞いたりするもの）は、活動を維持します。しばしば実験者は、感覚活動を継続させることで、さまざまな方法でカタレプシーの被験者に影響を及ぼすことができます。そして暗示によって、被験者の中に自動的刺激を生じて、さらに幻覚を生み出すことができます。このような場合、四肢、あるいは、より一般的な方法で身体のいろいろな部分に、人為的に押しつけられて固定した姿勢は完全に調整されて、生じた幻覚の性質と刺激の性質に一致した多少複雑な運動に代わります。もし被験者に任せたなら、被験者は、暗示によって影響を受けたそのとき、置かれた状態へすぐに戻ります（p. 283）。

初期のカタレプシーの特徴をはっきりさせるために、陶酔状態になったfascinatedという単語をシャルコーが用いたことと、感度と感受性が高められた状態として、カタレプシーを捉えている現在の私たちの見方と完全に一致しています。シャルコーの記述全体に問題があるとすれば、それは個人差を十分に認識していなかったことです。被験者はそれぞれ、凝視、涙を流すこと、麻酔、

▼訳注4 ろう屈症＝カタレプシー

手の軽さ、あるいは堅さ、さらに聴覚と視覚、そして知覚の変化に関連する現象を、程度は違っても経験します。被験者が自然発生的な機能の変化を経験して、どのように感じているか認識することを、セラピストが学ぶことは、テクニックの重要な側面です。

シャルコーと同時代の人の多くは、シャルコーと同じ結果を出すことができませんでした。それでこのように、シャルコーの結果は、実際には暗示、あるいは事前教育の結果であると考えました。その後、ベルネームは、彼の「暗示療法：催眠術の性質と使い方に関する論文 Suggestive Therapeutics: A Treatise on the Nature and Uses of Hypnotism」(Bernheim, 1886/1957) の中で、催眠の初期段階として「暗示的なカタレプシー」という古典的記述をしました。それは今日においても、ほとんど変っていないかもしれません。

この過程は、暗示的なカタレプシーとして描写されます。この言葉が意味しているのは、以下のような現象です。患者が寝入るとすぐに、四肢が弛緩しますが、私が彼の腕を上げると、腕はそのまま持ち上がっています。すなわち、もし足を持ち上げれば、足は持ち上がったままです。手は、置かれた位置に受動的に保たれます。私たちは、これを暗示的なカタレプシーと呼びます。なぜなら、それが純粋に精神的であり、患者の受動的な状態に密接に関連して、そして、その人が考えを受け入れたままにしているのと同じように、自動的に与えられた姿勢を保っていることを認識するのは簡単だからです。実際、同じ患者において、あるいは異なる患者において、催眠の影響 hypnotic influence および心霊的感受性 psychical receptivity の深さに従って、現象が多かれ少なかれ表されているのが目に入ってきます。最初は、このカタレプシー様 cataleptiform[▼訳注5] 状態は、ほとんどはっきりしていません。上げられた手は、二、三秒間上がったままですが、その後ためらいがちに落ちます。あるいは前腕だけが持ち上げられたままです。腕全体を持ち上げたいと思っても、腕は再び落ちます。個々の指は、置かれた位置を保ちません。しかし、手全体と前腕は固定されたままです。

例えば何人かの患者で、一本の腕を素早く持ち上げてほうっておいたら、腕は再び落ちます。しかし、あえて言えば、脳が態度についての考えを準備する二、三秒間、腕

▼訳注5　カタレプシー様 cataleptiform は、カタレプシーに似ているものを意味する言葉。カタレプシーは、長期間、体位や注意を維持することとして定義される。ろう様可撓性 cerea flexibilitas に関係するか、またはそれを示す用語。

をそのままにしたら、その後、腕は持ち上がったままになります。

結局、他の人にとってカタレプシーは、定式化された言葉での暗示から得られるだけのものです。催眠をかけられる人に、「あなたの腕は、上がったままになります。足は上がっています」と話さなければなりません。そうすると彼らは、そのままでいます。何も彼らに言わないならば、何人かは、受動的に新しい位置を保ちます。しかし、彼らは、手の位置を変えることができますか、と挑発されると意識を回復します。言うならば、彼らは鈍い意志力 dull will power で意識を呼び出して手を下げます。それから、彼らは、多くの場合、目覚めます（Bernheim, 1957, pp. 6-7）。

カタレプシーについて、さらに現代的な見方をすると、それが「鈍い意志力」からくる「受動的状態」ではなく、積極的に受け入れる受容力のある態勢で、機能していることが強調されます。患者は、協力的で、敏感に反応するムードの中に実際にいるので、手触りの誘導に素早く、簡単に反応します。そうするための（セラピストが二、三秒間、手を同じ姿勢で保っているときのような）非言語的な暗示を与えられた後、手を固定した位置に保っている患者は、セラピストのほんのわずかな指示に対して、素晴らしい感度で反応します。したがって、患者は、これからのトランス作業のための望ましい態度と受け入れセット acceptance set を経験しているので、カタレプシーになったままでいることを早く学べる、と私たちは考えています。これはエリクソンが、催眠のデモンストレーションのための良い被験者を選択するためだけでなく、同様に誘導するために、そしてトランスを深化するために、カタレプシーに向けて、非常に多くの巧妙なアプローチを発展させた理由かもしれません。

B　自発的なカタレプシーの認識

エリクソンの「ありふれた日常的トランス」という概念は、実際にはカタレプシーの形式です。私たちは、これらの自発的なカタレプシーを、夢想 reverie の期間、注意散漫の期間、あるいは沈思黙考の期間としばしば説明しています。そのような瞬間では、人々は、ボーと見ている傾向（右、あるいは左の方を、最も支配的な大脳半球に依存しながら—Baken, 1969）があります。そして、その「夢見るような」あるいは「うつろな」表情になる傾向があります。通常、目は焦点を固定して、静止します。そして、目は実際に閉じるかもしれません。顔はその生き生きとした表現を失って、死んだようになります。そして、特定の平坦で、「のっぺりしたironed-out」表情をとります。全身はどんな姿勢をとっていたとしても、静止したままになります。そして、特定の反射（例えば、嚥下、呼吸）は低下するかもしれません。そのような人は、一般的な現実志向（Shor, 1959）をもう一度回復するまで、自分の環境に少しの間、気がつかないように見えます。日常生活において意識は、一般的な現実志向とトランスの瞬間的なミクロ動力学の間で、継続的な流動状態にあると、私たちは仮定しました（Erickson & Rossi, 1975）。

九〇分の夢サイクルに関する最近の研究で、このサイクルには、ウルトラディアン・リズムUltradian Rhythm▼訳注6（Hiatt & Kripke, 1975）という名前がつけられ、さらに一日中二四時間を通して存在することが示されました。空想強度fantasy intensity、アルファ波、眼球運動、そして空腹感は一日を通して、この基本的な休止と活動サイクルに、すべてが関係しています。カタレプシーが自然に現れる「ありふれた日常的トランス」とエリクソンが呼ぶものは、サーカディアン・サイクルの休止部分、高いアルファ波の部分、そして空想部分fantasy portionと実際に一致します。これがもし、そういうことなら、私たちは将来、研究が確立されると、一般にトランス誘導と催眠経験は、九〇分のウルトラディアン・リズムのこの休止期間の間に、もっと容易に経験できると予想できるかもしれません。

上席著者が、重要な催眠治療のセッションで、二、三時間以上、時間をかけていることには注目する必要があります。患者がカタレプシー、空想、そして内部焦点への傾向を自然に現している場合、深いトランス作業を容易にする際の成功の要因の一端には、少なくともサーカディアン・サイクルのその活動休止期間を、直観的に選ぶことにあります。私たちは、トランス誘導が、もっと容易に——もっと催眠現象が現れるように——この高いアルファ波とサーカディアン・サイクルの空想部分の間、進行することができるという仮説をテストするために、実験的研究を行うことを強く推奨します。

催眠の文献に、カタレプシーと説明された多くの多種多様な現象が実際にあります（Weitzenhoffer, 1953）。陶・

▼訳注6　ウルトラディアン・リズム＝数十分から数時間の周期性を持つ生物の行動・生理現象である。睡眠周期や分節時計が知られている。

酔状態 fascination（変わった、あるいは畏敬の念を感じる経験）、驚愕、あるいは恐怖（突然の明るい光または激しい雑音）、あるいは疲労、あるいは病気によって生じるかどうかにかかわらず、これらの現象には、ほとんどあらゆる形の人間と動物の不動状態 immobility が含まれています。多くの著者もまた、「動物催眠」（もっときちんと言うと「筋緊張性不動状態 tonic immobility」）のいろいろな型を解説しています。そして、それは事実上、生存価 survival value を持つように見えます。たとえば、捕食者に罠で捕まえられるとき、フクロネズミは、「凝固 freeze」します。それで、死んでいるものとして、捕食者は獲物をあきらめます（Cheek & LeCron, 1968; Hallet & Pelle, 1967）。他の研究者は、素早く動物をひっくり返して、しばらくの間、動物を動けないままにすることで、ショックと恐れを動物に与えて、カタレプシーを誘導する方法を示しました（Volgyesi, 1968; Moore & Amstey, 1963）。人間が深刻な脅威の状態 condition にさらされるとき、動物無動反応と人間の無動反応との間に類似点があることが説明されました（Milechnin, 1962）。カタレプシーと、催眠療法において、さらに深い非言語的レベルで、そのような人格の潜在的価値を利用することとの間には関連性があります。

現代催眠療法のために、エリクソンはうまくバランスのとれた筋肉緊張 well-balanced muscle tonicity の形式としてカタレプシーを機能から定義していましたが、これによって恐らく私たちは、その適用をほぼ十分に理解できます。日常生活から得られた次の例は、カタレプシーとは何かということについての私たちの従来の理解を拡張します。そして、現代の催眠療法でのカタレプシーの利用について、もっと鋭く理解する準備を私たちにさせます。

（a）手紙を書いているとき、考えるために少しの間、中断します。その瞬間、手にペンを持っていることに気がつきません。そして、手は静止してカタレプシーの位置で、バランスを保って気持ちよく維持されます。実際、意識を集中して、その人の内部の考えを受け入れているとき、通常、その瞬間に全身はカタレプシーのポーズで静止しています。

（b）質問や問題を考えているとき、多くの場合、快適なカタレプシーの位置で、考えることができるものに目を固定して、右、あるいは左を、そして通常少し上目遣いで見ます。この場合も先と同様に、内部プロセスへの特別な感度と感受性の瞬間です。

(c) 本や講演、あるいは映画に没頭しているとき、長期間、全身は静止したまま、カタレプシーのままでいます。その人は、同席者によって手を押された後でも、腕はカタレプシーのまま、押された位置で居心地良さそうにしていることに気づかないかもしれません。面白い映画に注意が集中していると、私たちは体の位置に関連した重要ではない刺激に注意を払いません。特定の刺激に対する強烈な興味と感受性を、カタレプシーによる刺激に対する無感覚が、明らかに埋め合わせしています。

(d) 競技を見ている群衆は誰でも、何度も前のめりになって、不安定なカタレプシーの姿勢をとって、瞬間的に止まったままでいます。もちろん、面白くて夢中になるイベントが行われているときのカタレプシーによる瞬間的停止は、まさに一瞬のことです。

(e) 書くこと、描くこと、靴ひもを結ぶこと、ケーキを混ぜること、板をのこぎりでひくことなどのような動きを伴う活動をしている人に、面白い質問をすると、答えを熟考するその瞬間、動作を途中で止めて、その位置でカタレプシーのままでいます。実際、質問によって外部の筋肉活動が停止しました。その結果、内部に注意を集中することによって答えを受け取ることができたのでした。

(f) エリクソンは、エスキモーは、二四時間以上アシカが現われるのを待つために、くつろいだカタレプシーのようなポーズで氷の穴のそばで動かずに、どのように座っているのだろうか、と指摘することがよくありました。多くの社会におけるハンターのように、無関係な環境刺激には、すべて完全に気づくことはありませんが、エスキモーは適切な刺激にすぐに反応することができます。

(g) 日常生活での極めて重大な事態、あるいは緊急事態の中では、重大な出来事を受け止め、理解するためにすべての注意を集中させるので、人々は、陶酔状態 fascination で「凝固 freeze」して、そしてカタレプシーによる不動状態のままになる傾向があります。したがって、誰かが最終的に、「ぼんやり立ってないで、医者を呼んで!」と叫ぶ必要があります。

これらすべての例において、被験者が自分自身の内部から、あるいは外部から、適切な反応を期待しながら待っているとき、被験者の認識には欠落があります。そのような瞬間に、動きのない停止状態になって、カタレプシーのポーズをとるとき、被験者は心を開いて、適切な刺激を受け入れます。そのような瞬間の適切な暗示は、一見すると自動的に見える方法で受け取られ、行動することができます。認識がこのように瞬間的に欠落するのは、基本的には瞬間的にトランスに入るからです。その瞬間の高められた感受性は、基本的に、催眠という言葉を使って、私たちが定義しているものです。

私たちのすべての例に特徴的だったことは、カタレプシー、あるいは体の不動状態 body immobility は、重要な刺激に対する高められた感受性と関連性があることでした。それはさらに、「座ったままでいなさい。注目しなさい！」と、教師が学生に、絶え間なく禁止命令をすることでも明らかです。体の不動状態は、さらに夢見ている間の内部の精神的活動が激しく高められた期間と関係していることが、最近の研究（Dement, 1978; Goleman & Davidson, 1979）で立証されました。REM[▽原注1]睡眠中に、ほとんどの生理的変数（例えばEEG、呼吸、パルス、ペニス勃起、眼球運動など）は、高められた覚醒状態を示します。筋肉緊張の関連要因だけが低下して、筋肉が不動性を示します。トランスと夢の間でのよく言われるアナロジーは、体が明らかに自力で動けない（カタレプシー）ようになったままでいるのに対して、精神的活動は苦もなく、そして自律的に進行しているように見えるというものです。このようなことは、経験的に一部が立証されています。眠っている間では、夢見ることが、まさに警戒状態が高まっていることを示しているように、覚醒している間では、カタレプシーもまた、期待が高まった状態を示しています。

▽**原注1**　rapid eye movement　レム睡眠時にみられる急速な眼球運動を指し、レム睡眠を判断する重要な要素。

C　カタレプシーを促進すること

（1）注意を引きつけ、そして、（2）段階的な体の不動状態と、（3）探求 inquiry という内部態勢、感受性、さらにセラピストからの刺激を指示する期待が結びつくなら、どんな手順であっても、カタレプシーは促進されます。身体の一部が動けなくなることを可能にする感受性は、セラピストの暗示に対応する精神的感受性を反映しています。このように、カタレプシーは、適切な刺激によって、患者の精神的感受性を促進して、測定するための主要な手段になります。腕を上方へガイドする典型的なアプローチによって、カタレプシーを経験することができない被験者、あるいは経験しない被験者でさえ、このことによって説明することができます。被験者に本のような品物を手渡すとき、被験者が品物を取るために手を伸ばしたら、そのときにコメントして、気を逸らせながら品物を引っ込めることによって、通常、カタレプシーは間接的に達成できます。まるで本をまだ待っているかのように、被験者の腕はカタレプシーの位置に少しの間、留まったままになります。腕と手が吊るされているまさにその瞬間、患者の心もまた、宙ぶらりになって開いています。まさにその瞬間に、セラピストが適切な暗示をするなら、どんな暗示でも、この瞬間的な認識の欠落を埋めることができます。

この開放性は、歯科の同僚が普段、カタレプシーを利用して、リラックスするために、暗示に対する患者の感受性を促進していることについてのエリクソンの記述の中で、うまく例示されています。▽原注2

「彼は、直接患者をリラックスさせようとしません。彼は、コーチング・テクニックを試みません。彼は、患者に椅子に座るよう頼みます。彼（歯科医）は、とても気をつけて患者の手首を持って、椅子の肘掛けに手首を置いても良いか患者に尋ねます。そうする際に、いくつかの単純なさりげないコメントを患者に言っている間、彼は患者の手をあちこちに動かします。彼が本当にしていることは、腕を操作する許可を患者から得ることです。それから、彼は腕をあちこちに少し操作し始めます。患者は、どんな意図でそうしているか全く理解できません。患者は不思議に思って、そしてそのことについて推測して、患者は考えを提示するために、文字通り大きく心を開いています」。

「催眠で、あなたが、患者にしてほしいと望むことは、考えに反応することです。患者に話しかける方法、患者と話をする方法、患者の注意を引く方法、そして患者が状況に合わせて考えを受け入れるように、心を大きく開かせる方法を学ぶことが、あなたの仕事であり、あなたの責任です。歯科医が手首をつかみ、次にゆっくり上下に手を移動させ始めると、「歯科医はリラックスすることを私でテストしているのだろうか？　歯科医は、椅子の肘掛けに、私の手を置こうとしているのだろうか？　歯科医は、私の手に何をさせたいのだろうか？」と患者は不思議に思います。そのように受容的に不思議に思わせる中で、患者を動かないようにして、歯科医は患者に、『そして、どんどんリラックスし続けてください』と効果的に暗示することが

▽原注2　他で引用されていないエリクソンの引用は、エリクソンのワークショップ、セミナーおよびロッシとのオーディオ録音から直接されている。一九五〇年代から一九七〇年代までの二〇年間にまたがった仕事から引用されている。

できます。そのテクニックには、およそ一〇～三〇秒必要です。患者が質問するinquiry――『歯科医は、私の手に何をさせたいのでしょうか？』――その瞬間に、どんな考えが提示されたとしても、患者には完全に受け入れる準備ができています。今、あなた方は、私がボランティアの手首をつかんで、腕を持ち上げて、ボランティアが深いトランス状態に入るように暗示するのを見ました。それは、歯科医が使うのと全く同じ種類のテクニックです。私が、グループの前でそのテクニックを使うのは、深い催眠現象を、どちらかというと素早くデモンストレーションしたいからです。私は、注意を惹きつけて、それから、その特定の状況で、考える必要があること、する必要があることを、心の中で疑うことを患者に許します。こうすることで、その身近な場面に適合するどんな暗示にでも、患者は従うようになります」。

「単なる繰り返しから、催眠はもたらされません。あなたが患者の能力を促進することで、考えを受け入れて、その考えに応答することがもたらされます。それには、多くの考えは必要ありません――それは、そのことに患者が十分注意できるように、ちょうど良いときに提示されたたった一つの考えである可能性があります。患者を扱う際、あなたが目的とすることは、患者の注意を確保して、患者の協力を確保して、患者ができる限り、上手く反応していることを確かめることです」。

実際に、患者の腕と手をカタレプシーのポーズへ導くエリクソンのテクニックは、それ自体、芸術です。催眠におけるパントマイム・テクニックに関する論文(Erickson, 1964b)で、エリクソンは、非言語的にトランス誘導する方法について述べています。

「私は、女の子に私の手を見せました。その手は空っぽでした。そして、私は右手を伸ばして、私の指先による触覚刺激のパターンを不規則に、不明瞭に変化させるときを除いて、手首にかろうじて触れながら、彼女の右の手首を指でやさしく取り囲みました。それは結果として、私がしていることに対して、彼女の完全な注意、期待、不思議そうな関心を引き寄せました。右の親指で、あたかもそれを上方へ回すかのように、彼女の手首の側方－手掌－尺骨側に対して、私は軽く触って圧しました。同じ瞬間に、放射状に突起した部分に、私は、薬指で彼女の手首の背側－横面のわずかに下を触って圧しました。さらに同時に、私は、多少似通った強さで、方向を連想させないように他の指でさまざまに優しくタッチをしました。彼女は、意識的にそれらのタッチと他のタッチを区別せずに、明らかに最初のタッチに、次に別のタッチに注意を払って、指示的タッチに対して自動的に反応しました。

彼女が反応し始めると、私は、他の気を逸らす触覚刺激の数とバリエーションを減少させることなく、指示的タッチをさまざまに増加させました。そうして、私は、非指示的なタッチを減少させて、交じり合った触覚刺激を変化させることにより、彼女の腕と手に横への動き、そして上への動きを示唆しました。これらの感応的な自動運動は、その発端を彼女は認識できなかったので、彼女を驚かせました。そして、彼女の瞳孔が拡大するとともに、私はわずかな上方への動きを暗示しながら、彼女の手首にこのようにタッチしました。それで、彼女の腕は上がり始めました。そして、感触がなくなったこと、上への動きが続いていることに彼女が気がつかないようにして、私は優しくタッチするのをやめました。素早く私の指先を彼女の指先に移して、私は、認識できない方法で彼女の手のひらを完全に上へ回転するようにタッチを変え、指示しました。その後、彼女の指先における他のタッチは、一部を真っすぐにし、他のものを曲げる役目をしました。そして、真っすぐになった指先に適切なタッチをすると、彼女の肘が曲がり続けました。このため、彼女の目に向かって、彼女の手がゆっくり移動しました。これが始まるとともに、私の指に彼女の視覚的注意を引きつけて、私の目に彼女の注意を向けました。まるで彼女を通して、そして、彼女の向こうを見ているかのように、私は目の焦点を遠くに合わせました。私は指を、私の目に近づけるように動かし、私はゆっくりと目を閉じて、深いため息をつき、肩をリラックスするように弛ませて、次に、彼女の指を指さしました。彼女の指は彼女の目に近づいていました」。

「彼女は、私が身ぶりで表現した指示に従いました。そして、彼女はトランスを生じましたが、英語でなされた暗示に反応する際には、スタッフ一同が努力して、彼女の注意を確保しようと、あるいは彼女を覚醒させようとしても抵抗しました」(p. 66)。

エリクソンは他の出来事について、彼のアプローチをその正当性とともに以下のように解説しました。

「手首を、とても、とても優しくつかみます。あなたの目的は何ですか？　あなたの目的は、患者の手首に触れているあなたの手を、患者に感じさせることです。それがすべてです。腕を上げることができる筋肉を、患者は持っています。そうすると、なぜ患者のために、腕を上げることをしなければならないのでしょうか？　体は最小の合図に追随する方法を学びました。あなたは、その学習を利用します。あなたは、患者に最小の合図を与えます。それらの最小の合図に、患者が応え始めると、患者はあなたが提示するどんな合図にでも、ますます注意するようになります。あなたが提示する暗示に、患者はますます注意して、さらに深いトランスに入ります。トランスにさらに深く、そしてさらに深く入るための深化するテクニックでは、患者を必ずしも怒鳴りつける必要はありません。そのテクニックでは、穏やかに最小の暗示をするので、患者は心の中で、ますます多くのプロセスに注意を払って、このようにさらに深く、さらに深く入ります」。

「あなた方は、私が患者の腕をつかんで、腕を持ち上げて、いろいろなやり方で腕をあちこちに動かすのを見たと思います。私は、そのようにトランスを誘導します。私は、手首をつかむ方法を、手をつかむ方法を、多くの皆さんに教えようとしました。あなた方は、手を力いっぱい握らないでください。そして患者の手首を押しつぶさないでください。あなた方がすることは、とても優しく患者の手首をつかんで、手首を握っていることを示唆することです。しかし、実際に手首を握りしめることはしません。親指と人さし指で、本当に軽いタッチで手首を取り囲みます。ほんのすこしの圧を加えるだけで、手首に動きを示唆します。上への動きを手に示唆します。上への暗示を手にするには、どのようにしますか？　バランスを与えるために、このように人さし指を動かすと同時に、本当に軽く親指で押します（図2）。横に指を動かして、患者がその動きに注意している間、実際には手を親指で持ち上げています。これは、基本的に気を逸らすテクニックです。すなわち、親指が非常に軽く、そして一貫して手を上へと指示している間、他の指を、別方向にいろいろ動かし、互いを相殺するタッチで、気を逸らします」。

「もう一つの上へと導くアプローチは、患者の手の一番高い場所を、指でしっかり押さえ、そして、患者の手の裏側を親指で優しく導くように押さえて、患者の意識的注意を惹くことで、上方へ手を導くようにするものです。患者があなたの指の方へ、自分の手を上に動かし続けなければ、タッチをしっかりしたまま保つことができません。同時に、あなたの下からの親指のタッチは、患者が、そこから上へと絶え間なく移動しようとするので、やさしいタッチのままになります。患者が意識的な心を逸らして、無意識の心を固定するための最も速くて最も簡単な方法の一つです。ですから、セラピストは、何度も何度もこれらの動作を練習する必要があります」。

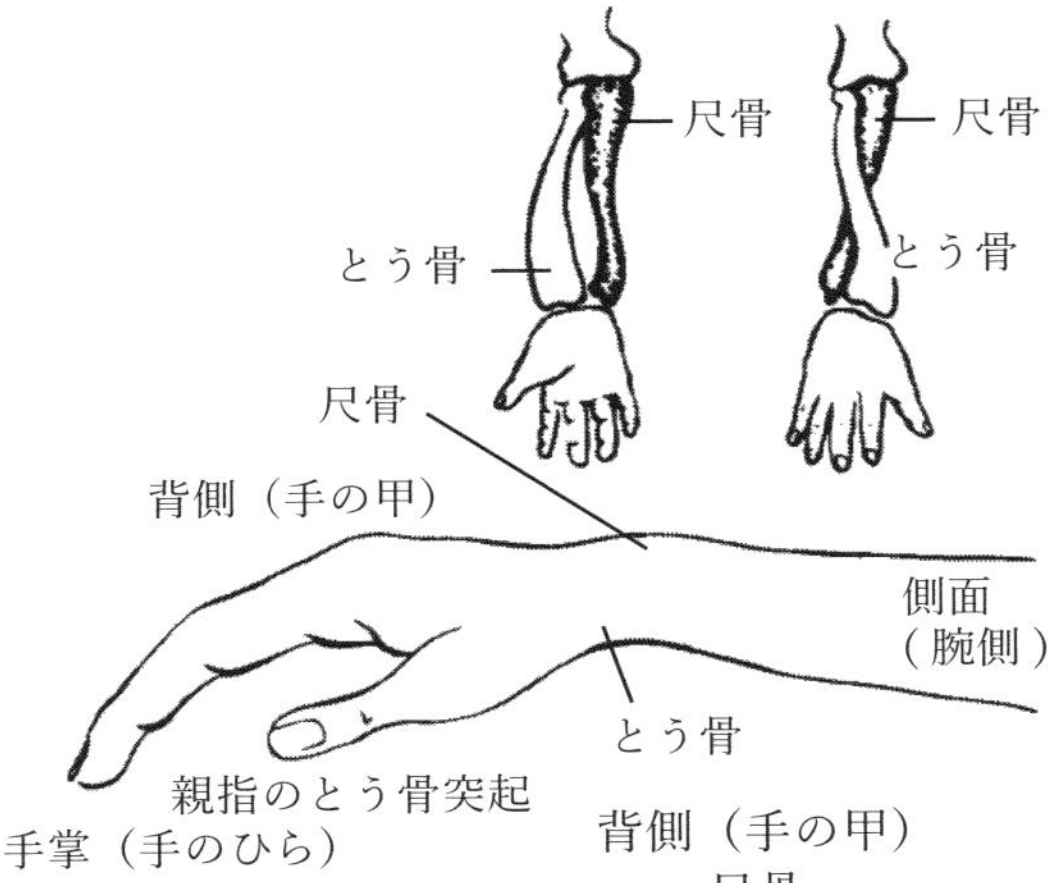

背側（手の甲）
尺骨
側面（腕側）
とう骨
親指のとう骨突起
手掌（手のひら）

図１　手と腕のカタレプシーの解剖学に向けてのオリエンテーション

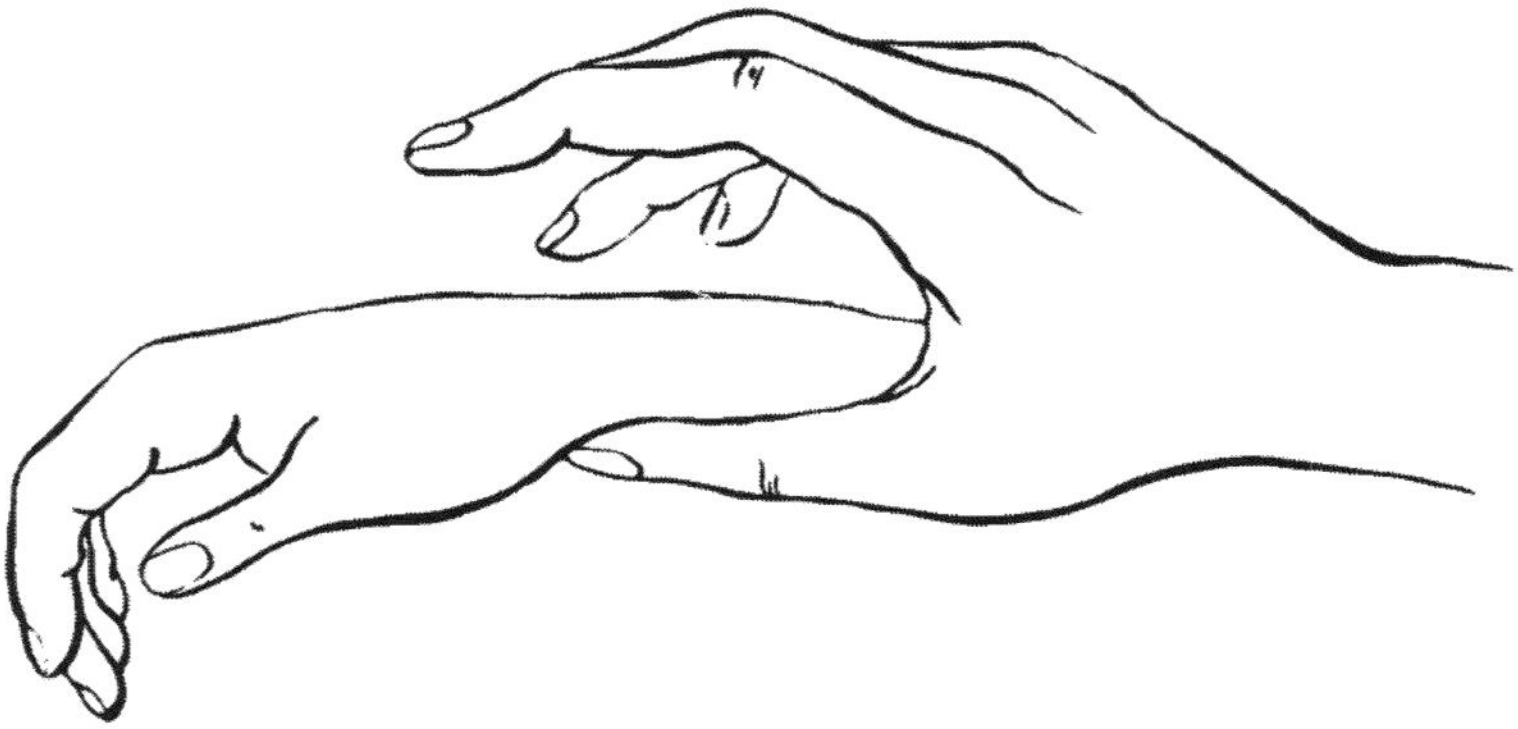

図２　カタレプシー導入の間の親指と指の配置

「あなたはその方法で手を持ち上げます。そして、あなたの手が残っている感じを、患者が無意識に得られるように、あなたの指をあちこちにダラダラと留まらせます。あなたは、患者に、あなたの手が留まっている感覚を、素晴らしく快適に感じてほしいと思っています。なぜなら、あなたは患者に、手のそこに注意してほしいと望んでいて、カタレプシーというバランスのとれた筋肉緊張状態を作ってほしいと思っているからです。カタレプシーを実現するために、その筋肉が緊張して、バランスのとれた状態が確立されるときには、あなたは、患者の体の至るところで無意識の助けを借りました。一方の手がカタレプシーになることができるのですから、もう一方の手も、カタレプシーになる可能性が十分にあります。もし、もう一方の手がカタレプシーになるなら、そのときは、右足が、左足が、そして体、顔、首の至るところがカタレプシーになっているかもしれません。あなたが、バランスのとれた筋肉緊張を手に入れるとすぐに、その後、患者は疲労に気づかず、どんな気がかりな感覚にも気づかずにいることができる身体状態になります。そのバランスのとれた筋肉緊張を維持して、そして痛みに注意を払うことは通常、難しいのです。あなたは、患者がそのバランスのとれた筋肉緊張に、すべての注意を払ってほしいと思っています。なぜなら、無感覚、無痛覚、そして麻酔は多くの場合、カタレプシーとの関連で体験するので、バランスのとれた筋肉緊張が、痛み、そして他の固有受容性合図から、患者の気を逸らすからです。体の至るところにバランスのとれた筋肉緊張、体の至るところにカタレプシーがある場合、あなたは、そのカタレプシーの維持へと感覚を向けて、体の中に存在する感覚を減らしました。その後、患者は、他のいろいろな考えに、明らかに反応するようになります」。

このようにカタレプシー誘導を経験した被験者の内省的なコメントは、プロセスの中に気を逸らす力があるというエリクソンの見方を支持しています。ほとんどの被験者が、手が上へ、そしてほとんど独りでに動くという奇妙な傾向があるように思えたと報告します。なぜなら、被験者はセラピストの親指による上への一貫した圧力と、セラピストの他の指による気を逸らすタッチと動きとを識別することができなかったからです。セラピストの最小の合図とその合図に対する患者の反応は、あとに続く患者の認識より速く起こります。ほとんどの触覚型の刺激と反応は、固有受容性－小脳のシステムによって自動的に仲介されます。その結果、患者の皮質レベルでの自我意識が回避されます。

抵抗する被験者でカタレプシーを促進すること

私たちが抵抗のことを話す場合、意識へ特定の資料を移入することを積極的に拒んでいる前意識、あるいは無意識の力という古典的なフロイトの精神分析の問題とは、通常関係がありません。むしろ、催眠ワークに対する抵抗では、通常、必要とされる反応が何かということを、あるいは、いかに必要な反応をすべて自分で起こすかということを、理解する機能が患者に欠如しています。例えば、とても知的な患者はカタレプシーを起こすことができるようになる前に、多くの場合、いくらかバックグラウンドを理解する必要があります。エリクソンは、バックグラウンドを理解させるために、誘導前の話題の中で、このことを以下のように話しています。

エリクソン◎あなたは、何でも忘れることができます。

あなたは、幼児のとき、手を持ち上げることを学ぶ必要があったことを忘れています。

あなたは、手を動かす方法を学ぶ必要がありました。

かつて、あなたは、それがあなたの手であるということさえ知りませんでした。

あなたは、手を持ち上げる方法を知らなかったときがありました。

あなたは、その面白いもの［幼児自身の腕］が動くのを見て、驚いたときがありました。

あなたは、右手に触れるために右手を伸ばそうとしたときがありました。

あなたは、手があなたについているということさえ知りませんでした。

ロッシ―カタレプシーが生じることを利用できるように、あなたが再活性化しているのは、これらの早期の幼児の記憶ですか？

エリクソン―その通り。あなたがこれらの非常に知的で懐疑的な被験者の何人かに、カタレプシーをやり終えることができると、その後、被験者は、そのようなカタレプシーの経験の真実と可能性を認識することができます。

D　カタレプシーを利用すること

一九六一年のアンドレ・ワイツェンホッファーへの手紙では、催眠へのかかりやすさを評価するために、カタレプシーを促進するために、カタレプシーを利用するために、そして他の催眠現象を促進するための跳躍台として、エリクソンは、睡眠、あるいはトランスを誘導するアプローチをいくつか概説しました。エリクソンが編集したメモは以下の通りです。

カタレプシーは一般的な現象で、以下のように使うことができます。

① 催眠へのかかりやすさに関するテスト手順
② 導入手順
③ 再導入手順
④ トランス深化のための手順

カタレプシーの促進と利用を成功させる絶対的な必要条件は以下の通りです。

① アプローチされる被験者側の意欲
② 適切な状況
③ 経験を継続するためにふさわしい状況

腕の持ち上げと下降によって睡眠を誘導するカタレプシー

ワイツェンホッファーへのエリクソンの手紙は、続きます。

レストラン、駅、そして空港で並んで待っていたり、座っていたりする間、私はまったく知らない人をテストしました。私は、素晴らしいカタレプシー反応が起きた後に続く驚きと疑わしげな反応を確実に見分けました。それから、私はお互いのやり取りを正当化したり、出来事を収束したりするのに、一言二言ざっくばらんにコメントします。

空港で、そして、六歳未満の子どもたちを連れた両親がいるところでだけ（通常、子どもたちが疲れているとき）、私は両親と、その場にふさわしい会話を始めます。子どもはとても疲れていて、ほぼ寝入る準備ができていますから、医学的に見ると、子どもが身体をくねくねさせたり、あるいは叫んだりするのを一瞬止められたら、子どもはすぐに寝入りますよ、と医者としての意見を私は言います。これは、子どもがいるところでも、いないところでも話すことができます。私はさらに、子どもを抱くことはできないこと、優しく子どもの腕を動かすだけだということを説明します。「見せますから、見ていてください」。そして、私は待合室のベンチの反対側へこっそり動きます。体をくねくねしている子どもは、私をチェックするかのように見ます。私は優しく子どもの腕を取って、もしかすると他の腕を上げるかのような身振りをします。私は、注意深く腕を持ち上げ、その子どもに手を見させます。その後、私は体に近づけるようにして、手を降ろします。その結果、私がソっと体の方へ手を降ろすとともに、子どもは、まぶたを閉じます（ときには、他の手でしなければならないかもしれません）。私が手を子どもの膝の上に持ってきて、そっと休ませると、目を閉じて、深呼吸して、子どもは当然のごとく寝入ります。「ところで考えていた以上に、お子さんは疲れていましたね」と私は、急いで、しかし、さりげなく意見を言います。その後、私は、子どもに対する関心をすべて失い、両親に関する話題を、すぐに始めます。

私は六歳以上の子どもと二五歳未満の母親を避けます――社会は、間違った結論をあまりに簡単に出すからです――そして、私は、夫を同伴していない母親を避けます。しかし、以前、真夜中の大きな空港で、オロオロしている母親に出会いました。彼女は私の診断では（まさしく）風邪を引いていて、疲れていて、不機嫌で、落ち着きがない四歳から九歳の四人の子どもと一緒でした。私は母親のそばに座って、その場に相応しいコメントをしました。彼女は一言二言言いかけましたが、その後、口を閉じました。彼女は、ジッと聞き入っていたので、興味を持っているように見えました。それで私は、「子どもたちは疲れていて、落ち着きがないので、子どもたちの注意を引きつけておかなければなりません。そうすれば子どもたちは静かになる瞬間に寝入りますよ」と説明しました。そこで、私は見せびらかすように、そして苦労しながら、新聞を引き裂き細長い紙切れを二つ、三つ作りました。子どもたちは、私の行動を見ながら、静かに座っていました。それから、私は子どもたちの体の近くに手を持ち上げ、そして手が下がったとき、子どもたちのまぶたが下がりました。四人全員がすぐに眠りに入りました。そして、私は状況を会話で和らげるために女性の方に素早く振り向きました。しかし、彼女は「夫がここに戻って来ました。夫はコーヒーを買っていました」と言いました。それから彼女は夫に、「ねえ、あなた、エリクソン博士がちょうど今、幼児催眠を私にデモンストレーションしてくれました」と、彼女は言いました。夫妻は二人とも医学博士でした。彼女は私が誰か知っていましたが、私は彼女を知りませんでした。夫妻は二年前に、私のセミナーを受けていました。私が関与したのは、その時だけでした。

腕を維持することによって明らかになるカタレプシー

知らない成人にカタレプシーを促進するもう一つのアプローチは、腕を維持することで明らかになるものです。空港で、宙をぼんやり見ながら、座っている人がいることに気がつくと、ありふれた日常的トランスとして、私は認識します。私は彼のそばに座り、彼が私に気づき始めるまで、宙をぼんやり見始めます。私は、膝の上で休んでいる知らない人の指輪を頷きながら、鑑賞するかのように見ます。私は指輪についてコメントし、気軽に、指輪をもっとよく見えるように手を持ち上げます。その後、まだ彼の手を保持しているように見えるような巧妙な方法で、私は、彼の腕との接触をそっと失くします。一分か二分間、私が指輪のことを話し続けている間、知らない人の腕は、明らかにカタレプシーになって、その固定した位置に気持ちよく保持されます。

握手誘導▽原注3

開始：ごく自然に、握手を始めます。それから、私は手を緩めて「催眠タッチ」を始めます。親指の握りを緩めて、ギュッとした握りから優しいタッチに変えます。小指を引っ込めそのままにして、中指で被験者の指を微かにこすって――注意を引きつけるのに十分なあいまいな感じにします。被験者があなたの親指のタッチに注意したら、小指でのタッチに変えます。あなたの被験者が小指のタッチに注意を向けたら、中指によるタッチに、そして再度、親指に変えます。

この注意の喚起は、単なる喚起ですから、刺激要素となって反応を起こしません。

被験者が握手をやめようとすることを、この注意の喚起が引き止めます。そしてそれは期待というウェイティングセットを確立します。

その後、ほとんど同時に（個別の神経認知を確実にす

▽**原注3**　このセクションは、エリクソンがアンドレ・ワイツェンホッファーへ書いた一九六一年の手紙で、『催眠の現実』（Erickson, Rossi, & Rossi, 1976）の中で公表された。ここへは出版社の許可を得て、再掲している。

るために）、手（手首）の下面を非常に優しく触れて、わずかな上向きに押す力を示唆します。これの後に、わずかに下へ似たようなタッチを続けます。そして、被験者がいつか正確にはわからないほど穏やかに、接触を止めます――そして被験者の手は、上がりもしない、下がりもしない、カタレプシーになったままにされます。ときどき、手がもっと堅くカタレプシーになるように、手の側面と内縁にタッチをします。

終了：被験者に何をしているか分からせたくないなら、普通、その場に相応しいことを一つ、二つ言って注意を逸らします。そして、気軽に終了してください。ときどき、被験者は「あなたは何と言ったのですか？　私はしばらくそこでぼんやりしたようになっていたので、何にも注意していませんでした」と言います。これがわずかに被験者を悩ませていて、被験者の注意が手の刺激に集中し固定していたことを示しています。それで、被験者は瞬間的に失神したので、何の話か聞きとれませんでした。

ユーティライゼーション：どんなユーティライゼーションでも、トランスの深さを増すことにつながります。すべてのユーティライゼーションは、最初の手順の継続、あるいは拡張として進行する必要があります。非言語的にされることが多くあります。例えば、被験者がぼんやりと私を見ているなら、私は下にゆっくりと視線を移し、それによって被験者に自分の手を見させるかもしれません。そして、「この部位を見てください」とあたかも言っているかのように、私は手に触れます。これは、トランス状態を強めます。その後、被験者があなた、あるいは自分の手を見ているか、ぼんやりジッと見ているかにかかわらず、上から、あるいは横から、患者の持ち上がった右手に触れるために、あなたの左手を使うことができます――下向きの動きの暗示を与えるだけなら。下方への軽い突き、あるいは押しが、ときどき必要です。強い押し、あるいは強い突きが必要な場合は、麻痺しているかどうかチェックしてください。

私が同僚たちにこの手順をした時、深い手袋状の麻痺を生じたので、私と握手したがらない同僚が何人かいます。私が最初に安心させなかったからでした。私は被験者と握手して、被験者の目を見ました。ゆっくり、しかし速やかに、顔の動きを失くし、表情を出さないようにしました。その後、被験者の背後の遠くの点に、目の焦点を合わせました。そうした後に、私は、ゆっくり、気づかれないほどの動きで、被験者の手から、自分の手を離しました。そして、ゆっくり、直線的視野を外れた一方の側へと、自分の手を動かしました。私は握手誘導の解説をいろいろしてきましたが、以下の説明はとても写実的なものです。「私はあなたのことを聞いていました。それで、私はあなたに会いたいと思っていました。そして、あなたはとても興味を持っているように見えました。そして、あなたはとても暖かく握手しました。突然、私の腕がなくなりました。そして、あなたの顔は変わって、とても遠くへ離れて行きました。それから、あなたの顔の左側が消え始めました。そして、さらに左側の顔がゆっくり消えるまで、私はあなたの顔の右側だけを見ることができました」。被験者の目がまっすぐ前に固定したその瞬間に、私は被験者の視線から外れて左へと動いたので、最初に私の顔の左側が、それから右側も「消えました」。「あなたの顔はゆっくり戻りました。あなたは近づいてきて、微笑んで、土曜日の午後、私を使いたいと思う、と言いました。それから私は手に気がついて、手のことをあなたに尋ねました。というのは、私は腕の感覚が全くなかったからでした。あなたは、そうして経験を少しの間してもらっているのですよ、と言いました。

軽いタッチで、その持ち上がった右手（今、握手の位置でカタレプシーになっています）に、下への動きを、あなたは暗示しました。同時に、あなたは自分の他の手で、被験者の左手に、上への動きを示す優しいタッチをします。それから、あなたは、被験者の左手を上がらせます。そして、右手を下がらせます。右手が膝に届くと、手はそこで止まります。左手の上への動きは止まるかもしれませんし、動き続けるかもしれません。私は、左手にもう一回、タッチします。そして、左手を顔に向けて、片方の目に手の一部が触れるようにします。私のタッチには、目を閉じさせる効果があるので、一言も言わずに、とても効果的に深いトランスに誘導できます。

非言語的暗示は他にもあります。例えば、被験者の右手が、私がしたことに反応しなくてどうしようもない状況に見えるなら、どうでしょうか？　もし被験者が私の顔を見ていない場合であっても、状況に調和のとれていない私のゆっくりとした動きは（注意：調和のとれていないout-of-keeping）、被験者に私の顔を見ざるをえないようにします。私は表情を凍ったようになくして、視線を変えます。そしてゆっくりと頭を動かすことによって、ゆっくりと目的なく動いている私の右手の方に向かう被験者の左手に被験者の視線を向けます。少し、優しく被験者の左手に、私の右手は上への動きを伴って触れながら、被験者の右手が動くまで、私はできるだけ左手を優しく堅くして被験者の右手をギリギリ必要なだけ下へ、しばらくの間押します。このように、被験者が左手の腕浮揚を触覚型暗示に従って受け入れるという暗示をした後、被験者の右手の下への動きを、私は再確認します。この上への動きは、被験者がインスピレーションを開始しているその時、被験者の呼吸が私に同調していること、そして私の右手が被験者の左手に、その上へのタッチをしたことで増大します。私が息を吸い込むとき、そして上へ、後ろ向きに頭を持ち上げるときの身体の上への動きを、被験者が周辺視で捉えることによって、このことはさらに補強されます。このとき私は彼の左手に上向きのタッチを与えています。

エリクソンによる握手誘導の記述は、初心者にとって、少し驚くような内容です。それをすべて覚えておくためにはどうしたら良いでしょうか？　どのようにしたら、そのような優しいタッチとそのようなテクニックを習得できるでしょうか？　とりわけ、トランスが生じるように、被験者の注意と内的関与 inner involvement をさらに集中させる手段として、その状況で起こることすべてを利用することを、どのように学習したら良いでしょうか？　明らかに、そのようなテクニックを習得するためには、熱心さ、そしてある程度の我慢が必要です。それは、特定の方法で、単に握手するという問題以上のことです。エリクソンにとって握手することは、人と接触する中での出来事です。それから、内側へ向けて注意を固定して、そして、トランスが生じるように状況を設定するために、エリクソンはこの出来事を利用します。

エリクソンは握手しながら、被験者が注意している場所に、自分の焦点を完全に合わせます。最初、慣習的な社交上の出逢いだと被験者は考え、そのことに注意しています。その後、予想外のタッチで被験者は手を放されるので、瞬間的に混乱して、被験者の注意はすぐさま自分の手に集中します。この時点で、「抵抗する」被験者は、素早く手を引っ込めて、その状況を終わりにするかもしれません。トランス経験の準備ができている被験者は、何が起きているか知りたがります。被験者の注意は固定して、そして、指示する刺激 directing stimuli に対してさらに、被験者は受け入れ、そして用意しています。指示するタッチは、穏やかで、珍しいもので、被験者は認識しても評価する術がありません。被験者は、自分の手を一つの位置に固定しておくために、非言語的な合図を続けて素早く与えられましたが（「開始」の最終段落を参照）、被験者は合図に気づいていません。被験者の手は、静止するように指示するタッチに応じます。しかし、被験者は理由がわかりません。被験者が握手誘導に接した経験が以前になかったので、最初に運動感覚のレベルで、意識的な分析を許さない自動反応のケースです。動きを指示するタッチは、認識し理解する中で、ある種の似たような乖離を持った同一レベルで対処されます。

被験者は、尋常ではない方法で、訳も分からず反応していることに気づきます。現在、被験者の注意は内方へと方向づけられ、答えを、あるいは、いくつかの方針を懸命に探索しています。この内部の方向づけと探索は、「トランス」の基礎的性質です。内部の検索で、被験者の頭はいっぱいになるかもしれません。その間、普通の現実志向の通常の感覚知覚的なプロセスを少しの間停止しています。それから、被験者は麻酔、視力や聴力の欠落、時間歪曲、既視感、方向感覚の喪失、あるいはめまいなどを経験するかもしれません。この時点で、被験者は、一つの方向、あるいは別の方向に、内部探索（トランス）を強めることができる言語的、あるいは非言語的暗示に対して、心を開いています。

次の聴衆を前にしたデモンストレーションで説明していることは、カタレプシーを利用して、トランス経験とその他の催眠現象の学習を促進する方法です。

ラポールを確立すること

エリクソン◎それで、あなたは？

ジャネット◎ジャネットです。

エリクソン◎あなたは確かに、そのテープレコーダーにびっくりしました。テープレコーダーから、素晴らしい口笛が聞こえました。あなたは、このような素晴らしい聴衆の前にいることをどう感じていますか？

ジャネット◎私は死ぬほど怖いのです。

エリクソン◎実際、そうですね、トランスに入る可能性があるのは聴衆の方だと私は思います。あなたは、どんな感じですか？　私に教えることができますか？

ジャネット◎良くなっていますよ。

エリクソン◎以前と同じくらい怖いですか？

ジャネット◎いいえ。

ロッシ―ラポールを確立するために、最初にテープレコーダーに録音されていた口笛について、ユーモアたっぷりにコメントしました。そして彼女に聴衆を前にした感じを質問したのは、今この場での感情的な立場を評価するためでした。彼女は、「死ぬほど怖い」と答えます。彼女はユーモア半分の調子で（テープレコーダーから、うっかり聞こえた口笛について、エリクソンが最初に言ったユーモラスなコメントに応えて）返答したので、彼女はすでにエリクソンに追随しています。彼女を安心させる努力をするように、エリクソンはそれに応えます。最初の誘導段階として、この安心とラポールを確立したことが重要です。「良くなっていますよ」という、今はもう怖くないというポジティブな反応を彼女はすぐにして、正式な誘導のための好ましい環境が確立されたことを示しています。

アームリフト・カタレプシー《Arm-Lift Catalepsy》

エリクソン◎リラックスしてください。私はあなたの手を持ち上げています。そして、私はあなたにそれを見せたいと思います。

ロッシ―アームリフト・カタレプシーと彼女が手を見るというリクエストを同時にしたとき、二つの感覚様式を通して、彼女の注意は固定して集中しています。

幻視

エリクソン◎さて、この手をジッと見てください。そして、その手をよく見てください。そして、あなたは、その手をまさにそこで見ます。

ロッシ―「その手をまさにそこで見ます」は、二つのレベルの暗示です。一つのレベルで、それは手を見ることだけを意味しています。もう一つのレベルで、もはや、手がそこにない場合でも、「そこで」手を、幻視として見続けることができると暗示しています。

腕を固定するカタレプシー

エリクソン◎そして、私は手を置くつもりはありません。私は、手をまさにそこに、そのままにするつもりです。そして、その右手をしっかり見続けてください。そして、あなたは自分の手をしっかり見ることができます。そして、あなたは自分の手をしっかり見続けてください。そして、私は左手をまさにそこに、そのままにするつもりです。そして、今、ゆっくりと……

ロッシ─セラピストが腕を放すと、ほとんどの被験者は、最初に決めた位置に腕をそのままにしないで、腕を重みで膝に落とします。そのとき、エリクソンは、これらの間接的暗示をして、カタレプシーで腕を維持させます。右腕のカタレプシーを学習すると、彼女は関与の度合いを増すので、左腕のカタレプシーが素早く確立されます。

解離

エリクソン◎……あなたの手が開くでしょう。その通り。そして、私がしてほしいことは……

ロッシ─慎重に見ている間、「ゆっくり」手を開くことは、かなりまれな作業で、解離した態度と自動反応を促進する傾向があります。

内部の焦点についての質問

エリクソン◎……あなたに手を見させることです。あなたの手は開いていています。あなたは、自分の手をしっかり見たいですか?

ロッシ─私たちは、通常それほど、丁寧に手を見る必要はありません。こうすることで、独特の解離した態度が発達し続けます。そして被験者自身の連想プロセスの中で、その解離した態度は、ここでの催眠形式の注意を集中させる質問によって促進されました。

間接的閉眼

エリクソン◎そして、望むならば、あなたは目を閉じて、手を見続けることができます。そして、あなたの手は、ますます開いていきます。

ロッシ─目を閉じることについての間接的暗示は、①彼女が継続して手を見ることに(つまり、視覚映像または幻視は、彼女の心の中で維持されます)、そして、②彼女自身の望みに、左右されるようになります。一番目は、彼別の幻視の学習ステップです。その一方で二番目は、彼女の積極的なやる気を結集する傾向があります。彼女が今、この独特な状況の重圧から、手を取り除くために目を閉じるなら、そのときは、暗に、彼女が、彼女自身の願望の後追いしていることを意味します。目を閉じるという エリクソンの暗示は、被験者自身の願望になりました。暗示は、自我親和的な反応として完全に内在化されます。

自動反応の学習を許可する休止

[四七秒間の休止]

エリクソン◎私にわかってほしいと思うことがあるなら、頷くことができますし、あるいは、頭を振ることができます。

ロッシ――とてもゆっくり手を広げることは、トランス行動のポジティブな徴候です。彼女は、自発的な自己主導コントロールから、手がゆっくり開くその自動運動automatic qualityへと、一見、自分自身のせいに見えるセラピストの暗示で、動きを再び学んでいます。

頭でのシグナリング

エリクソン◎そして、その結果And so that、あなたは少し実行します。私は、あなたにとてもゆっくり、頷かせたいと思います。そして、今、よく注意して左右に頭を回してください。

ロッシ――これは多くの含意を伴う奇妙な暗示です。すなわち、①彼女は頭を使った観念運動シグナリングの学習を始めることになっています。②彼女はこの制限された方法だけで情報交換することになっているので、彼女の能力はほとんどが「眠った」ままの可能性があります。③エリクソンに何かを理解してほしい、と彼女が思うなら、そして、頷くか、頭を振るかすることで、エリクソンに知らせたい、と彼女が思うなら、それは、二人の間に、多くの想像上、あるいは幻覚の中の会話とコミュニケーションがあることを意味するかもしれません。「ゆっくりと」頭の運動をリハーサルすることは、催眠行動のその自動的な面を発達させます。

動機づけのための質問と関与の深化

エリクソン◎そして、今、あなたが学習したいこと、あるいは、私にさせたいことが特にありますか？ [彼女は頭をノーと振りました]

ロッシ――そのような質問は、その状況の中でのコントロールする力を、被験者に丁重に与えます。なぜ、被験者の自我は、トランス行動をリクエストすることが許されないのでしょうか？　このような質問によって、やる気を高めて、トランスプロセスへの関与を深くすることができます。

快適さを利用すること

エリクソン◎承知しました。その感覚に満足していますか？［イエスと頷く］より快適に感じるのを楽しんでいますか？［イエスと頷く］

ロッシ―「満足する」、「楽しむ」ことに関する質問、そして快適に感じることは、実際、被験者が快適さという彼女自身の運動感覚の記憶を呼び起こすことができる、そして、現在のトランスを促進するために、記憶を利用することができる強力な暗示です。快適さは、トランスの自然な特徴です。

覚醒するための偶有的暗示

エリクソン◎そして今、あなたにさせたいことは、あなたが目を開いた後、あなたが手を膝まで下げることができることを発見することです。そして、手があなたの膝に届いたとき、あなたは目覚めることができます。

ロッシ―このたった一つの文の中に一連の暗示が実際にあります。「私があなたにさせたいこと」は、彼女がエリクソンに追随していることを示唆します。彼女が、次の三つの偶有的暗示の連鎖を実行すると、彼女は、エリクソンに追随する傾向を強化します。

「あなたが手を膝まで下げることができることを発見する」は、被験者が手を下げる自動行動を経験する方法を学習していることを示唆します。

通常、目を開いた後に、手を下げることは、被験者に解離された感覚を与えます。なぜなら、まだ完全に目覚めない内に、彼女は手が自動的に動くのを見ているからです。

暗黙の指示を利用した結果、目覚めることは、膝に届く手に左右されます。彼女が「目覚め」なければならないなら、これが、彼女が間違いなくトランスにいたことを意味します。

体系化された健忘

エリクソン◎どんな感じですか？　どんな感じですか？

ジャネット◎素晴らしいです。

ロッシ―カタレプシー誘導を始める前に尋ねた質問――「どんな感じですか？」という同じ質問――をしました。この同じ質問によって、二つの質問の間にあったすべてのトランスでの出来事を健忘するように体系化します。

E　まとめ

歴史的に見ると最も初期には、トランスを定義する特性のうちの一つがカタレプシーでした。しかし最近の数十年間で、その重要性とユーティライゼーションについての私たちの理解は変化しました。カタレプシーは、初期の研究者によって、トランスの特定の段階に特有の「鈍い意志 dull will」という「受動的」状態と考えられたのに対して、私たちは、今、暗示に対する感度と感受性の基準として、そしてバランスを取って筋肉が緊張している状態で手を快適に維持することを、個人が容易に学ぶことができるものとして捉えています。カタレプシーを使ったエリクソンのアプローチは、患者の注意を確保し、その注意を内面に集中し、そしてもっと暗示するために、不思議に思う態度、あるいは期待する態度を喚起します。このように、カタレプシーはトランスを誘導して、患者の感受性を評価するための理想的なアプローチです。カタレプシーは、他の催眠現象を構築する基盤として利用することができます。

カタレプシーは、健忘、そして無痛覚-麻痺と特別な関係があります。私たちは、誘導およびカタレプシーを維持している間に求められる最小の刺激への特別な注意集中が、個人の注意を逸らし、そして占有していると仮定しています。ときどき、カタレプシーによって、他の同時に起こる出来事に関する健忘を生じます。患者の注意が、カタレプシーに特徴的なバランスの取れた筋肉緊張という最小の自己受容刺激に十分に集中する場合、患者は身体中の他の感覚、あるいは痛みのために、無痛覚あるいは麻痺を経験する傾向があります。

すべての催眠現象と同様に、カタレプシーに対する反応には、とても大きな個体差があります。関連する現象

──たとえば、凝視、手の軽さ、重さ、あるいは硬さ、自動運動と解離感覚（その間、手が体の一部のように思えません）、視覚的、そして聴覚知覚的な変化、自発的な年齢退行など──すべてが、人それぞれ程度の異なるカタレプシーを同時に起こす傾向があります。このように多くの関連する現象が自然発生的に起こります。そして被験者がカタレプシー誘導という新しくて、予想外で驚くべき刺激を経験するときに生じる全般的な現実志向が部分的に損失した結果のように見えます。熟練した催眠療法家はこれら関連する現象の自然な、初期の発達を認識することを学習します。そうすることで、認識はさらに強化され、治療のゴールを達成するために利用することができます。

F　カタレプシーを使う練習

エリクソンは信じられないほどカタレプシー誘導に熟練していたので、そういった記述に、初心者は簡単に圧倒されてしまいます。これらのテクニックがエリクソンの人生において、とても辛い試行錯誤の末に、数十年以上かけて徐々に開発されたという事実に気づく必要があります。したがって、学習者がこれらのテクニックを習得するには、非常に忍耐強い観察と実際の実践を必要とすることが予想できます。これらのテクニックは、生涯続く臨床実践を通して、進歩し続け、セラピストにとっては医療技術への献身という十分な見返りが得られます。

大学の研究所、あるいは米国臨床催眠学会のような組織のワークショップで、ボランティアとして最初に練習することによって、初心者が、ある程度の技能とテクニックに対する自信を得ることは重要です。知らない人や患者と練習する人はいません。エリクソンでさえ、見知らぬ人との経験は、彼が催眠テクニックの達人となった後だけでした。どんな治療的な出会いにおいても、臨床医が自信を持っていること、そして快適で、効果的であるのに必要な腕前をすでに身につけていることを、患者には期待する権利があります。

一　腕をあちこちに導くことによってトランス誘導するカタレプシー

注意を集中させてトランスに誘導するために、カタレプシーを使った最も簡単な方法は、目の高さのちょっと上の点へ、被験者の腕をやさしく導くこと、そして、腕をゆっくり休息ポジション resting position へと下がらせることによる方法かもしれません。被験者は、頭を動かすことなく慎重に自分の手を見るように求められます。腕が下がると、同時にまぶたが下がります。腕が次の位置に達すると、セラピストは被験者に、目を完全に閉じるように暗示することができます——もし、まだ目を閉じていないなら。

全プロセスの間、被験者の反応を観察して、評価することを学ぶことで、セラピストは自分のテクニックを習得します。

a　セラピストが腕を上へ導くとき、被験者が示す準備と協調を観察してください。腕を最高点へ誘導すると、セラピストはしばらくためらって、そしてとても優しく、腕との接触を失くすことができます。セラピストが明らかに腕をそこで維持していると、腕はその位置でカタレプシーを維持する傾向がありますか？

b　どれくらい快適に、そして上手く、被験者は、自分の手に自分の目の焦点を合わせる暗示に従うことができますか？　これは、暗示に対する被験者の感度および感受性の別の指標です。被験者の注意が揺れ動くなら、セラピストは注意深く暗示を強化するために被験者の目を見ます。これは、セラピストと被験者間のラポールを促進し、セラピストの暗示に従う際に、被験者をトレーニングします。

c　腕が下がるとき、セラピストは、まだ外見的には接触を維持していますが、優しくタッチを解放することでカタレプシーを再びテストすることができます。被験者の腕は止まって、静止したカタレプシーを維持しますか？　被験者の腕は、セラピストが動かしていたのと同じ割合で下がり続けていますか？　両方とも、被験者が従っているという満足すべき徴候です。しかし、静止したカタレプシーは、トランスの可能性を、さらに感受できる指標かもしれません。

d　被験者は自分の手が前進するのを見て、どの程度、目と顔に、トランスの特徴を示し始めますか？　トランスの特徴は、うつろな表情、瞬き、瞳孔の拡大の可能性、涙、より柔和な、あるいは弛緩した表情などです。

e　セラピストは、被験者の期待レベルとさらに暗示する必要性を判断することを学びます。あらゆる親、先生、そしてセラピストは、人が質問したいと思っているときを認識することを学びます。すなわち不機嫌な表情、特定のしわ、あるいは口の緊張、舌の突出、動きのない目つき、一瞬の息止めなどがあるかもしれません。それから、セラピストは、その瞬間にふさわしいトランスを、あるいはその他の催眠現象を、あるいは治療的なゴールを、暗示の形で強化する指示を提示します。

最初、セラピストは、これらの段階のうちのほんの一つか二つを観察することによって学習します。セラピストが全体的なプロセスをよく知っているようになり、いろいろな被験者の起こりうる反応範囲がわかると、セラピストはより多くの観察を一層よく評価することができ、さらには個別に、そして最適な方法で、それぞれの被験者に指示することができます。

セラピストは、このトランス誘導を容易にするために、腕をあちこちに導くことによって、言葉での暗示をどのように系統立てて話しますか？　以前に説明されたいろいろな催眠形式を利用する方法を学ぶために、セラピストはある程度の時間を明らかに費やしています。セラピストは、腕の上げ下げの間、快適さ、リラックス、あるいはその他のことを暗示するために、それらの形式（自明の理、複合的で偶発的なメッセージ、質問など）を、それぞれ利用することから始めます。そのうちのいくつかは次のとおりです。

そして、どれほど快適に、その腕は
快適さについての質問は、快適さを促進する傾向があります

そこで休息することができますか？

その一方で、腕はカタレプシーの位置で動かないままと示唆しています。

あなたはその手を見ています

イエスセットを促進する自明の理

そして

次の暗示を複合的に誘導し

あなたは、他のものを何も見る必要はありません。

手を除くすべての負の幻視が、しないことという形で述べられています。トランス状態で、認識に融通が利か

ないとしたら、被験者は手以外何も見ないでしょう。そうでなかったとしても、負の幻視のための暗示が与えられたことを、ほとんどの被験者は認識しないので失うものは何もありません。

腕が休息ポジションresting positionへと下がり続けると、あなたはますます快適であると感じることができます。

快適であるという偶有的暗示は、腕が下がるという、進行中で回避不能な行動に左右されます。これもまた、自明の理です。手を休息ポジションへ持って来たとき、私たちは通常、さらに快適に感じます。休息resting という言葉は、連想によって、快適さの感覚すべてに焦点を当てます。

二　腕を静止ポジション《Stationary Position》へ導くことによるカタレプシー

腕が上へ導かれて、それから、非言語的に静止位置で気持ちよくそれ自体を維持するように誘導するカタレプシーは、もう一段階進んだ技術を表します。指示的で気を散らせるタッチで、被験者の腕と手を正しい位置に置くテクニックだけでなく、最初にすべてを観察する能力を訓練する必要があります。そのようなカタレプシーへのセラピストのアプローチ戦術は、患者の反応に違いがあるように個人ごとに違いがあります。初心者は、本章の中で説明されたエリクソンの指示に最初は従いますが、静止カタレプシー stationary catalepsy を促進する手の配置、動きなどについて、自分なりの方法をすぐに見つけます。そこには多くの創造的なバリエーションが存在するので、それを試してみることができます。例えば、実際にセラピストは、親指で手を持ち上げる代わりに、側面の放射状の突起部分を、上方にこすっても同じことができます。とても軽く上へこするので、被験者は認識しないかもしれません。しかし、それは手と腕を上げるキッカケにすることができます。腕が重くて、くたくたのままの被験者では、手を解放したとき、膝に落ちるので、その準備をさせてください。静止カタレプシーを不安のないように援助するには言葉を使うことが重要です。

どれくらいの気持ち良さを、そこに残すことができますか？

そして、私はそれを置くようにとは、あなたに言っていません。

それはすべて自分だけで、そこに留まります。

腕はそこで、動かないようになりますか？

そして、あなたは、それを動かす必要はありません。

カタレプシー誘導を学ぶためにボランティアと作業するとき、セラピストは被験者からフィードバックを得ることが重要です。セラピストが、彼／彼女の親指を使って腕の動きを導いていると、実際、被験者が理解しないように、気を逸らすことができるタッチはどの程度でしたか？　被験者の腕には、どの程度、ひとりでに動くように感じるような解離した感覚がありましたか？　どの程度、被験者は腕が自分の体とは思えなかったのでしょうか？　自発的にカタレプシーを併発する傾向がある催眠現象には、他にはどんなものがありましたか？　どのようにしたら、セラピストは、そのような現象を認識することを学ぶことができますか？　どのようにしたら、セラピストは、これらに関連する催眠現象の経験を、各々の被験者で、もっと促進して高めることができますか？

静止しているカタレプシーへと手を導く際に、気を逸らすタッチを使うとき、被験者に目を閉じさせて作業することが、セラピストの成功を評価する面白いテストになります。被験者が目を開いて、腕がある特有の位置をとるとき、驚きという自発的な感覚が被験者にあると考えられる場合、セラピストは、被験者の運動感覚による位置の特定を混乱させることに成功しています。そのような感覚をどんどん混同していくと、被験者は徐々に、一般化された現実志向をますます失って、トランス経験を素直に受け入れるようになります。

三　動きのあるカタレプシー

動きのあるカタレプシー（セラピストが手の接触を解放したとき、被験者の腕に自力で継続する運動方向を与えることによるもの）は、さらに進んだ段階の技術です。セラピストが、認識することを学ぶのは、患者の手および腕が、手首、肘あるいは肩のまわりで容易に回転し始めると容易に反応するので、それを利用し腕に動きを与えるときです。その後、セラピストが非常に優しく接触を解放すると、被験者は起こった時を正しく認識しません。腕が近くで心地よく浮いているのを見ると、ほとんどの被験者は「非現実性」、あるいは解離という感覚をすぐさま経験します。

この時点で、被験者がセラピストから十分な暖かさを、そして親身なサポートを受けることが重要です。

また、すべてがそれだけで移動すると、それはとても快適になることができます。

それについて、思いめぐらすことを楽しむことができます。

あなたは、ただ手を見続けても面白くないですか？

そして、その面白い動きをしたいのと同じだけの自由を、あなたは共有することができます。

そして、動きが続いて、関与が深まると、セラピストは腕、手、そして指の動きに指示を与えるために、今、他の言語表現を作成することができます。両腕が関係するようになると、両腕はトランス誘導と深化という伝統的な動作の一つを、お互いに交代させる rotate ことができます。いったん被験者が、手がひとりでに動くのを経験したり、あるいはそれのデモンストレーションを目撃したりすれば、実際に手を上げなくても、腕の横を軽く上方へこすって、持ち上げる動きを示すことで感度をさらに高めることができます。被験者の肘から前腕の下へ、そして周辺を上に手の甲まで、手の平、あるいは指先を軽くこすることとで、セラピストは、「手の動き pass」として、修正して利用することができるかもしれません。これによって上への穏やかな動きを、被験者に示します。そして、まるでセラピストの手に貼り付いているかのように、腕が上がります。こうした経験をすると患者の腕を、二から五センチ上に持ち上げる「手の動き」をするだけで、ほとんどの被験者の腕と手はどんどん軽くなって、セラピストがまったく触れる必要がなくなるまで「手の動き」に応答し続けます。その後、患者の腕と手は、どんなセラピストの手の動きにも追従していきます。被験者が敏感で、同調性があるなら、セラピストは動きを、さらに簡略化することができます。その結果、手や指での「意味ありげな様子」や若干のジェスチャーだけで、最終的に被験者の腕を浮揚させることができます。

セラピストの手に被験者の手と腕が追随する理由について、被験者に主観的な報告を簡潔にしてもらうと、興味深い答えが返ってきます。何人かの被験者は、「つながり」を、「磁力」を、「暖かさ」を、あるいは手を引っ張っているような「不可解な力」を感じると言います。本当に、何人かの被験者は、目を閉じてもできますし、目隠しをされたとしてもできます（被験者は目隠しを通して、あるいは目隠しの下から覗くことができません）。そして、たとえ、被験者とセラピストの間に、実際に触覚的な接触がないとしても、それでも被験者の手は、セラピストの手の後を追います。本当に、まるである種の不可解な磁力があるかのように思われます！ 私たちは、初期の研究者が、どのようにしてこの信念にたどり着いたか、簡単に理解することができます。私たちは、どのようにしたら、そのような敏感に後追いする行動を説明できるのでしょうか？ 疑問はまだまだ続きます。被験者は、セラピストの手の暖かさ、あるいは音に反応しているのでしょうか？ 被験者は、セラピストの手によって気流ができることで、動きを感じることができるのでしょうか？ これらと他の要因が組み合わさっているのでしょうか？

そのように感度が高まると、動く手に関連づけられた現象をつけ加えて、セラピストがさらに実験することは簡単でしょう。うずき、暖かさ、冷たさ、圧力、麻痺、そして他の感覚を、どの程度、経験できますか？ 視覚、そして聴覚の変化を経験できますか？

四 握手誘導

前記の練習を、数多くの被験者とした今では、セラピストに握手誘導の準備ができています。最初に、セラピストは以前、説明したエリクソンのアプローチを試しに使って、自分なりに、個人的バリエーション、そしてプロセスのステップを調整する手段を見つけます。

エリクソンは、彼が「ぼんやりとした教授のルーチン absentminded professor routine」と呼んでいた握手誘導に、混乱の次元をさらに追加しました。エリクソンが不確かな方法でやさしく被験者の手を放し始めると、何が起こっているかという疑問を明確にするために、被験者はエリクソンの顔と目を自然に見ます。その後、エリクソンは、被験者の向こうの点に目の焦点を合わせることによって、被験者をますます混乱させます。無駄にアイ・コンタクトを捜していると、被験者には「見られていない」、あるいは「見透かされている」という奇妙な感覚がしてきます。そして今、状況がますます混乱し、その結果、疑問が増えていきます。そのとき、エリクソンは、矛盾したことをブツブツ言うことによって、この混乱をさらにひどくします。その後、被験者が全身でカタレプシーの平衡状態をとって、集中して、疑問を問いかけるまさにその瞬間に、エリクソンは、この不快な不確実さを終了する手段として、被験者が飛びつく明瞭で、簡潔で、明快な暗示をします。

五 カタレプシーの電子モニタリング――催眠経験に関する二要因論

カタレプシーの計測には、長い科学的伝統があるのですが、一方で現在、科学的な考えは、催眠トランスの客観的な基準が存在しないという意見へと振り子が振れています。早くも一八九八年に、サイディスは、通常の覚醒と催眠の間で経験するカタレプシーを区別する著しくはっきりしていて、納得のいく脈波計の記録を発表しました。最近では、ラビッツ（Ravitz, 1962, 1973）が、カタレプシーを誘導する間、特徴的変化を経験した体のDC（直流）電気活動（高いインピーダンス・レコーダーで測定された）の出力記録を発表しました。トランスの間に起こる客観的な変化の便利で納得のいく指標として、臨床診療において数年間、ロッシは、高インピーダンス・レコーダー（入力インピーダンスの範囲が一〇から一〇〇〇メガオーム、非分極性電極を額と手の掌に置く）を利用しました。とても知的で正常な二四歳の女性被験者の最初の催眠誘導記録を、図3に提示しています。記録（A）の初めの不安定で速い活動は、正常な覚醒している意識の特徴です。活動に対するすべてのインパルス（神経線維の中を伝わっていく活動電位）は、上昇に関連しているように見えます。その後、インパルスが実行されると、すぐに活動は落ちます。心、あるいは体に対する指示を、被験者がすべてあきらて、リラックス、瞑想、そして催眠という単純な状態になると記録はなめらかになって、通常劇的に低下します（B）。被験者がセラピストの意見に注意を払う努力をしているとき、図3では催眠誘導の始まりの間、二、三のゆっくりとした上昇が記録されます（C）。トランスが深まると、これらは落下します。そして、記録は低振幅低速波だけに特徴的な平らな低い水平状態を示します（D）。多くのトランス経験では、この低振幅の活動でさえ落下します。

そして、滑らかな線形記録が得られます。被験者が静止した（カタレプシー）体で、精神的に静止しているままでいる限り、記録には山や谷がありません。被験者が、精神的な活動、あるいは動きを始めるとき、通常、山と谷が記録されます。覚醒期間の後に、典型的パターンがさらに続きます（E）。覚醒の速い活動は、通常、最初の基礎的覚醒レベルより、高いレベルに現れます。記録が正常に戻るようになるまで、このより高いレベルは二、三分間続きます。

催眠が正式に引き起こされたかどうかを問わず、トランスの有効な計測として、そのような記録を受け入れることの難しさは、被験者がリラクセーション、瞑想、あるいは睡眠の間、静まるときはいつでも、山や谷が現れるということです。したがって、私たちは催眠経験の二要因論を提示します。第一に、自分の自律的な精神活動、あるいはセラピストの暗示の邪魔をするあらゆる自律的努力を被験者がしていないことによって、開放性、そして感受性という状態がある必要があります。ラビッツの測定は、図3のように、恐らく、ひっそりとしたこの感受性の状態を効果的に示しています。第二の要因は「連想の関与 associative involvement」と言えるかもしれません。これは、それによって催眠療法家が被験者の連想、メンタル・メカニズム、そして催眠経験を促進するテクニックを使用し、利用するプロセスです。私たちは、「暗示」の本質として、患者自身の精神的な連想を利用するプロセスを尊重します。催眠暗示は、何かをほのめかしたり、あるいは被験者の心に入れたりするプロセスではありません。催眠暗示は、以前、被験者自身の自我の制御 ego controls の外側にあった方法で、被験者自身の精神的な連想と能力を利用できるようにするプロセスです。

適当な電子機器（ヒース＝シュルンベルジェ Model SR-255B ストリップチャート・レコーダーのようなもの）にアクセスする学生や研究所職員は、催眠経験と体のDC電位の電子モニタリング間の興味深い関係をいくつか調査することができます。カーブ（図3のD部分）の深さは「トランス深度」と関係があるのでしょうか？　DC電位がまったく増加しないこのカーブが低くなった部分でも、話すことができる何人かの被験者がいることが分かっています。このような人たちは、良い催眠被験者なのでしょうか？　カタレプシー以外の催眠現象でも、特有なカーブが現れるのでしょうか？　古典的な催眠現象が素早く喚起されるのは、カーブの低い平坦な部分（D）でしょうか？

催眠誘導の中でカタレプシーを使用したデモンストレーション

盲目の被験者における腕浮揚

Z博士は、盲目の被験者で、精神医学の専門的トレーニングを受けていました。彼女は五十代で、二歳のときから盲目でした。彼女がエリクソンのところに来たのは、催眠によって、幼児期の心象 visual images を、いくつか再生 recall できるのかどうか、特に学習によって母の顔のイメージを再生できるだろうか、という疑問に答えてもらうためでした。これが最初、彼女がエリクソンに話したことでした。ロッシに紹介された後に、彼女は、このセッションを記録することを許可しました。セッションは、目が見える人と目が見えない人の機能的な違いについて、何気ない会話から始められました。その間、エリクソンは、自分がした障害者との豊富な実践から、二、三の逸話を話しました。まるでそれが自然な会話であるかのように、その後、エリクソンはほとんどの誘導を何気なく開始しました。

これが最初の誘導で、そこであったことは、最小の反応だけだったということを、読者は前もって知っておく必要があります。実際、Z博士は反応がとても鈍かったので、腕浮揚テクニックによる誘導では、とても広範に言葉のレパートリーを使うことを、エリクソンは求められました。

これらの言語表現は、催眠において初心者が徹底的に学習できるようにします。なぜなら、①その言語表現によって、必要なときには、プロなら間違いなく整理できる多様な言葉を使った素晴らしいアプローチをデモンストレーションしているからです。そして、②誘導の間、その言語表現によってZ博士のユニークな個性が、腕浮揚を経験することを学ぶことができるように、エリクソンが適切な概念を手探りで探すときのエリクソンの活発な思考過程が明確に示されています。エリクソンの言語表現は、今この場でまさにワークしている「生きている」被験者のパワーを熱心に観察し、推理思考している表れであり、ルーチンと決まり文句に支配された「口上」ではありません。

受け入れ態勢と探求セットを構築すること

エリクソン◎さて、あなたは、両足を前に揃えて、

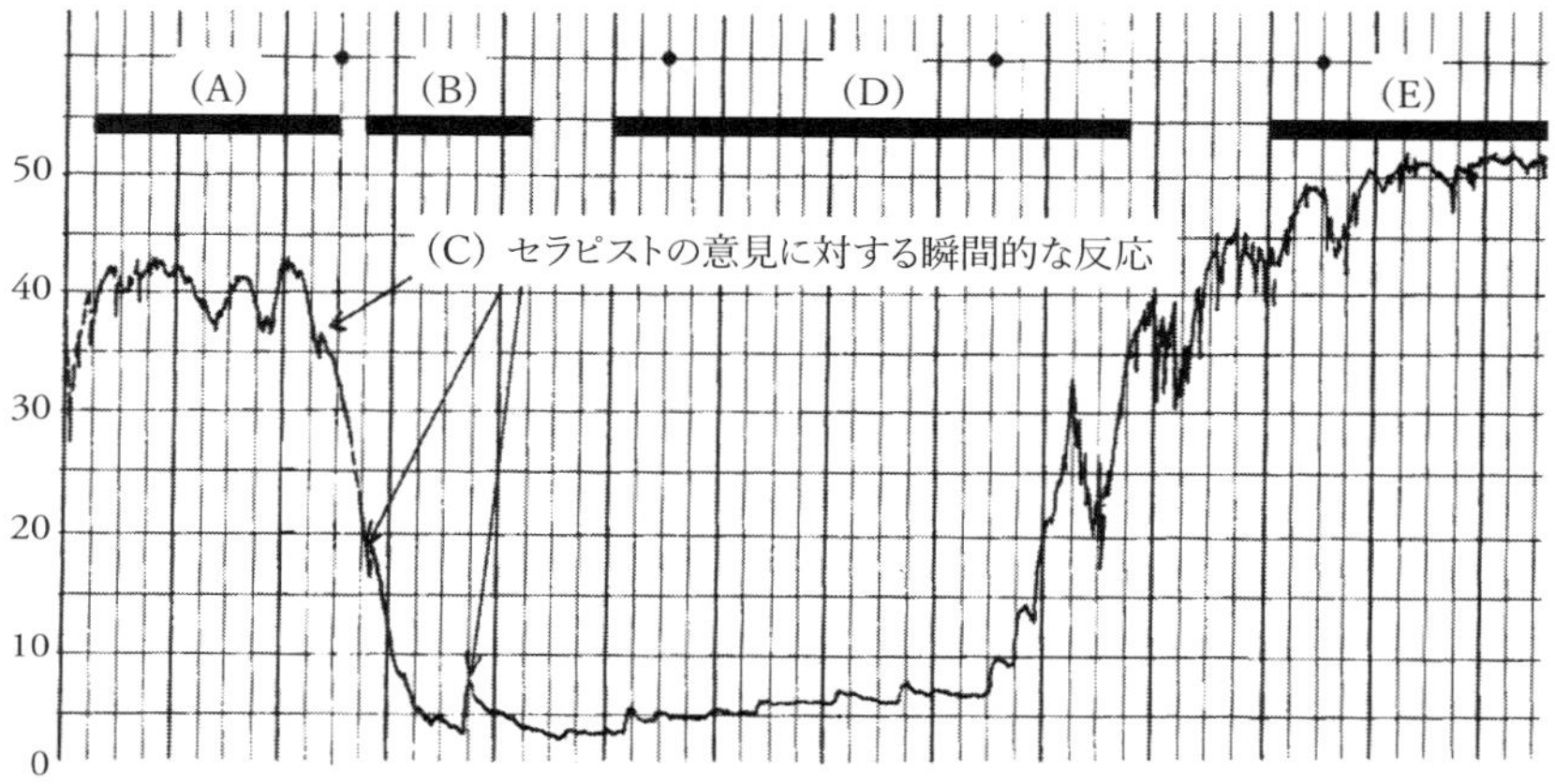

図3　カタレプシーの間のDCボディ電位の電気的モニタリング（縦軸はミリボルト）

水平軸の時間尺度は1分につき0.5インチ；(A) 普通の覚醒；(B) リラックスしている間DC電位の低下；(C) セラピストの意見に対する瞬間的な反応；(D) カタレプシーの間の特徴的な低活動；(E) (A) より高いレベルの典型的覚醒パターン。

まっすぐ座ることができますか？　あなたの手を、自分の腿にのせて、肘は身体の横で楽にしてください。そして、トランスを学ぶことは、基本的に、経験する方法を学ぶことです。意識的な状態から、無意識の状態まで、あなたの感覚にどんな変化が起こるか、あなたにはわかりません。

ロッシ―あなたは彼女に、経験する方法を学ぶことを強調することによって、仲間のプロに催眠誘導をします。あなたは、それによって、容易に受け入れることができる学習セットと探求セットを、彼女に対して確立します。しかし、あなたはすぐに、変化が起こる方法を「あなたは、知りません」と指摘します。彼女の経験的学習が、職業的トレーニングに典型的な、通常の意識的で知的な学習ではないことを示唆しています。

混乱、期待と感受性を喚起することへの間接的アプローチ、そして終わり《Closure》の必要性

エリクソン◎さて、私の無意識の状態、心の中の真実……あなたは、靴ひもを結ぶ方法を知っています。しかし順番に動作を特定するように求められたら、あな

たは、その動作を知りません。［休止］

ロッシ―あなたは、このセクションを、後に続くことを準備しているかのように見える二つの懸垂修飾語 dangling phrases▼訳注7（「さて、私の無意識の状態、心の中の真実……」）で始めます。しかし、懸垂修飾語は、あなたが構文 sentence structure を間違えたのかも、と私は思ったのですが？

エリクソン―あれはテクニックです。躊躇が好きな人は、誰もいません。［エリクソンは、今、彼の手を机の上の二、三の装飾品まで持って行き、そしてその後、ためらいながらその辺りの上をウロウロするという非言語的デモンストレーションをしています。そのエリクソンの腕は、いくらか麻痺しているので、エリクソンがなんとかして一つの装飾品を手にとって、それをロッシに提示することができたとき、ロッシはホッとしました］そこで、私がそれを拾い上げようと努力しているのを見てあなたは、受け入れ態勢、そして欲求態勢を形成しました。ですから、私は、あなたが喜んで、それを受け入れることがわかっていました。

ロッシ―懸垂修飾語は患者の中に、期待と受け入れ態勢を生じます。なぜかというと、患者は何かを掴みたいからです。患者は終わることを望んでいます。

エリクソン―その通り！ 患者は終わることを望んでいます。「一体全体どうして、あなたは文を終わらせないのですか？」と、患者は考えるのです。それがまた、混乱テクニックすべての基礎です。

ロッシ―意識レベルでは、患者は、彼らを動揺させる不確実性と混乱に気づいているだけです。患者は、これが混乱を呼び起こすあなたの間接的アプローチだということを知りません。そして、その混乱は、期待、感受性、そして終わり closure を求める態度を、自動的に引き起こします。その後、患者は、終わり closure の必要性を解決するような暗示ならどんなものであっても、受け入れる準備ができています。

トランスの最初の指標としての身体オリエンテーション《Body Orientation》の消失――探求セットのための疑いと知らないこと

エリクソン◎トランスを生じることに関して、身体オリエンテーションがどんなことか、あなたは知りませ

▼**訳注7**　フレーズあるいは節をあいまいに修飾する語句。

ん。［Z博士は、彼女の姿勢を全く修正することなく、不器用に椅子に座って横方向に、徐々にぎこちなく動いています］私は、あなたの反応に異なる身体オリエンテーションがあるか注目する必要があります。今、あなたは、急ぐ必要はありません。急ぐ必要はありません。

ロッシ―彼女は身体オリエンテーションを消失しているので、すでに変性状態にいることを示しています。この誘導の最初の二つ、三つの文章で、あなたが彼女に、彼女が知らないことを話したのは、これが三回目です。そして、あなたはこのすべてのセッションを通して、このことを強調し続けます。

エリクソン―あなたは、これらのことすべてを知っているというわけではありません。しかし、あなたは、何かを知っていたいと思いますね？

ロッシ―患者の中に、期待と欲求という態度が、これによって再びセットされます。

エリクソン―たとえ、それが何か私が知らなくても、さらに、それはここで学習することがあることを示唆します。

ロッシ―疑いと知らないことを導入することによって、患者が今、示唆されていることを、さらに学習したいと思うような探求セットを開発します。

しないこと――リラクセーションと快適さのための間接暗示

エリクソン◎あなたは、待つだけです。あなたは、私に話をさせます。やがて、私はあなたに、あることを尋ねます。そして、それがあなたの自然な感覚になります。しかし、あなたは自分自身の方法ではないと答えます。［休止］

エリクソン―待っているとき、待たなければならないということを知っているとき、あなたは快適にした方が良いのです。私は、リラックスするように彼女に言う必要はありませんでした。

ロッシ―ええ、そういうあなたは、直接、リラックスを求めることなく、快適さをここで示唆しています。

エリクソン―「あなたは、私に話をさせます」は、あなたは何もする必要がありません、ということを示唆しています。

ロッシ―何もする必要がないという態度は、あなたが患者に望むものです。なぜなら、トランス行動は、自動レベル、あるいは不随意レベルにあるからです。実際、トランス行動を定義するものは、それです。

エリクソン―その通り。

患者の個性に対処すること――自律的な無意識のプロセスを呼び起こす間接的アプローチ

エリクソン◎さて、私はあなたの手に、あなたの注意を惹くつもりです。あなたの肘、あなたの腕、あなたの手に関連した記憶があります。それらすべての記憶の状態をはっきり話すことは不可能です。今、私はあなたの行動について、あなたにはっきり話すつもりです。

エリクソン―椅子にどうやって座るか、何か記憶がありますか？

ロッシ―個々の筋肉運動を、言葉で話すことができません。しかし、なぜ、あなたはここでこれを持ち出すのですか？

エリクソン―彼女は盲目なので、彼女は、椅子を感じるために、ふくらはぎなどに頼らなければなりません。

ロッシ―それで、あなたは実際、ここでの誘導言語表現を、彼女の特殊な個性に合うように調整しています。

エリクソン―はい。彼女は、椅子の真正面に、あるいは真横にいるかどうか、わかっていなければなりません。過去の記憶のために、彼女は椅子の肘掛けなどに関連して、自分の肘のことを知るでしょう。しかし、彼女は二歳から盲目だったので、これらの記憶は、これまで、すべて無意識レベルで自動的でした。

ロッシ―目が見える人に、あなたはこれらの特別なフレーズを使いませんね？

エリクソン―はい、もちろん！　私は、患者が見ることができることを利用するtake somethingと思いますが、コートにボタンを掛けて、靴ひもを結ぶことのようなことはわかりません。女性はどのように最初にブラジャーを着けますか――右側から？　左側から？　あるいは同時に？

ロッシ―患者がすることができても、意識的に明確にすることができないような言葉の言い回しをして、あなたが何かさせたいと思う理由は何ですか？

エリクソン―知識は、無意識の中にあるのです。無意識は理解していますが、意識は知りません。

ロッシ―これは、無意識のプロセスに対する彼女の信頼を活性化し、促進するあなたの間接的アプローチです。すなわちあなたは物事を、彼女の無意識が知っていても、彼女の意識は知らないことを強調します。あなたの質問に対する回答を、彼女の意識が持っていなくても、彼女の無意識が回答を持っています。このため、彼女の行動についてコメントしたあなたの質問は、自動的な無意識の行動パターンセットを呼び起こします。もちろん、それが催眠反応を促進する原材料です。

意識と無意識の動作の違い——期待を喚起すること

エリクソン◎あなたが、顔から後ろに髪をブラッシングしたとき、あなたの手を動かしたのは厳密に言うと、意識的なメンタル・セットが動かしました。無意識は、異なる方法で手を動かします。私は、再度あなたの手にあなたの注意を促します。どちらかの手が、あなたの顔にとてもゆっくり近づき始めるまで、あなたに待っていてほしいと思います。どちらの手？　あなたは、気付く必要があります。

エリクソン—教室で学生を観察するとき、あなたはそのような違いに気がつきます。「もう、先生、はやく授業を終わりしてくれないかなあ」と言って、一人の女子学生が丁寧に髪の毛を後ろにブラッシングします。その後、無意識に髪の毛を後ろにブラッシングするようになります。そのとき、そこで示されていることは、学生が関心を向けているのは、あなただということです。

ロッシ—同じ行動であっても、実行した方法が異なれば、言っていることも異なります。催眠療法家は、意識的に意図的な指示行動をした場合と、意識が別の場所で占有されて、無意識に媒介され自動的動作を多少なりともした場合との違いを認識するようになります。本ケースでは、彼女が髪を後ろにブラッシングする際の手の動きが、意識レベルだったことを、あなたは指摘して、無意識の動きとは異なっていることを彼女にわからせます。

エリクソン—彼女を「待たせ」ることによって、あなたは、何か起きてほしい、という願望を構築します。そして、彼女の手が上がり始めるまで彼女は待つことができるから、と言っても良いでしょう。彼女は、今、手が上がることを期待して待っています。

ロッシ—そして、それをしているのは、彼女の何かで、あなたではありません。あなたは、余分な指示をしません。

エリクソン—はい。これまでの経験では、注意して、用心して、あらゆる動作を指示する必要が、彼女にはありました。

ロッシ―トランス経験を成功させるためには、彼女は、長い歴史を持つ身体的動作に結びついた、用心深い意識を手放す必要があります。

選択の幻想《Illusory Choice》――ありうるすべての反応をカバーするダブル・バインド

エリクソン◎そこには、選択があります。

エリクソン―これは選択の幻想です。実際、そこには選択はありません。次の三つの文章で、私が「選択の余地」をなくしているからです。それは右手の場合があります。あるいは、それは左手の場合があります。しかし、どちらであっても、手は上がります！

ロッシ―反応があると、あなたが決めているという意味で、彼女の自我意識にとっては、それは選択の幻想です。ありうるすべての反応をカバーするような選択肢――次のセクションの中で行うような――を提示する場合、あなたは、反応を選ぶことを無意識に残すダブル・バインドを、彼女に構築します。

「ピンポン」――無意識の活動を促進するために意識を弱めること

エリクソン◎たぶん右手、たぶん左手。あなたが右利きなら、それはあなたの左手の可能性があります。あなたが左利きなら、それはあなたの右手の可能性があります。あるいは、それは利き手である可能性があります。実際、あなたは知りません。

エリクソン―今、ここでは、彼女の無意識は、前後に――右、左、右、左へとジャンプしなければなりません。

ロッシ―それは何をしているのですか？　彼女にあなたの後を追わせるのですか？

エリクソン―はい、彼女はジャンプし続けています。あなたは彼女を、考えを変える状態にしたままにしています。そして、彼女の意識的な心が前後に飛び跳ねているので、彼女の無意識が引き継ぎます。

ロッシ―あなたは、意識的にピンポン遊びをします。意識が弱められるように、あなたは前後に意識を飛び跳ねさせます。このようにして、無意識に引き継いで、実際に、片方の手を浮揚させせます。

エリクソン―その通り。

期待を確立することを待つ

エリクソン◎あなたはただ待っているだけです。そして無意識に選択させます。そして、ゆっくり、手が軽くなり始めることに気づきます。[はっきりとした動き、あるいは手の脈拍の変化、あるいは指のミクロな動きという目立つ変化がないので、休止]いくらか異なる感じが、それはするかもしれません。[休止]そして、あなたは肘に傾向を感じ、行動に向かう傾向を感じます。あなたは、その傾向に気づくかもしれませんし、気づかないかもしれません。

エリクソン―「あなたはただ待っているだけです」と、もう一度何かが起こるという期待を確立するように、私は話しています。

ロッシ―その期待という態度は、何かを成し遂げる用意を患者の無意識にさせます。それは、心理療法に対して、患者が持つべき理想的な態度です。治癒が、いったん内部から起こると、頑迷な rigidly erroneous 意識セットが回避されます。これは、あなたのアプローチに特有です。すなわち、患者が容易に応答しない場合、単に「待つ」ように彼女に求めています。この自動的に待つことは、反応を促進する傾向がある期待を構築します。

エリクソン―「それはするかもしれません」は、有限の指示を与えています。

ロッシ―あたかも偶然のように思われたとしても。

エリクソン―「行動に向かう傾向」は、とても理解し難いフレーズです。

ロッシ―それは、絶対確実なフレーズです。何が起こったとしても、それでも、彼女の行動に調和しています。

エリクソン―その通り。患者は、何が起きても、あなたを信用します。「するかもしれませんし、しないかもしれません」は、別の形の安全なフレーズです。

自律的な反応を促進するために意識セットを弱めること

エリクソン◎あなたの無意識が知るようになることだけで、十分です。[休止]そして、増加する優位な選択を喜んで示してください。[明白な動きのない休止▽原注4]待って、待っているのを楽しんでください。＊＊＊あなたが知らないことが、生じてきました。あなたの血圧が変化しました。それはあなたが知らないことです。あなたの血圧が変化しました。それは、すべての被験者にとって当然のことです。［休止——彼女の手にいくつかの小さな動き］

エリクソン—「あなたの無意識が知るようになることだけで、十分です」という文章で、私は本当に彼女の意識を外に投げ出しています。

ロッシ—あなたは、意識が無意識と比較して重要でないということを示唆することで、意識セットを弱めています。

エリクソン—私は彼女を追い詰めてはいません。私たちは二人とも、待っています。何のために？ 何かのために！ 何か起こることを、このように待っていることが、彼女への圧力になっていることを、彼女が知らないことさえあります。

ロッシ—期待して待つことは、無意識の反応を促進する傾向があります。習慣的意識セットを弱めるるときはいつでも、自律的な反応傾向がはっきりする傾向があります。

▽**原注4**　＊＊＊は、ページ数を節約するために、行を省略していることを示す。

観念運動性反応を促進する間接的な連想

エリクソン◎あなたの手は、少しだけ反応しています。そして、すぐに、あなたの肘は動き始めます。＊＊＊あなたは、呼吸数、そして呼吸パターンが変わったことに気づいているかもしれません。そして、現在、問題は、あなたの心拍数が変わったということです。私にこれがわかるのは、首であなたの脈拍を観察することができるからです。私は足首でも、脈拍を見ることができます。ときには、こめかみでも脈拍を見ることができます。

エリクソン—「すぐに、あなたの肘は動き始めます」。どのようにしたら、あなたの肘は動きますか？ その意味を整理するためには、彼女は肘について考え始める必要があります。それを考えることは、肘を曲げて動かすという観念運動性反応を開始することです。

ロッシ—挑発的な方法で運動について話すだけで、運動反応を促進する間接的な方法になります。それが観念運動性反応です。

エリクソン—「かもしれません」は、私が彼女に許可を与えています。さらに、私は彼女に命令しています。普通の言葉、そして幼児ゲームで、「見てもいいよ」とは、どんな意味でしょうか？「見て！」ですね。

ロッシ―しかも、命令しているように見えません。

複数レベルでの意味――無意識のプロセスを促進するエリクソンのアプローチの本質としてのパラドックス

エリクソン◎しかし、重要なことは、上へゆっくり上がっているその手を、あなたが発見することです。片方の手が優勢になることをあなたは知ることになります。あなたは忍耐強くなります。なぜなら、他の人に意図的に反応を引き継ぐ方法を、無意識が初めて学習しているからです。＊＊＊あなたの体は、あなたの知らない無意識レベルの多くの方法で反応しています。あなたが初めて人に会うとき、収縮する特定の筋肉があります。弛緩する特定の筋肉があります。また、さまざまな人に異なる反応をします。［手は、およそ半インチですが、少し持ち上がっています］今、あなたの手は、あなたの腿から離れて持ち上がっています。持ち上げてください。そして、あなたの手は、もっともっと高くなります。

ロッシ―あなたは、実際、ここで似ていながら、異なっている腕浮揚と利き手という二つのことについて話しています。この文脈において、優勢という言葉は、利き手、あるいは片方の手が浮揚する際に、優勢になっているということを指しています。ただ、彼女がどう意味を捉えたとしても、重要ではありません。

エリクソン―彼女がそれをどうとるかは、重要でありません。それはどう転んでも損をしません。「あなたは忍耐強くなります」と、私が言ったときには、目が見えない人が「忍耐強い」ことを学んだという事実を利用しています。

ロッシ―彼女が、本当のことと知っていることに、あなたはさりげなく言及することによって、ラポールを促進します。彼女は、あなたに同意する必要があります。あなたは、すべての目が見えない人にあてはまる自明の理を使って、イエスセットをセットアップしています。

エリクソン―彼女の意識がそれを知ることなく。

ロッシ―彼女が知っていることは、あなたと一体となって感じているということだけです。しかし、彼女は、あなたが自明の理という超心理学を使う方法、あるいは使う理由を知りません。

エリクソン—意図的に言葉を受け取ってください。それは彼女にとって、真新しい考えです。なぜなら、意識だけで、意図的に取って代わることができると、以前、彼女は思っていたからでした。

ロッシ—その中には、興味深いパラドックスがあります。つまり自律的に機能する無意識が、意図的に取って代わることです。そのようなパラドックスは、一瞬で、患者の意識セットを弱める傾向があります。それは、催眠トランスを経験したい人にとって非常に重大で、重要な学習です。無意識に取って代わらせてください。潜在的で治療的な反応ポテンシャルを明らかにすることができるように、無意識を優勢にしてください。それが、あなたのアプローチの本質ですね？

エリクソン—その通り。

ロッシ—「あなたの体は、あなたの知らない無意識レベルの多くの方法で反応しています」は、とても安全なメッセージです。あなたがそれを言うと、それには深い意味があり、含蓄があるように聞こえます。そして、もちろん、それはさらに無意識のプロセスを促進する傾向があります。

無意識を促進する意識プロセス

エリクソン◎さて、考えてください。やって来ること、やって来ることを……

ロッシ—「やって来ることを考えてください」と彼女に求めるとき、無意識的で、不随意的な腕浮揚を援助するために、実際に、あなたは彼女の意識的観念化 conscious ideation に協力しています。それは、その学習を促進するために、意識的なやる気、あるいはエネルギーが、無意識へと溢れ出るかのようです。

エリクソン—その通り。それは、カウボーイ映画のヒーローが、「後ろに気をつけろ！」と、悪漢に叫ぶときに、ちょっと似ています。意識レベルでの大声の命令から不随意的レベルでスイッチが入り、彼は驚愕反応を喚起します。

自然発生的な行動のために個性を強調すること

エリクソン◎……そして、恐らく、それがちょうど頭の上方にあるいくつかの物に近づくのを感じることができます。［休止］もう少し高く。今、肘が準備すると、手首が持ち上がります。今、あなたのすべての学習は、ある慎重さを持っています。あなたの学習パターンに植えつけられた緩慢さ、正確さ。これは、あなたが、学習に責任を負う必要のないちょっとした学習です。そして、それに続く厳密なパターンはありません。それは純粋に、一種の自発的なことです。あなた側の筋肉の自発的な努力は、一つの位置、そして一つの注意へ向けて訓練されました。そして、それは、変更が必要になる物の一つです。［Z博士の手は、二、三回、目で見えるほどビクッと上がります］

エリクソン―目が見えない人の動作の目的は、目が見える人の場合よりも目標指向的 goal-directed です。目が見える人は見ることができるので、自由に自発的に移動することができます。目が見えない人の動作は、目が見える人とは全く異なっています。それは、さらに目標指向的なので、「手があるものに近づくのを感じる」という暗示は、目が見えない人にとって、特に相応しいものです。

ロッシ―動作の緩慢さと正確さについて、次の文で、あなたは彼女の特定の個性に再び適応させた言語表現をしています。二歳から目が見えない人は、体の動きにおいてある種の慎重さ、そしてさらに目標指向性を当然、学んでいました。

エリクソン―学習パターンを厳正に決定して、それに固執する必要はありません、と私は彼女に話しています。自然発生的という単語によって彼女は、不随意的に、そして解離するという重要な連想をします。目が見えない人にとってそのような動作は、通常厄介なことです。というのは、目が見える人と同じように、早い時期に、動作の誤りに気づくことができないからです。

ロッシ―視力があれば自動的に誤りが指摘されるので、目が見える人にとって、通常の、そして自発的な動作とコントロールは、解離されて、そして不随意的になります。もし目が見えない人が行うと――目が見えない人には、視覚運動協調性 visio-motor coordination に関する自動的なフィードバック制御メカニズムがありません。それは、かなり意味深いことです。すなわち、目が見える人には「正常な」ことが、目が見えない人では解離されるようになります。感覚プロセスと随意的－不随意的（解離された）行動という連続体の間には、深い関係があります。

自発性と個性の強化

エリクソン◎そして、今、あなたはさらに多くの前進をしています！［休止］あなた独自のパターンで腕浮揚を見せながら。そして、あなたは、肘の動きが、目が見える人と同じではないことを示しています。肘の動きは、あなたの肘運動パターンです。それはすばらしいです。なぜなら、あなたの腕が上がったからです。そして、あなたは、手がドレスから、いつ完全に離れるのか、疑問に思い始めます。あるいは、最初に服との接触を失くすのは、どの手かと疑問に思うことができます。それは、あちこちで接触をなくしています。あなたが、どの手か知っているかどうか、私は知ることさえありません。しかし、それは重要ではありません。［休止］

ロッシ—見ていると、あなたの暗示は作用しています。というのは、手が上に、これまでで最も強くビクッとしたので、あなたの言葉に反応しているように見えます。もちろん、あなたは、彼女の「前進」について意見を述べることによって、彼女の反応を素早く補強しています。

エリクソン—その通り。私は、彼女の肘の動きが、目が見える人と同じではないことを強調しています。私は、彼女の個性と自発性を再び強調しています。どの手が浮揚するかわからないと私が認めるとき、重要なことは、彼女が経験して学んでいることの意味です。

内部質問を喚起し、意識セットを暗に弱める休止

エリクソン◎あなたの学習パターンは、あなた自身が認識を排除しないようにすることかもしれません。［休止］あなたが認識を排除することは間違っていませんが必要ありません。この状況を認識することが、あたかも重要であるかのように、よくわかっているように、経験によって、あなたは訓練されました。しかし、あなたは実際に何かを実行しています。あなたの腕はますます上がっています。それがあなたの学習に必要な部分であるなら、あなたは認識が得られるように、すでに十分遂行しました。［休止］私にとって、どんな方法であっても、あなたが学ぶことが重要です。そして私は、あなたの側の学習反応パターンが、私と一致していないことに完全に気づいています。［いくつかの上へのはっきりした動作］それはもっともっと高く

持ち上がっています！　あなたの無意識が、手を動かしました。手は、すでに肘を動かしました。［休止］そして、手はドレスとの接触を変化させています。

ロッシ―ここで、直接、認識を排除する可能性、あるいは認識を閉じる可能性について示唆しています。

エリクソン―はい。

ロッシ―あなたは「よくわかる」ために彼女をトレーニングすること、そしてこれが異なる状況であると彼女に話すもととなることを探すことによって、彼女の認識を弱め続けています。催眠は、異なる状況です。そこで、慎重にトレーニングして、認識にあてはめる必要はありません。

エリクソン―このセクションでの休止中に、私は、「なぜ私が知っている必要がありますか？」と彼女に聞いて時間を与えています。私は、それは必要ではありません、と彼女に話しています。彼女がそれをよく考えている間、私はここ（二番目の休止）で休止します。あなたは、いつでも子どもの中に、完全に意識的な認識のない動作を見ます。食卓で、「映画へ行ってもいい？」と、子どもは尋ねます。そして、子どもは質問に対する答えを興味津々で待っているのですが、そのときあなたは子どもがミルクのコップを手に取って、唇に持って来ていることに気がつきます。そして、実際にコップが唇に触れたとき、そこでミルクが飲めるようになっていることに、子どもは気づいて少し驚きます。あなたは、子どもたちとやりとりする中で、何度も何度もその種のことを見ています。

ロッシ―子どもたちは、意識的にではなく、自動的に認識する傾向があります。

エリクソン―その通り。自動レベルです。

ロッシ―あなたがトランスで利用するのは、その自動レベルの機能です。

腕浮揚の中での押し引き

エリクソン◎そして、今、遅かれ早かれ、あなたの無意識の心によるもうひと押しがあるでしょう。それは、あなたの手を上へと引くか、あるいは押すでしょう。［休止］そして、あなたは実際に、学習項目を増やしています。ある意味では、あなたは、二つの目的を持っていました。そして、それは非常に素晴らしいことです。あなたには、気づくのではなく、学習しようとする傾向があります。あなたは、いくつかのことに気づくことができますが、いくつかのことに気づくことができません。

ロッシ―「引く、あるいは押す」の両方を含めることによって、あなたは、複数のありうる反応をカバーしています。あなたが、以前の人生経験から、彼女の内部に、さらに強く構築した反応モードを、どちらでもあっても利用することができるようにしています。

エリクソン―彼女には、①筋肉運動レベルで関与していることを学ぶこと、②意識的な認識をしないで、という二つの目的がありました。目が見えない人にとって、どんな筋肉運動の動作でも意識的に認識することは必要なことです。目が見えない人は、自分の肩、背中、腿などが遠く離れていることを、具体的感覚として気づいている必要があります。[エリクソンは、非言語的に、体を使ってデモンストレーションします] しかし、目が見える人は、周辺視力を持っていますが、そのような非言語的な問題が扱えるとは思っていませんし、持っていることさえ知りません。目が見えない人は、意識的に物事をして、目標指向の動作をしなければなりません。それは、目が見える人の動作とは、まったく異なる種類の動作です。さて、腕浮揚において、私は彼女に目標のない動作をすることを学ぶように求めています。あなたが、腕浮揚を被験者に求めるとき、何人かは引くこととして、腕浮揚を経験する一方で、他の人は手を押す力として、腕浮揚を経験します。目が見えない人は、引くことがどういうことか、そして押すことがどういうことか、わかっています。目が見えない人は、腕浮揚を目標指向の目的 goal-oriented purposes と関連づけます。それで、あなたは、目標志向ではない領域へと知識を引くか、押すかして隔離します。

ロッシ―目標を志向しないこと、それがトランスに私たちが求めるものです。

腕浮揚における不確かな試行錯誤の学習

[Z博士の手は、五、六センチ浮揚しています。そして、手は不安定で空中で上下に動いていますが、彼女の腿の上に、瞬間的に落下するときでさえも、実際に、手はいつでも「積極的に動く努力をしています」]

エリクソン◎より速く、もっともっと高く、より持ち上がりながら。そして、現在、手はとても滑らかに上に持ち上がっています。あなたの頭は、非常にゆっくり手の方へと、お辞儀をしています。

エリクソン―この上下に試行錯誤しながら不安定な状態で動いているのは、すべての学習に特有のものです。あなたは新しいことをしようとしたことがありますが、一部しかできずに終わったことや失敗に終わったことがたくさんあります。

ロッシ―――滑らかに手が、自律的に持ち上げることができるようになる前に。

エリクソン―「より速く」と強調することで、私は、持ち上がることから速度の問題へと彼女の注意を逸らしています。

ロッシ―したがって、それが持ち上がることを示唆しながら、今は手がどれくらいの速さかという質問だけをしています。

トランスの指標としての自律的な頭の動き

エリクソン◎あなたの頭が、あなたの手の方へお辞儀をしながら、そして、お辞儀をすると、あなたの手は、簡単に持ち上がります。非常にゆっくりお辞儀をしながら、そして、手は顔と出会うために、持ち上がっています。［休止、本当に非常にゆっくりとしたかすかな動きでZ博士の頭は、お辞儀をしました！　とても慎重にZ博士を観察しなければ、ロッシ博士には、お辞儀を実際にしていることを確かめることができませんでした］

エリクソン―あなたは、手を顔の方へ動かすとき、どのようにしますか？［ロッシは、頭を動かさずに、直接、顔に手を動かすデモンストレーションをします］と言っています。

ロッシ―あっ！　あなたは、トランスにおいては違う、と言っています。トランスにおいては、持ち上げている手の方へ、頭を動かす傾向があります。それでは頭が持ち上げている手の方へ向かって動いているのを見ると、トランスが発現している指標として、それを捉えることができますか？

エリクソン―はい。食卓に座っている客は、二つ目のケーキが欲しいとは言いません。そんなときはお客を観察します。お客の頭はケーキに向かって近づきます。彼は目で見ています。唇が少し開いています。しかし、お客は欲しいとは、言葉に出して言いません。

ロッシ―そして、客は、どんなときでも自分が何をしているか、理解していません。そのような頭、目、そして唇の動きを無意識にときどき起こします。

エリクソン―その通り。

ロッシ―したがって、これらのトランスでの頭の動きは、無意識によるものです。そういうわけで、イエス、あるいはノーの合図のために、あなたは指でのシグナリングではなく、むしろ頭の動きを使う方を好みます。頭の動きの方が、より多く人間に組み込まれているので、より簡単に不随意的レベルで機能することができます。

エリクソン―その通り。

リズム誘導――セラピストのリズムを受け入れるために、行ったり来たりする意識

エリクソン◎ゆっくりお辞儀しながら、下へ、下へ、上へ、下へ、上へ、下へ、上へ、下へ、上へ。[休止]あなたの頭は、さらに低くなっています。あなたの指は、接触を失う準備が、おおよそできています。そのわずかなビクッという動きがさらに大きくなり、そして、指のいくつかが離れます。持ち上げて。持ち上げて。[休止]

エリクソン―私がここでしていることは、下へ、上へ、下へ、上へ、頭と腕運動を結びつけています。これは、さらに患者の考え方を行ったり来たりさせます。患者は、考えを固定することができません。「今、それは、下です。今、それは上です」と、考えることができません。なぜなら、私が下に、そして上へと、患者が考えることを代わりにやっているからです。そして、それを今、私のリズムでしているからです。患者だけが、それが私のリズムだということを知りません。患者が、セラピストのリズムを受け入れているからです。

ロッシ―患者がセラピストのリズムを受け入れることは、重要です。なぜなら、最終的に暗示に従うことができるからです。

エリクソン―その通り。私は、彼女自身の習慣的意識パターンから彼女を遠ざけています。

ロッシ―そして、それがあなたの全体的手順の本質です。

エリクソン―「私は息を吸うとき、息を吐くときをあなたに言います」と私は言いません。なぜなら、それを言ったそのとき、彼女のリズムを、彼女の意識に気づかせているからです！　私が取り扱った一人の子どもの父親は、医学的催眠を使用していました。彼女の父親が、催眠に対するアプローチの違いを、彼女に尋ねたとき、彼女は答えました。「パパは、私に眠れって言うけど、

エリクソン先生は、眠るために私に呼吸をさせるのよ」。子どもの呼吸のリズムを取り入れます。次に、リズムを変更し始め、今、その子どもにあなたの後を追わせます。私たちすべてが、多くのリズムを持っています。そして、リズムは非常に強力な力です。［リズム呼吸誘導の詳細な説明は、『The Collected Papers of Milton H. Erickson on Hypnosis』の第一巻を参照のこと］

ロッシ―トランスを誘導する方法、あるいはトランスを深化する方法として、このようにリズムを利用することができます。それは特に強力です。なぜなら、①それは、被験者がリズムを利用しているということを知らないという点で間接的で、そして、②リズムには私たち内の自然な生物学的基礎がすべてあるからです。私たちが被験者のリズム（それが呼吸、動作、言葉のパターンなどであろうとなかろうと）に同調して、次第にリズムを変えることに成功するとき、とても深い機能を変化させています。そして、それによって、深い治療的な変化をもたらすことができることがあります。

催眠学習を強化するための暗黙の指示

エリクソン◎右手が離れているとき、あなたは催眠について、たくさんのことを学んだことでしょう。

ロッシ―ここで、あなたは彼女の右手が上がったとき、彼女に「たくさんのことを学んだことでしょう」と言うことによって、催眠を学ぶことへの彼女の熱意とやる気を巧妙に利用します。暗黙の指示という形で、これが内部に隠れた学習状態を補強します。彼女の手が彼女のドレスから――大きく上がったとはいえなくてもいくらか――上がるまでに、ある程度の学習が確実に起こりました。しかし、どんなに小さくても、それは彼女に、「あなたはたくさんのことを学んだことでしょう」と、あなたはメッセージで報いることによって強く強化します。彼女が学んだ小さな部分は、このように強調されて報いられて、後からの学習の基盤として用いられます

権威的暗示を隠すこと

エリクソン◎何を学んだか、あなただけが知りません。しかし、それは、あなたができる仕事としては、かなり大きな量になるでしょう。もしあなたが、いかにすべきかについて、何か知りたいと望むなら、その通り！　素晴らしいビクッという動き！　すぐに、もう

一つあります。［休止］

ロッシ―あなたは、「あなただけが知りません」というメッセージをして、意識的な疑いセット doubting sets を無効にし、新しい催眠学習経験を破壊させないようにしました。

エリクソン―はい、そして、それは直接的権威的なメッセージです。ただ、そのメッセージはそのようには聞こえません。～だけという言葉が、権威的な調子を取り除いています。あなたが直接暗示をするときでさえも、患者の学習の限界に特有な、ごく普通の疑いを縮小させるために、さり気ない呼称で（だけ）、見込み（それはするかもしれません、恐らく）、そして否定（それをするでしょう、しないでしょう）を巧妙に使用して、通常は、それを隠します。

不随意なビクッという動作を即座に強化すること

エリクソン◎あなたの頭がすこし下がってきています。手が持ち上がりながら。［Z博士の手は、顕著にさらに強く上向きにビクッと引いています］その通り！もう一つビクッと来ました！［休止］なぜ、ビクッとした動作があると思いますか？　身体的な学習の一環として常にビクッとした動作があります。［休止］

ロッシ―不随意的で明白なビクッとした動作を、すぐさまとてもうまく強化することが、どんなことを言うことよりも優先します。それで、あなたは、まさしくあなた自身の言語表現の流れに、ここで割って入ります。

エリクソン―はい、私は彼女に何かを言うかもしれませんが、その話題をすぐに彼女の行動に変えます。

ロッシ―強い関心と確信を持ってささやくこの「その通り」というフレーズは、あなたの仕事を観察して、あなたから直に学んだアメリカ臨床催眠学会のメンバーの間で、キャッチフレーズになりました。あなたとトランスに入って、そのフレーズを体験したとき、何でもできるという気になって、純粋な活力あふれる喜びを突然、感じました。

エリクソン―はい、それは適切なときに、強化に利用する力です。このビクッとする動作は、すべての学習に特徴的です――患者が実際に、自分にその動作を話すことができるようにします。

通常の学習の緩慢さと臨床的な再訓練

エリクソン◎滑らかな動きと緩慢さを学習することは、悩むようなことではありません。[休止] その通り。持ち上げて！　それ自体すべて上へと来ます。そして今、それは、あなたの前腕と肘まで広がります。[休止]

エリクソン―「それが自然に行われるようにするには、ゆっくり学習することが重要だと説明しています。たとえば、吃りの子ども、会話に問題のある子どもは、通常、話すことを学ぶために再教育期間を経験します。そしてその間、非常にゆっくり話すように教えます」上手に話すことを学ぶ上での問題は、ゆっくり学びたいという意欲の中にあります。小さな子どもは、誰でも話すことを学ぶことができます。なぜなら、子どもは通常「みじゅ(wa-wa：water)」の代わりに、「水を飲む」と言うのに一、二年かかっても気にしないからです。

ロッシ―話すこと、歩くこと、本を読むこと、計算すること、字を書くことなどを普通に学習するためには、実際に、莫大な量のニューロン、筋肉、そして感覚器官の調整が必要です。再編は、一生涯を通じて、脳のシナプス接続において絶えず起こっています（Hubel, Torsten, & LeVay, 1977; Changeaux & Mikoshiba, 1978; Greenough & Juraska, 1979)。そういうわけで、そのようなテクニックを発達させるためには、通常、年単位が必要です。したがって、通常、ゆっくりと辛抱強く学習する臨床的再訓練期間には、本物の有機的成長と再編を起こすことができることを強調する必要があります。ときに、催眠トレーニングにおいても、この辛抱強さは同じように必要とされます。私は、初めて、あなたが私に腕浮揚誘導を使ったときのことを思い出します――私の腕が、完全に持ち上がるのに、実際、一時間かかりました。しかし、その時間の中で、トランス経験に関しては、仕事の基盤として役立つ多くの本物の学習をしました。

腕浮揚のための緊張

エリクソン◎そして、肘の緊張が増加します。[休止]

ロッシ―これによって、腕浮揚が上手くいくためには、肘に緊張がいくらか必要なことに私は気づきます。ロバート・ピアソン博士は、実際に腕浮揚のバリエーションを、これに必要な緊張で構築しています――彼は、患者の太ももに指先を軽く置かせることから始めています。このバリエーションでは、当然、前腕にはもっと緊張があります。指先だけ、太ももに触れているので、前腕は、手を間違いなく持ち上げます。

エリクソン―知っています。それは私が彼に教えました。

無意識だけが実行できる暗示を使って意識セットを弱めること――患者のそれぞれの課題において、意識と無意識を占拠すること

エリクソン◎今、私はあなたと話をする必要はありません。私が言う必要があったことを、あなたは聞きました。［休止］話した言葉を覚えておくことという学習を、あなたは経験しました。そして、心の中で、これを延々と繰り返すことができます。［休止］そして、私の言葉があなたの記憶の中を流れるので、あなたの反応をあなたの記憶に合わせてください。［休止］

ロッシ―このセクションでは、暗示を内面化するように彼女に言っています。そして、あなたの言葉を彼女自身の「記憶」に結びつけて反応させています。もちろん、実際に彼女は、記憶に対して、うまく反応する方法を恐らく意識的には知りません。あなたは、彼女の無意識だけが実行することができることを、彼女に暗示しています。このように、再度、間接的に、あなたは無意識、あるいは自律的プロセスを援助して、彼女の習慣的、意識的メンタルセットを弱めています。記憶の中であなたの言葉を、彼女の意識が鳴り響かせ続ける間、このことが生じます。このように、あなたは彼女の意識と無意識両方に、課題を与えました。

意識に対処すること、そして習慣的な意識セットを弱めること――命令を挿入して学習を強化すること

エリクソン◎そのようにして、あなたは学習を強化するつもりです。［手のビクッとした小さな動きに気づいて、休止］その通り。［もう一度、手のビクッとした小さな動きに気づいて、休止］その通り。［休止］

エリクソン―これは、命令を挿入する例の一つです。私は、学習について、そこで説明しましたが、強化という言葉を使いました。そして、それは、強化を命令にします。

ロッシ―実際、あなたは声で、「あなたは学習を強化す

る」と命令する前に、わずかな休止とともに強化という言葉を強調しました。このようなわずかな声の変化によって、意味の大きな変更につなげることができる方法があることが、本当に信じられません。この意味の変更は非常に素早いもので、そして予期していないものですから、意識は通常、変更に追随することができません。ですから意識は通常、変更の含意を理解することができず、さらに変更を吟味すること、あるいは否定することができません。これは意識に対処するあなたのテクニックの本質です。暗示は、これまで気づいていない意識的な防御を素早く通り抜けるような方法で提示されます。暗示は、被験者の前意識、無意識、あるいは全記憶の範囲内で最後に停止します。そして、そこでは被験者が治療ワークを達成するために、今、他の連想と相互作用することができます。それから、意識は、既成事実とともに、内部から提示されます——それがどのように起こったか、決して理解することはありません。

ありうるすべての催眠反応をカバーして強化すること——無意識の連想と治療的暗示

エリクソン◎今すぐに、あなたは手の動きを、はっきりした頭の動きに結びつけます。［長い休止］その通り。あなたは、すべての前腕、肘と手を正しい位置に置こうとしています。［休止］そして、私は行為を見ることができます。そして、私は行為を感じることができます。［休止］

ロッシ—これは魅惑的な並置です。「今すぐに」は、被験者の準備次第で、反応が今、あるいはすぐに起こるかもしれないことを意味しています。二つの単語で、再度、すべての可能性をカバーしており、反応が起こる場合は常に行動を強化します。

エリクソン—「今すぐに、あるいはその後、あるいはあなたが考えるより早く」というのは、また別の形です。それで、実際にありうることすべてをカバーしました。あなたが考える許可を与えたことに、被験者は気づきませんが、被験者に「考える」許可を最大限与えました。被験者は、「今」、あるいは「すぐに」、あるいは「後で」に注意しますから、「考える」ことを無視します。

ロッシ—この巧妙に挿入された「考える」は、被験者の意識が、暗示を認識しないような方法で、被験者が自然にすることに暗示を結びつけている例で、あなたのテクニックの一つです。しかしながら、この気付かれない連想は、あなたの言葉と彼らの無意識の間に強い接続を構築します。したがって、最終的に、あなたの言葉は無意識レベルで、彼らの内部プロセスの原因になります。あとで、被験者が通常考えもしない治療目的のことを「考え」させるために、あなたはこの連想を使うことができるかもしれません。

目が見えない人と目が見える人のカタレプシー
——腕浮揚の合図の失敗

エリクソン◎私のしていることを心配しないで、そして興味を持たないでください。[エリクソンは、今、Z博士に近づいて、そして彼の手で、わずかに浮揚した手の下の端を触り始めます。触って、持ち上げるように合図をしていますが、実際に、エリクソンは持ち上げていません]私には、どんな援助も必要ありません。[休止]私がしていることには、私に責任があります。そして、あなたはどんな形であれ、それを修正すること、あるいはそれを変更する必要はありません。[休止]それは、あなたに対する干渉ではありません。[休止]身体的オリエンテーションをする中で起きたことを、私は努力して、あなたに気づかせようとしています。[休止]私がしていることを心配しないで、無意識レベルで、手を上げる努力を続けてください。[休止、Z博士は手を、そのまま上げていて、そしてさらに持ち上げて、というエリクソンが手で触れて行った合図を明らかに受け入れていません。エリクソンが手を浮揚するという合図をしたあと、手は下に下がります]私は、あなたの手をここに置いています。[さらにしっかりと、エリクソンは彼女の膝と頭のほぼ中間に、カタレプシーのポーズで彼女の手を置きます。そして、しばらく軽く手をそこで持っています。その後、可能な限り繊細に、彼は、手の支えを外します。トランスに入っているか、いないかに関わらず、ほとんどの被験者は、通常、その位置に手を保ち続けるようにという合図として、これを受け取ります。しかしZ博士は、その位置を維持するようにというエリクソンの非言語的合図を受け取っているようには見えません。何回か試みても、彼女の手は彼女の膝へ、どさっと落ちるか、あるいは一、二分以内で下ります]私はどこにも手を置きません。ここだけです。そして、あなたはそれを修正しませんし、変更もしません。あなたはゆっくり理解し始めています、[休止]それを変更することが、何を意味するか知らないことを。[エリクソンが、彼女の手を位置決めした後、Z博士の手は、膝までフラフラ下がり続けます。その後、エリクソンが再び彼女の腕を位置決めするときにも、休止しました。そして、再び、手は急速にフラフラ下がっています]今、それは修正であり、変更でした。[休止]そして、今、私はそこに指を置いておこうとしています。[エリクソンは二、三本の指が上がったままであることに、今、満足します。しかし、彼女の手の残りの指は、彼女の膝にのっています……休止。彼女の指は居場所を失っているので、エリクソンは指を置き直す必要があります]

ロッシ—「心配しないで、そして興味を持たないで」と、この時点で彼女に求めたのは、なぜですか?

エリクソン—目が見えない人に触れるときと目が見える人に触れるときは、同じではありません。目が見えない人は、必ずそのタッチの意味を認識しようとします。アラブ人と話すとき、あなたはアラブ人の顔をジッと見ません。なぜなら、アラブ人はそれを侮辱と考えるからです。南アメリカの特定の地域の人々は、あなたのすぐ近くに立つので、向かい合ってお互いが触れるほどですが、あなたは立ち去りません。そうでなければ、その人たちは侮辱として、それを受け取ります。目が見えない人も、彼ら独自の行動様式を持っています。目が見える人には、どんなタッチなら目が見えない人に伝わるか、という認識がありません。

「何かしてください」ということを、盲人へのタッチは意味します。そして、あなたが手ですることになっていることは何ですか? あなたの手が触れたのは、目的があったからでした。しかし、ここで、その目的は何ですか? 彼女は、どんな目的も見つけることができません。多くの盲目の被験者とのやり取りから、私が学んだことは、カタレプシーを達成することがとても難しいということです。目が見える人は、あなたが言っている言葉がわからなくても、カタレプシーを簡単に達成します。

ロッシ—これは、目が見えない人においては、手の位置と動作が、常にオブジェクト指向——目的指向となっているからだ、とあなたは感じています。しかし、たとえ、カタレプシーがたぶん上手くいかないとわかっていたとしても、あなたはそれ[カタレプシー]をここで試しています。

エリクソン—はい、このセッションの目的は啓蒙です。治療をする人なら誰でも、人間の行動範囲を理解しているべきだからです。

ロッシ―「私はどこにも手を置きません。ここだけです」と、あなたがきっぱりと言うときであっても、例によって、あなたは暗示をできるだけ間接的にしています。その結果、意識自身の特徴的な方法の中で、意識は合図をほとんど手に入れることができません。

エリクソン―彼女は、私が「それを変更すること」と言っても、何を意味するか実際に知りません。

トランスの逆説的指標としての直接的な権威的暗示の失敗

エリクソン◎そこ、まさにそこです！　まさにそこです！［エリクソンは、彼女に対して、腕を空中でそのままにさせようと、何度も努力を繰り返しています］それは、あなたが受けた教育全体と矛盾しています。しかし、そこで手を維持しながら、上へ、上へ、上へ！　上へ、上へ、上へ、上へ！　あなたは学習しています！［何頭かのエリクソンの犬たちが、オフィスの外で大きな声で吠えています。しかし、少なくともZ博士は、犬の鳴き声を気にしているようには見えません。ロッシ博士だけは、テープ録音が犬のせいでダメになると口に出しませんが嘆いています］

ロッシ―極限状態で、直接的な権威的命令（「まさにそこ！」）を、エリクソンとしてはかなり大声で言っています。しかし、すべてが無駄です！　手は、彼女の腿の休息ポジションへ弛緩して戻り、不運にもドサッと落ちます。空中に手を自主的に維持するという直接的命令に、彼女が従うことができないというまさにそのことから、彼女が変性意識状態にいることがわかります。

あなたは、間接的、そして許容的モードから、とても直接的な権威的命令へと変更していますが、今、彼女はあなたに従って、自主的に反応することができません。自主的レベルでさえ反応することができない、というこの奇妙な頑固さは、トランス特有の精神運動遅滞の徴候である場合があります。実際、犬がうるさく吠えて、あなたが強引に邪魔をすることで、そして彼女の耳の上で時々、エアコンがオンオフのカチカチ音を出すことで、大混乱が起きています。しかし、彼女はトランスに特有のすべてを無視する行動をしています。あの犬たちは、これまでそのような面倒を起こしていませんでした。私はそれが不思議なのですが、犬たちは、あなたの大声を聞いて、あなたを守りに来ようとしているのでしょうか？

自然なメンタルメカニズムと限界を利用すること

エリクソン◎あなたはまだ、催眠について何を学んだか、わからないかも知れません。あなたは、何かを学んだと感じないかもしれません。あなたの無意識は、学習したことをわかっているかもしれません。［休止］

ロッシ―これが、疑うという意識的態度を避けるアプローチの特徴です。患者は、その何かを学習していることに、意識的には気づいていない可能性があります。意識は一般的に潜在的な学習、無意識の連想の形成などを認識しません。不随意なシグナリングを次のセクションで起こすトレーニングに対して、彼女の受け入れ態勢を促進する基盤として、この基礎的な人間学習に関する事実を、この基礎的な自明の理を、あなたは使用します。あなたは、不随意的反応、催眠反応のためにセットを導入するために、自然な意識の制限を利用します。私は、これがあなたの仕事の有効性の基本的原理であると思っています。すなわち、あなたは、意識的なコントロールシステムが、いまだにすることができない方法で自然なメンタルメカニズムと限界を利用し、反応を方向づけます。

催眠誘導におけるダブル・バインド――頭でのシグナリングにおける観念運動の有効な基準

エリクソン◎したがって、私は状況を提起するつもりです。そして、その状況で、私たちは二人とも答えを待ちます。あなたの無意識が、あなたが何かを学んだことを知っているなら、あなたの頭はゆっくりイエスと頷きます。あなたの無意識がノーと考えるなら、ノーとゆっくり頭を振ります。今、私たちは答えを待っています。催眠反応について、あなたの無意識は何かを学習しましたか？［長い休止］さて、肯定的な答えでは、頷きます。否定的な答えでは、頭を振ります。これまで、あなたが達成したことは、わずかに頷くこと、そしてわずかに頭を振ることでした。その意味は、「私は知りません」です。さて、無意識は、多くの抑圧された知識を持っています。そのため、私たちはそれを無意識と呼びます。すぐにゆっくりと、あなたの頭を下へ動かしてください。あなたの顎まで下げると、あなたのドレスに触れます。早くではなく、ゆっくりと。［休止］さて、私は、ロッシ博士が気づかなければならないことを、彼に指摘したいと思います。しかし、あなたは私がロッシ博士に言うことに注意する必要はありません。それは、あなたにとって、意味のないことです。

ロッシ―「あなたの無意識がノーと考えるなら、ノーとゆっくり頭を振ります」という暗示で、あなたは無意識の頭でのシグナリングを導入するために、ダブル・バインドを使います。これは、実際に催眠状態を誘導する、あるいは催眠状態を深める巧妙な状況です。あなたのダブル・バインドは、無意識から、自律的な反応、解離された（不随意的）反応を呼び起こす傾向があります。答えが頭に浮かぶと、実際、答えがイエスか、ノーかということは重要でありません。不随意的反応が起こるということは、被験者がトランスに入ったことを意味します――少しの間、たとえ不随意的反応をするだけであってもそのことを意味します。

エリクソン―その通り。頭はイエスのために頷くこと、ノーのために頭を振ること、そして「私は、知りません」のために中間のいろいろな動作をすることができます。動作を、①ゆっくり、そして、②繰り返しするときだけ、あなたはそのような動作を有効であると認めます。動作が速く、そして繰り返しがないとき、それは被験者の意識からの反応ということを意味しています。トランスでのイエスでは、反復運動がしばらく続く場合があります。トランス状態では、他に継続していることがないので、イエス反応を終了する必要がありません。覚醒状態では、他に継続していることがあるので、イエス反応を止めて、継続していることと置き換わります。

　目が見えない人が、視覚的価値を、頭で頷くことに関連づけることはありえません。目が見える人だけが、そのことを理解することができます。したがって、頷くことと頭を振ることの意味を知っている目が見えない人は、イエス反応をすることができます。しかし、目が見えない人は、これまで視覚的連想を要求されたことは一度もなかったので、起こっていることを意識的に理解しないで、イエス反応をします。

　この患者では、イエス反応を意識的に知る必要がなかったので、ゆっくりとわずかに頷きました。かすかな、ゆっくりとした動作を見る必要があったのは見ている人だけでした。なぜなら、見ている人だけが、その意味を認識することができたからです。それが起こったということは、無意識が理解していたとしても、視覚的な必要条件を満たす頭で頷く方法を知らなかったということを意味していました。
目が見える人は、自分の顎を下げて、自分のドレスに触れることができます。それは、意味のあることとみなすことができます。礼儀正しい会釈は、見ればその意味を理解することができます。しかし、それを目が見えない人はまったく理解することができません。それはまったく意味がありません。彼女に顎で自分のドレスにさわるように頼むことは、いかなる種類の視覚的意味もない行動を求めています。意識的な意味があるとすれば、顎でドレスを感じることだけです。

ロッシ―彼女にとって、ただ一つの合図は、触れるということで、視覚的な意味はありません。

エリクソン―今、理解するための唯一の合図が、顎が布に対してタッチしたことである場合、あなたはどれくらい触れるために頭を下げて傾けるでしょうか？　ゴールに着くまで、彼女には合図がありません。それは、長い時間がかかったように見えます。

意識セットを弱めること
――意識的な指示対象のない仕事

エリクソン◎［ロッシ博士に対して］場所がわからないので、迷います。調査活動の必要性は、［Z博士に対して、彼女の頭の下への微小な動きに注意しながら］下に、そして下に、そして下にあります。［ロッシ博士に対して］今、そこでのゆっくりしたなめらかな動作は、意識ではできません。これは、意識的なガイドが不足していることを示します。［Z博士に対して］もっと下げて。［ロッシ博士に対して］変性した時間感覚があります。［休止］［Z博士に対して］さらにもっと下げて。［ロッシ博士に対して］私は、時間が収縮していると判断しています。

ロッシ◎はい。

エリクソン◎［ロッシ博士に対して］とはいえ、ときには、時間が拡大します。あなたは、後で、このことを被験者から学ぶ必要があります。［Z博士に対して］さらにもっと下へ、そして、あなたの顎があなたのドレスに触れるまで続けてください。［休止］ドレスは、とても長く、そして遠く離れているように思えます。しかし、結局、あなたは顎で、ドレスに触ることができます。

エリクソン―その動きは不明確です。また、目的がありません。私が理解できることを、私のために彼女にしてもらっています。しかし、それには彼女が意識的に理解できる重要性はまったくありません。彼女の意識は、そのための指示対象を持っていません。それで、彼女は気づきません。

ロッシ―これは意識セットを弱める別の方法です。患者はトランスにおいても意識があるかもしれません。しかし、患者が理解することができない仕事をさせることによって、患者に意識的な指示対象、あるいはオリエンテーションを持たない行動に従事させることによって、あなたは一時的に、習慣的行動方法を、患者の左脳の意識にできなくしています。おそらく、それがトランスとはなにか、ということを理解する方法です。トランスとは、組織化されて、そして構築されている通常の機能を、左脳の意識、あるいは自我が最小限に認識している状態です。最近の研究を踏まえると、それが一般的に、左脳の組織化されている機能が弱められていると、私たちは仮定しています（Erickson & Rossi, 1979; Watzlawick, 1978）。このことにより組織化されていない状態での認識は、ときどきその監視機能と同様に、その受容的な機能を維持することができます。これが、禅宗信者が追求する「無心 no-mind」状態と似ているかもしれない、と私は思っています。患者の防御、そして誤って制限されている意識セットと態度は、この受容状態では、停止した状態になっています。この状態では、心は治療的暗示の種を受け入れるために解放します。それから、その種はそれ自身の無意識の連想プロセスの培地で芽を出す必要があります。

アクセス権を与えることによってコントロールを獲得する

［Z博士の頭が、ほんのわずかな微小な動きをして上がり始めたので、長い休止］

エリクソン◎そして、ゆっくりと今、頭は、私からの・・・・・・・・・・どんな許可も必要とすることなく上へ上がり始めます。左へ少し、そして少し上がりながら、さらに簡単に、快適に、はるかに簡単に、はるかにもっと快適に。＊＊＊

ロッシ―頭の動きは、予想していなかった方法で、自発的に方向を変更しています。しかし、頭が、あなたからの「どんな許可も必要とすることなく」移動すると、あなたは言って直ちに変更を承認します。

エリクソン―あなたはその動きを待ちます。次に、あなたはそのことについて話します。したがって、目が見えない人は、あなたが自分に注意を向けていることを理解します。それは目が見えない人が持っているただ一つの知る方法です。さらに、それについて言及することが、「許可」になります。

ロッシ―目が見えない人の「許可」で、あなたはさらに、そのことに対するコントロールを獲得しています。患者に、それらに関する許可を与えるという逆説的な手続きによって、症状に対するコントロールを、あなたは獲得します（Watzlawick, Beavin, & Jackson, 1967）。

含意によって催眠効果を間接的に一般化すること
――既知のことから、未知のものへ変化すること
――創造性を促進すること

エリクソン◎あなたの手、あるいはあなたの腕、あるいはあなたの首、あるいはあなたの太もも、あるいはあなたのふくらはぎを感じることで、最初に身体の一つの部分に、そして次に別の部分に注意することで。そして、最後に、［休止］あなたは頭の中の快適さを感じます。［休止］そして、休んでいるという感覚を感じてください。今、催眠を学習することにおいて、あなたが何を学習したか知っていることは重要ではありません。［休止］重要なことは知識を獲得することです。そして、相応しい刺激が来るとき、利用する準備ができていることです。

エリクソン―私は以前に、腕浮揚と頷くことを強調しました。さて、私は明らかな一般論を述べるために彼女の体のすべての部分に言及しています。しかし、特に私は、手、腕、肘、頭を、催眠暗示に関連づけています。そして、私は被験者に「関連があります」とは言っていません。「あなたの右手に指が二本ないことを、私はわかっています」と私が言うことはさらに、「しかし、あなたは左手の指をなくしませんでした」ということを、私は（含意として）言っています。

ロッシ―したがってここで、あなたは実際には、その結果に対するどんな意識的な合図も、彼女に与えることなく、彼女の体の他の部分に、彼女の頭と手で催眠作業を一般化しています。意識があなたの連想の含意を把握していないので、催眠効果の一般化は、無意識レベルで行

われます。次の「今、催眠を学習することにおいて、あなたが何を学習したか知っていることは重要ではありません」という自明の理によって、単に知っていること以上に、適切に相応しい刺激に反応できることが、さらに重要なことだ、と示唆しています。そして、それによって、彼女の習慣的意識セットを弱める傾向があります。これが、既知の意識システムから、無意識が反応を調停する未知のプロセスへと、機能しながら変更する傾向があります。このように既知のものから未知のものへ、強調を継続的に変更することは、あなたのアプローチの特徴です。あなたは自分のことはわからないかもしれません。しかし、絶えず知らないことを想起させることで、あなたは常に、患者の意識セットの限界を突き破り、無意識の創造性のための段階を設定しています。

トランス終了を願う合図を患者が示すこと

エリクソン◎今、私は、あなたが目覚めたいと思っていることを知っています。ですから、非常にゆっくり目覚めてきます。すべては終わっていません。私はあなたに楽しむことを学んでほしいと思います。［休止］そして、あなたの体のいろいろな部分で、トランスがどんな感じか感じながら。

ロッシ―被験者が目覚めたいときがいつか、あなたはどうしてわかるのですか？　そわそわするようになりますか？

エリクソン―経験こそがものを言います。［エリクソンはトイレットトレーニングに例えて、アナロジーを話します。母親は、幼児が特定の方法で、キョロキョロと周りを見上げ始めると、便器の上に幼児を置く時間だということをすぐに察知します。「幼児は、寝室用便器を探しているのですか？」とロッシは尋ねました。「いいえ、いいえ」と、エリクソンは答えました。「子どもは、その骨盤圧力がどこから来ているかわからないので、キョロキョロ周りを見ています。子どもが自分自身の身体感覚を見つけるには、若干の時間と人生経験が必要です――内部機能の位置がわかるには、時間がかかるのです」］

最初は、ある時点まで被験者はトランスに好んで入っています。その後、動作によって、そして顔の表情の変化によって、声の変化によって、身体の緊張を変化させ、呼吸数を変化させました。被験者はあなたに、止めたいということをいくつかの方法で知らせます。あなたは二人の人が話しているのを見ます。突然、あなたは一人が興味を失くしたことに気づきます。あなたは二人の関心が消えることを理解できます。

トランスを承認すること——トランスの身体感覚を維持する学習

エリクソン◎あなたは、すべての部分ですべての感覚を一度に手に入れることはありません。それは学習プロセスです。［休止］あなたが目覚めていると思ったとき、あなたが自分自身の方法で話す準備ができたらすぐに、「私は目覚めています」と言ってほしいと思います。

Z博士◎私は目覚めています。［身体をリ・オリエンテーションしながら、囁くように低い声で話しました］

エリクソン◎どうやってそれを知りましたか？

Z博士◎私の知る限り、私はいつもそうでした。しかし、えーと、例えば、この手［休止］それには、上に上がったという感覚があったことを、私は知っています。しかし、私は元々あった幻覚を損ないたくなかったので、そうだったか、そうでなかったか、伝えるために指をあえて動かすつもりはありませんでした。そして、あなたは、指がドレスから離れていると言いました。そして確かに指は離れていました。

エリクソン―一度にすべてのことを学ぶことはできません。分割して学習します。

ロッシ―体の特定の一部を失ったということを学習することになります。つまり、体の一部が重くなり、麻痺を引き起こします。あるいは、その部分は「チクチクする」感じがします。それらすべての変性感覚反応は、トランスの指標です。そして、部分ごとに、ときを異にして、それを感知します。セラピストは、患者が感じるどんな変化でも、トランスの側面だということを、患者がわかっていることを確認する必要があります。

エリクソン―はい、患者に感覚について説明させるのはそれが目的です。それがトランスを承認します。

ロッシ―「私は、元々あった幻覚を損ないたくなかったので、そうだったか、そうでなかったか、伝えるために指をあえて動かすつもりはありませんでした」と、彼女が言う場合、彼女は、トランス経験を学んでいる高度に知的な被験者に特有の経験をしています。彼女は、トランスでの変性感覚を経験するために、身体の静止、カタレプシーを維持したいと思っています。カタレプシーは、トランス経験に必要な、知らないこと、というわずかに解離した状況を維持します。より奇妙で面白い経験をしている右脳に自己主張する機会を与えるために、彼女は自発的に、今、左脳のオリエンテーションモードを妨害しています。セクションⅣで被験者のQ博士は、トランスをさらに詳細に経験するための学習として、この現象を説明しています。

トランスにおける変性感覚の自発的な発見

Z博士◎その後、あなたは手を留まらせようとしましたが、手は上に留まっていませんでした。しかし、手はこんな感じで留まりました、［指を持ち上げて、軽く膝に彼女の手のつけ根をのせながら］完全に快適に。あなたが完全に快適であると感じるように私に言うまで、そして、突然、手が疲れて、下がりました。

エリクソン◎「突然、手が疲れて……」。それは、重要な学習です。あなたが思い出すことができることは他に何かありますか？

Z博士◎はい。私が言っていることは、私の頭が下がっていきながら、そして、あなたが、手が自発的にそうするよりゆっくりしていると言ったこと以外は、自主的だったということです。多分、それはそうでした。そして、それは私の呼吸に合わせて、頭自体の向きを変化させるようなことでした。つまり、私は実際に、そうすることで何かを言おうとしたのではありませんでした。私が思うに、あなたが私に言ったので、自主的に手を下げ始めました。しかし、私は、なぜ手が滑らかに動いたか知りません。

エリクソン◎手がなぜ滑らかに動いたか、あなたがわかっていることは、そんなに重要でありませんでした。あなたがあなたの呼吸に、あなたの頭の動きを合わせるという考えを持っていたことは非常に素晴らしいことです。

Z博士◎そして、私が気づいた呼吸——最初に、あなたはそれが変わったと言いましたが、私はそれが変化したことに気づきませんでした。しかし、後になって、頭が下がってきたとき、眠っているときの呼吸に、多少似ていることに気づきました。つまり、それはよりリラックスしたときの呼吸でした。

エリクソン―このセクションには、目が見えない人からの素晴らしいメッセージがたくさんあります。彼女は、動作が彼女にとって何を意味するか、そして、どのように現実を感じるか、話そうとしています。

ロッシ―あなたは、快適さをリクエストしたことが、リラックスさせ、弛緩させることを知りませんでした。しかし、それは彼女自身に固有の個人的な反応でした。おそらく、それが彼女の手が浮揚しない理由、あるいはカタレプシーを維持しない理由です。彼女は、あまりにリラックスしてしまいました。しかし、それは重要な学習でしたか？

エリクソン―彼女が、トランス状態 condition と、覚醒状態との手の感覚に猛烈な違いがあることに突然気づいたことを、「突然」は意味します。

ロッシ―なるほど、トランス効果を経験したということが、承認になります――それは、トランスの自己承認です！

エリクソン―私の言葉と無関係に承認しました！　通常、頭の向きを変えることを、呼吸に関連させることはありません。しかし、目が見えない人はそうします。あなたは、他の人が誰か部屋にいるかどうか確かめるために見回します。目が見えない人は呼吸に聞き耳を立てます。「私は、なぜ手が滑らかに動いたか知りません」と彼女が言ったように、彼女は再びトランス状態を確認しています。彼女は、動作が変わっていたことを理解しませんでした。彼女は自分の動作を知っていますが、ここでは、今までにない動作をしています。

ロッシ―彼女は、変性した動作を理解していないので、彼女の習慣的なパターンとは無縁な動作を、あなたは、トランス状態 condition だと描写します。患者の習慣的で、慣れ親しんだメンタルセット――患者の左脳の意識を組み立てる機能――が最小になる状態 condition のとき、これが私たちのトランス分析を支援します。

エリクソン―「眠っているときの呼吸に、多少似ている」という彼女の認識は、これもまたトランスを承認したものです。

現代的意識のためにトランスを承認する問題――変性経験と時間歪曲

エリクソン◎その通り。そして、あなたは、今、すっかり目が覚めていると確信していますか？

Z博士◎はい。

エリクソン◎疑うことなく！

Z博士◎あなたが？　時間が収縮されたか、拡張されたかどうか知りませんでした。しかし、私は、それがどちらだったか知りません。しかし、もちろん、私は実際に知りません。

エリクソン◎今、何時だと思いますか？

Z博士◎私は、何時にここに着きましたか、おわかりですね？

エリクソン◎はい。

Z博士◎さて、私は、それが三〇分だったと言います。

エリクソン◎あなたが時間の経過に通常気づくときは、どんなですか？

Z博士◎ときには、とても素晴らしくて、そしてときには、私は二時間休むこともあります。通常は私が慣れ親しんだことをしているかということによると思います。私が慣れ親しんだことをしているとき、特に面白い議論、あるいは子どもと遊ぶことのようなことがあったら、そして、時間単位がなかったら——そのとき、私はその場のことを忘れていることができます。

ロッシ—あなたはこのセクションと前のセクションで、多くのとても知性の高い患者が最初にセッションを受けるときに典型的な経験を解釈しています。彼女の左脳には、特有な限界があり、それがどのようにいつでも正常な状態で覚醒しているかを指摘しようとしました。あなたは時間歪曲の証拠を探すことによって、その評価に疑いを抱かせようとします。私は、あなた方二人の各々の方法は、両方とも正しいかも知れないと思っています。少なくともときどきは、その監視機能の中に、感覚が存在していて、「正常」であるという意味では、彼女の左脳は正しいのです。しかし、彼女の左脳は、「トランス」の間、通常の指示する機能とコントロールする機能が一部停止し、その間、他の機能方法（すべての古典的催眠現象）は、その観察者機能が認識することができない方法で表現された可能性があることを理解しません。催眠療法家としてのあなたの仕事は、何とかして、左脳がこれらの変性経験が再び起こることを妨げないように、左脳に警告を出させないようにして、変性経験が起こったことを承認することです。あなたは、トランスでの変性した時間感覚を通して、トランスを承認しようと試みることによって、これを目指します。

エリクソン—その通り。目が見えない人は、視覚的に時計を見ることができません。目が見えない人は、動作の量、努力の量、疲労の量、あるいは疲労の度合いによって、時間を測ります。これは興味と楽しみでも、同じように考えることができます。あなたが退屈すると時間は拡大し、興味を持つと、時間は短縮します。目が見えない人の時間経験は、視覚的合図を決して使うことができないので、時間経験は全く異なるものです。あなたが飲物を飲んだ回数で自動的に夏の暑さを測るように、時間を呼吸で測定します。あなただけがそれを知りません。

トランスの変性感覚——感触

エリクソン◎今、何も変えることなく、あなたに感覚の違いに気がついてほしいと思います。あなたは手の中の感覚が異なっています。［休止］その違いを説明できますか？

Z博士◎あきらかに手の位置に違いがあります。左の指に、ちょっと変わった感覚があります。

エリクソン◎それで結構です。

Z博士◎なんか感覚がない感じです。

エリクソン◎それで良いのです。

Z博士◎それ以外に、さらに周りを何かで包まれたような感じがします。それを言い表すのは困難です。

エリクソン◎それで良いのです。手にはある程度、重さがあります。あなたの左手と右手に違いがあります。普通ではない感覚がどれくらいありましたか？

Z博士◎注意していなかったので、わかりません。片方の手が上がっていると思ったのですが、その手は上がっていませんでした。しかし、その手は実際、上がることができなかったのですが、間違いなく手は上がることを決めていました。

エリクソン―それは、目が見えない人が説明したものです。手の感覚に注意する前に、彼女は、手がどこにあるかということを最初に話します。目が見える人は、彼の手がどこにあるか見ることができます。目が見える人は、手の居場所を探す必要はありません。目が見える人は手を見ます。そして、その視覚的オリエンテーションは、あまりに速くて何をしたか理解しません。目が見えない人は、生理的に physiologically 手を見つけなければなりません。

「左の指に、いくらかの変わった感覚があります」——そこで、彼女は何を言おうとしたのでしょうか？ 目が見えない人はどのように物事を感じますか？ 私は、この指の中の感覚に注意しなければなりません。この指、そしてこの指、そしてこの指。目が見える人は、一本一本の指の感覚に注意を払うことはありません。目が見える人には、そうする必要はありません。目が見えない人はそうする必要があります。目が見えないなら、どのように手のことを感じますか？　手は感覚器官が物事を受けとって感じます。手が「包まれる」とどんな感じがするでしょうか？

ロッシ―そのときの感覚は、トランスによる別の効果です。あなたの手に「周りを何かで包まれたような」感じがしたら、あなたは感じていないか、正常に受けとめていません。それで、彼女のとても重要な感触を感じる器官は、トランスの結果として封印されました。

エリクソン―しかし、トランスによる変性感覚は、包まれたと感じることができることから、そこでの封印は大雑把にされただけでした。

ロッシ―目が見える人でさえ、感覚、知覚、そして認知の中でのすべての変化は、あなたがトランス状態conditionを立証するためのものです。あなたがこれらの変性感覚がトランスのすべての徴候であるということを、経験を通して知っているので、あなたは挑戦をする必要がありませんし、他のどんなテストもする必要もありません。

目が見えない人と目が見える人の間の感覚知覚的な違いの手掛かりとしての言語――治癒と愛

Z博士◎緊張は、そこに、そして、肘にありました。そして、冷たさは手のひらのそこにありました。そして、それは、腕のその部分が上がったと私に教えました。しかし、腕は上がっていませんでした。

エリクソン◎結構です。現在、あなたは、その持ち上げに関して、何か奇妙だなと思うことがありますか？

Z博士◎何もありません。つまり、明らかに、腕浮揚は起こらなかったのですが、浮揚が起こると感じました。

エリクソン◎通常、腕が上がっていると感じるとき、腕は上がっています。

Z博士◎そうとは限りません。私は、手が確実にどこにあるか知るために、指を時折、動かす必要がありました。なぜなら、催眠にかかったかどうか理解するために、私は指をもてあそんだからでした。そして私がそこのその手を向こうに置いて、その手に、あるいは何かに集中する場合、私には、その手が「浮揚」するかどうか、はっきりわかりません。

エリクソン◎良いでしょう。今、あなたが取り組むことになる一つの問題を話させてください。あなたは方向を、例えば、走行中の車、人の存在、声の方向を見つけるために、耳に頼ることを学びました。目が見える人がやるように、自発的な動作をする方法を知らないなら、その声や音の方向性 geographical orientation は、かなりの程度、あなたをコントロールします。しかし、あなたはそれらをします。あなたはしました。

Z博士◎頭で頷くことを言っているのですか？

エリクソン◎その通り。

Z博士◎実際にあなたが、それを自発的と呼ぶかは、私にはわかりません。

エリクソン◎それは、求められていません。

Z博士◎はい、それは求められていませんでした。

エリクソン◎それが自発的です。そして、あなたは、動作をとてもよく感じています。

エリクソン―これは、目が見えない人の言語です。肘の緊張、そして手のひらの冷たさ。目が見える人の感覚は、通常、そんなに敏感ではありません。「私は、手が確実にどこにあるか知るために、指を時折、動かす必要がありました」と、彼女は気がつきました！ それは目が見えない人が、位置を測定する動作をはっきり示した例です。それが、私があなたに、多くの言語手段を教える理由です！

ロッシ―ここでのセッション全部が、さまざまな人にとって言葉の意味がそれぞれ違っているという例です。ハンディキャップのある人々、特別な才能を持った人々、社会的、文化的な違いを持った人々のために、催眠療法家は、これらの異なる意味に対処するために、もっと敏感に上手にならなければなりません！ 私たちはみな、それぞれが自分だけの言語を持っていように見えます。今、ここでのバベルの塔です。私たちがこれらの違いに注意を払わない通常の日常的会話は、互いの投影を、そして特有な意味を、絶えず引き出す中での間違いの喜劇▼訳注8なのかもしれません。本当の関係を見つけることは困難です。しかし、本当の関係が発展するとき、驚くほど効果的に反応を――愛だけでなく治癒さえも――起こすことができるコミュニケーションの特別な瞬間があります。

▼**訳注8** 『間違いの喜劇 The Comedy of Errors』は、ウィリアム・シェークスピア作の喜劇。

新しい誘導テクニックの開発
——自動反応を利用するコミュニケーション・テクニックと定義される催眠

エリクソン◎しかし、トランスに入る新しい種類の学習なので、それは本当には、重要でありません。そして、あなたは、必要な学習を少しも知る必要はありません。あなたは、それが何かと意識的に理解することなく、知識を得ることができます。＊＊＊子どもの体は、何回飲み込んだら、美味しい水が飲めるか、たくさんの水を体が吸収する前に子どもに教えます。分かりましたか？　それで、あなたは、子どもが水を飲み込む回数ほども、学習に気づく必要はありません。＊＊＊

ロッシ―腕浮揚を盲目の被験者に使うのが、ちょっとふさわしくない理由は、身体動作の超認識 hyperawareness の存在と余分なトレーニングが必要なことです。これは、新しい誘導テクニックの開発に光を投げかけます。誘導テクニックでは、通常、多少なりとも不随意的、あるいは自発的な方法で起こる被験者内の反応システムと、やり取りしている術者が中心となります。被験者の意識と無意識の間には、通常多少なりとも不随意的にシステムを制御する連想接続があまりありません。それでも、術者が受け取ることができて、被験者の思いもかけないことに多くのことを利用できる接続がいくつかあります。

エリクソン―はい、そうだと思います。目が見えない人は、視覚的合図ではなく、動作とタッチに適応します。目が見える人は視覚的合図に頼っているので、動作とタッチを無視します。

ロッシ―それで、動作とタッチは目が見える人では、さらに自律的です。そして、催眠療法家は、簡単に目が見える人をコントロールすることができます。そういうわけで、通常、腕浮揚とカタレプシーを使ったアプローチがとても効果的なのは、目が見える人にトランス誘導するときだとわかります。

エリクソン―その人に特有なことを探し出します。例えば言語療法に（どもりを受け入れているので）興味を持っていないどもりの人を、自由に会話しながらトランスに入れることはとても難しいので、どもって話します。

ロッシ―セラピストがどもると、どもりの人は自分自身の連想パターンに、上手く入ることができます。

エリクソン―その通り！　とはいえ、どもりをあまりはっきりさせないようにすることを、あなたは理解しなければなりません。どもろうとせずに、何を言うか、あるいはそのことを言うべきか、自信がないように見えるようにします。

ロッシ―強迫神経症患者のようにですか？

エリクソン―執拗に、そして強制的に物事を言い表すと、それが誘導を容易にします。言い換えれば、あなたが認識している患者の個々のスタイルや行動様式を採用します。農民のために、田舎言葉を二つ三つ話します。弁護士のためには法律用語を二つ三つ話します。しかし、決してでしゃばらないようにします。

ロッシ―あなたは患者の精神的環境に順応します。

エリクソン―催眠は、あなたが得られた学習の広大な蓄積を利用可能にすることによるコミュニケーション・テクニックです。そして、その有用性は主として自動応答の方法にあります。催眠では、私たちは、自動的に利用可能な学習エリアに放り込まれた学習を直接、呼び出します。

ロッシ―したがって、あなたは、今、自動的、あるいは半自律的な方法で機能する被験者の過去の学習を認識して、利用する方法を学ぶことによって、催眠誘導の多くの新しいテクニックを開発することができました。

質問を通して体系化された催眠健忘

エリクソン◎現在、あなたは、何時だと思いますか？

ロッシ―あなたは、手元の主題から、彼女の気を逸らすために、ここで時間についての質問をこっそり入れたのですか？　彼女は、少し落ち着かない気分のように見えます。そして、重要なメッセージを伝えて、次に、彼女がそれを議論することができる前に、実際に彼女の気を逸らします。このように、あなたのメッセージは、彼女の中に残ります――彼女には意識的な偏りなく、議論する機会があり、そしておそらくそれを否定する機会があります。

エリクソン―はい。それは、素早く被験者を変える方法です。質問をしてください。ここに関係する何か他のものがあります。あなたは質問をして、その後、答える前に、あなたは意味のあることをたくさん言います。そして、あなたは最初の問題に戻ります。それによって、あなたは、その意味のあることを毛布で覆いました。そのためにあなたは、そのまわりに挿入語句 parenthesis を置きました。これが意味のある暗示を否定できないようにするので、催眠健忘を引き起こす非常に重要な原理となります。

ロッシ―それは、文献で通常議論される自発的なタイプ、あるいは示唆されたタイプの催眠健忘とは対照的に、セラピストによって非常に注意深く組み立てられているので、これを体系化された健忘 structured amnesia と私たちは呼びます。

エリクソン―このセクション中で再度、何時ですか、と彼女に尋ねると、彼女はいくつかのセクションを後戻りして、最初に尋ねた質問に戻らなければなりません。（「現代的意識のためにトランスを承認する問題：変性経験と時間歪曲」とタイトルをつけたセクションを参照）したがって、同じ二つの質問の間に生じることはすべて、あたかも毛布によって覆われたかのように覆い隠されます。

質疑応答の力学――創造的な流動を促進する混乱

エリクソン◎さて、あなたの顎は、あなたのドレスに触れませんでしたね？

Z博士◎はい、私は興味があったのですが。そうすることができるか、私でさえわかりませんでした！

ロッシ―あなたは彼女に、直前のセクションからここまで、あなたの質問に答えさせませんでした。どうしてですか？

エリクソン―尋ねても、質問に答えさせないようにして、バランスを失わせたままにします。期待を持たせて手を伸ばすことをさせ続けています。

ロッシ―あなたは、彼らのバランスを失わせて、意識的な偏りをそのままにしています。そして、あなたは期待と受容的な態度を保ちます。そうすると被験者が飛びつく重要な暗示を預託する deposit ことができます。

エリクソン―被験者はとても上手に暗示を保持します。

ロッシ―あなたは、質問に答えることによって、経験を終わらせる experience closure 機会を被験者に与えません。

エリクソン―その通り！　なぜなら、一度、質問に答えると、答えたことで質問を閉じて処分してしまうからです。

ロッシ―これ以上の学習は起こることができません。あなたはすべての質問を未解決にしておいて、学習を高いレベルに保ちます。これは、あなたが使用する混乱の側面です。流動の中で患者の学習の限界を維持するために。したがって、新しくより創造的な反応とともに無意識に侵入するより大きな可能性があります（Rossi, 1972a,

1973b)。

健忘によるトランスの承認

Z博士◎そのとき、あなたに尋ねたいと思いました。
・・・どっちの顎？

エリクソン◎私は、ロッシ博士にそこで、健忘について話しました。

Z博士◎はい、あなたは意識的に健忘に言及しました。そして、あなたは私が思い出さないと言っていたと思います。しかし、私は、それがあなたが言いたいことか、確実にはわかり・・・ません。

ロッシ―また、あなたは、「どっちの顎？」について彼女に返答しません。

エリクソン―そこで彼女は自己を意識しています。彼女は本当のところ、何のように見えるか、どんな重みか、知りません。彼女は本当には知りません。彼女は、「私は、私の顎がどのように見えるか知りません。私は、二重顎、三重顎について聞きました。しかし、私は知りません」とその質問で、あなたに伝えています。それは、無意識の疑問で、自分の身体的知識の不足に裏切られたのです。それから、私は健忘している被験者に戻ります。最初からずっと、私は彼女にできるだけ多くのことを健忘してほしいと思っています。

ロッシ―どうしてですか？

エリクソン―なぜなら、彼女の無意識の中で、私とのコミュニケーションがさらに増えると、彼女は催眠被験者として、さらに良い被験者になります。

ロッシ―あなたがさらに健忘させることができると、さらに良い被験者になります。したがって、健忘は単なるトランスの基準ではありません。しかし、それは将来のトランスワークを促進します。その理由は、健忘が自律的、あるいは不随意的行動の機能だからですか？

エリクソン―はい、そして健忘はあなたによって引き出されて、あなたによって名づけられています。そして、健忘は被験者の個人的経験の一部になっています。患者はもう、トランスのことをまったく疑っていません。

健忘を促進する「私は知らない」セット――意識的、そして無意識的間接トランス誘導への音声位置

エリクソン◎今、あなたは身体感覚を失いました。そして、顎を下へと動かす時、右から左へとぐらつきま

した。

Z博士◎私がそうしたのですか？　そうしたことを**私は知りません**でした。

エリクソン◎そしてあなたは呼吸方法を変えました――ときには右側で多く、その後、左側で多くしました。したがって、私は、あなたが正確な身体的オリエンテーションを知らないことを知っていました。今ちょうど、顎を下へ動かして服に触れさせてください。

ロッシ―トランスが終ってから、彼女は、「私は知りません」と言うことが多くなっています。私は、彼女にこの効果があることに、あなたが気づいていたかどうか、疑問に思っています。［読者の便宜のために、「私は知りません」を太字にしています］

エリクソン―はい、あなたが被験者が知らないことを話し、答えることができない質問をすると、「私は知りません」と言うようになります。被験者は「私は知りません」のためのセットを手に入れます。

ロッシ―どうして、それに価値があるのですか？

エリクソン―催眠健忘を促進するために「私は知りません」というセットを開発します。被験者が知らないことを求めています。しかし、彼女はそのように求めを意識的に聞いていません。「あなたは、それを忘れます」という言い方はあまり良くありません。被験者は、「なぜ、私はそれを忘れなければならないのですか？」と言い返してきます。しかし、「それを思い出さないかもしれません。それを知らないかもしれません」という言い方ができます。それは命令ではなく、それは許可を与えています――また、要求でもありません。それは単なる観察に過ぎません。しかし、フォーカスワード focus words を話したのです。

ロッシ―知識と意識の側面のオリエンテーションをバラバラにして、健忘と同じようにトランスを促進します。

エリクソン―はい、意識と無意識へ、個人を二手に分けているように思います。何かを言うとき、私は意識に対して、そのことを言うかもしれません。あるいは、私は無意識に対して、そのことを言うかもしれません。私は、声の場所を変えます。私は、意識と話すために頭を一方に傾け、無意識と話すためにもう一方に頭を傾けます。

ロッシ―被験者がトランスに入っているとき？

エリクソン―トランス誘導するときも、被験者がトランスにいる間と同じです。

ロッシ―あなたは、意識、そして無意識と話す際にも頭の位置を変えます。そして、人々は、徐々にそれに慣らされます。

エリクソン―はい、そのことを知らずに――それが非常に巧妙なので、人々はそれに気づきません。せいぜいそれは、セラピストの癖だと思う可能性があるだけです。被験者は、他の誰かに催眠をかけているのを見て、あなたが左右に頭の向きを変える癖を持っていると考えます。その後、この被験者を観察していると、なぜ突然眠くなっているか、被験者にはわかりません。しかし、被験者は催眠効果を感じ始めています。この被験者が眠くなったのは、私がその人の無意識に語りかけたからです。なぜなら、それが彼の無意識にすぐに到達するからです。知っての通り、コミュニケーションは単なる言葉ではありません。それは単なる考えではありません。それは声の刺激、聴覚刺激です。そして、患者との接触をもたらしながら、それはどこか（例えば、懸垂修飾語、反復、それから完全な文）へ明らかに導きます。

ロッシ―例えば、それらの懸垂修飾語は、患者の無意識に留まりますね？

エリクソン―はい。なぜなら、ドアを閉じるように、幕を閉じるようにclose the chapter、被験者に意識的にさせることができても意味がないからです。

あなたは、むく犬物語▼訳注9を使うことができます。それらは、素晴らしいテクニックです。人は、あなたがその物語を終わらせるということを知っています。

ロッシ―その人は、その結末を望んでいます！

エリクソン―はい、その人はその結末を望んでいます！たとえ、結末が、彼が眠ることであっても。終了、終わりclosureに対する必死な欲求があります。そして、「目を閉じてください」が、恐らく終わりclosureです。私は、トランス誘導テクニックとして、むく犬物語を使いました。

無意識レベルのトランス承認 ――気を逸らすことと健忘

Z博士◎今、あなたは、それを普通に下に動かしてほしいと思っています。［彼女はそうします］

ロッシ―彼女は、正常な頭の動作とトランスでの頭の動

▼訳注9　長々と続いた話の結末が非常にばかげていること、とぼけた話、荒唐無稽な話、聞き手にとっては退屈な話。【語源】昔、英国の王様が世界一長いむく毛の犬を懸賞金付きで募集し、世界各地から応募者が犬を連れて英国にやってきた。そして、応募期限の最終日に、誰もが世界一と思うむく犬がやってきて、それを見た王様が「大したむく毛ではない」と言ったことから。

作に違いがあることに気づいていることをここで示しています。

エリクソン―あなたにそれを話したということを、彼女だけが知りません。彼女は、もう一つのカテゴリーがあることを、行動の違いによって示します。トランスの中では、馬の色さえ異なります。

ロッシ―彼女の意識が彼女がトランスにいたことを証明するのですが、あなたは、このことをとても間接的にし、彼女の意識を手に入れません。どうしてですか？　なぜ利用しないのですか――これがトランスの証拠となぜ話さないのですか？

エリクソン―私は、彼女の意識に承認させないようにしています。彼女が異議を唱えることができることを、彼女の意識に分からせないように、私はしています。論争しないようにします。

ロッシ―トランスの中にいるとは、実際、彼女は思っていなかったので、このセッションの終了時には、イライラを感じていたと思います。しかし、患者がトランスの所見を否定したとしても、さらに、トランスを認めないとしても、あなたはイライラを感じません。

エリクソン―トランスの所見があるなら、患者の無意識がそのことを知っています。私が、トランスを証明する必要はありません！　あまりに多くの術者が、自分の面目を保とうとします。私はあなたを一目見れば、私はあなたが男性であるということがわかります。あなたが男性であるということを証明する必要はありますか？　それは時間の浪費で、患者の敵意を増すだけです。

ロッシ―トランスを意識的に証明しようとすることは、トランスに関する考えに、後から火をつけ破裂させるだけです。

エリクソン―その通り。

ロッシ―ところで、このトランスの深さは、どれくらいですか？

エリクソン―軽度と中程度の間ですね。事実、吠えている犬に、彼女は何の反応もしませんでした――私もあなたも反応しましたが、彼女は反応しませんでした。

ロッシ―あなたが悩まされなかったのは、刺激に対して気を逸らせたからですか？

エリクソン―いいえ。大事なことはトランスです。もし、患者がハイウエーの交通騒音を聞きたいと思えば、上手く聞くことができます。患者は、私の声が聴こえる範囲内にまだいます。したがって、私は犬の吠え声に、匹敵する声を出す必要はありません。交通騒音、通り過ぎるサイレンの音――それらによって、私の音声レベルが変化することはありません。後から思い出すのは、教授が淡々と話していたときではなく、サイレンが鳴って、教授が声を張り上げたときです。ホールの外で、騒ぎがあったとしても、声を張り上げないようにして、さらに騒動に気づいたことも悟られないようにします。そうすれば、「あなた方は、騒ぎが講義室の外であったことを知っていますか？」と、講義が終わってから学生に個人的に聞いたとしても、学生は「どんな騒ぎでしたか？」と返答します。

ロッシ―あなたと一層緊密に、すべてのことに注意しなければならなかったので、患者はそのために健忘します。

エリクソン―その通り。騒ぎのことを理解したり、あるいは騒ぎに反応したり、あるいは騒ぎのことを考える機会が患者にはありませんでした。なぜなら、患者はあなたに注意している必要があったからです。騒ぎは、患者をさらにあなたに注意せざるを得ないようにしただけでした。それは患者がその騒ぎをシャットアウトするプロセスを経験することが必要になったということで、さらに言うとあなたに注意せざるを得ないようになったという意味です。こうして、どんな形であれ、言葉で暗示することなく、健忘を生じさせました。あなたがとった行動は、騒ぎに対して否定的な行動となります。

ロッシ―行為がないと健忘します。外の騒ぎに注目させなかったので、騒ぎを記憶に残すことができませんでした。

エリクソン―はい、騒ぎに気づいているときには、記憶に残すことを試してみる機会がたくさんあります。

利き親指という問題を使って意識セットを弱める――間接的なアプローチを学ぶことの困難さ

エリクソン◎あなたは右が利き親指、それとも左が利き親指ですか？

Z博士◎私はいくぶん右利きです。しかし、親指については・・・わかりません。

エリクソン◎手と手を合わせてください。手のひらと手のひらを合わせてください。それから、指を組み合わせてください。両手を下げてください。今、わかりましたね、左の親指が上になっています。あなたの利き親指は左です。

Z博士◎これでいい？

エリクソン◎しかし、あなたがそのように親指をその位置にして座っていたので、私はそれを知っていました。

Z博士◎私は通常こうしていました。しかし、私は何が利き親指が左か右かを決めるのか知りませんでした。

エリクソン◎その通り。ロッシ博士も試してみましたね。

ロッシ◎はい、やってみました。

エリクソン◎私は、ロッシ博士に観察させてトレーニングしています。

ロッシ◎はい、とても丁寧に、観察するトレーニングを、エリクソン博士は私にしています。［Z博士とロッシ博士の間で、親しげな会話がされました。そして、二人が親しくなったとき、セッションは終わります。結びの言葉を話しているときに、エリクソンはさり気なく、Z博士には、三〇分くらい時間感覚がなかったと言いました］

エリクソン―ここで私は彼女を、トランスから、健忘からはるかに離れたまったく異なる視点へと移しました。それは、さらに興味深いことです。以前、彼女は指示を受け入れましたが、今では、さらにハイペースで指示を受け入れています。彼女は興味を持って、さらに指示を受け入れています！

ロッシ―右の親指か、左の親指かということの質問によって、標準の処理手順がとてもうまく得られています。患者の意識は、通常答えを知りません。しかし、無意識は知っています――見なくても、指を組むことによって明らかになるように。あなたの無言の含意 silent implication は、無意識は意識以上に知っているということです。そして、行動がそれを証明しています。あなたは、この含意をくどくど議論して言いません。無意識の含意は、意識の傲慢さを取り除く手段としてさらに効果的です。

エリクソン―はい。私は、催眠コミュニケーションとはどんなものか、あなたにわかってほしいと思います。

ロッシ―さて、私がわかっていないとすると、それは私自身の限界のためですし、あなたの側にも、少し力不足があったせいかもしれません。精神分析トレーニングから、間接的レベルで他の人と積極的にコミュニケーションするあなたのアプローチへと、ギアチェンジすることは、私にとってかなり重荷です。そして、そこはメッセージを受け取ることを、唯一学んだ場所でした。そこでは、単に患者の意識の内容に対処するのではなく、患者の見方の変化を促進する厳しい仕事を学習します。あなたは間接的レベルで絶えず操作しています。そうして、あなたは、患者が、意識の中身をリフレーミングするのを手伝います。いままでのセラピストは通常、患者の中身をリフレーミングする手順をするのではなく、むしろ意識の中身に対処していただけでした。自分の可能性をもっと利用できるようにするために、自分をメタレベルで従事させるというよりも、むしろ患者にオブジェクトレベルで、完全に直接的方法で、いままでのセラピストは質問をして、答えさせていました。あなたのこのアプローチの有効性は、あなたの繊細さに、大きく依存していています。患者にあなたのしていることがわかったら、あなたのアプローチはうまく働かないでしょう。

このアプローチを私が最初に使ったときは、使い方が自然ではなかったので、かなりひどい結果になりました。患者はすぐに、自分の質問に私が答えなかったと感じました。私は、いくつかの理由のために謎を提示し、メタファーの中で話しました。患者の意識の中身をリフレーミングするのではなくむしろ、私は、その逆をしていただけでした。その結果として患者は、シャキッと目覚めて（そして、少しびっくりして）、何が起きたか、不思議がりました。

追記——間接的トランスが無意識のメカニズムに依存することを学ぶ

エリクソン―その時点でははっきりしていませんでしたが、Z博士はこの最初のセッションで実際にかなりの量の学習をしました。一週間ほど後に、なにか理由はわからないのですが、以前より簡単に通りを歩くことができました、とエリクソン夫人に、彼女はさりげなく話しました——通りの歩き方が違っていて、前より歩くことが簡単でした！

ロッシ―彼女は、無意識のメカニズムに、以前以上に頼ることを学びました。彼女は、意識的なコントロールを手放すことを学びました。そのことをあなたはこのセッションで最終的に彼女に理解させました！

エリクソン―私はやり遂げました！　彼女は、通りを歩くことについて、全く新しい経験をしたので、とても喜びました。

ロッシ―彼女は、本当に手放すことを学習しました。さて、あなたは、彼女がどのように新しい催眠学習を経験することになるかわかっていませんでした。しかし、何か起こるということは、あなたはわかっていました。

エリクソン—私は、彼女に無意識を使うことを学んでほしいと思っていました。私には場所も方法もわかりませんでした。それで、私は場所も方法も彼女に話そうとはしませんでした。

ロッシ—あなたは彼女の無意識に、無意識自身の方法で理解させます。

エリクソン—そして、彼女はとても驚いたので、私たちと体験を共有したいと思いました。さらに、彼女は、座ったその椅子の感触が何か違うと言いました。

ロッシ—実際に、彼女の体は、以前よりのびのびとしていたので、椅子に対して異なる反応をしました。今思うと、彼女はかなり厳格に自分を抑えていました。しかし、そのすべてが穏やかになり始めています。

エリクソン—その通り。彼女は座りながら、目が見える人の方法で、歩くことをさらに経験していました。

ロッシ—彼女は今、ざっくばらんで自然になっています。そして、意識的にあらゆる動作を指示するのではなく、無意識のメカニズムに頼っています。彼女は、自分がそのために来たことを知りませんでした。しかし、それは彼女が得ようとしていたものでした。これは間接的トランス学習の優れた例です。すなわち最適な学習がトランスで起こることによって、催眠療法家は、患者の過度に厳密な意識セットの抑止的な影響を弱めます。そしてその後、トランスは患者のために最適であるそれ自身の方法と場所で行動を変えるために、創造的な無意識を自由なままにします。

セクションⅢ
催眠誘導と治療における観念運動シグナリング

Three

A　観念運動性の動作とシグナリングの歴史的視点

観念運動性の動作とシグナリングの謎は、人間の歴史を通じて多くの形式の中で発見され、忘れられて、そして再発見されました。明らかに意識のコントロールの外側にある答えとか反応を、心が合図することができることはいつでも謎でした。観念運動性の動作とシグナリングは、通常、オカルト、魔法のような謎として、あるいは「特別な力」を持つ神に関係するものとして関連づけられています。この分野は、まだ十分な研究がなされていないので、観念運動性の動作とシグナリングの完全な歴史を書くことができません。しかし、歴史を見ると、三つのはっきりした期間があったことを説明することができます。

フェーズ1――予言・占い、そして魔法の古代・中世時代

フェーズ2――シュブルールと観念運動性の動作：一八〇〇年代の催眠に関する理論

フェーズ3――一九〇〇年代の観念運動シグナリングの臨床試験

フェーズ1
――予言・占い、そして魔法の古代・中世時代

正常な認識なしで行われた明らかに目的のある動作と行動形式のすべてを、歴史的に考察する場合、私たちは、催眠行動のほとんどの古典的形式の一覧を、私たち自身の行動の中に見ることができます。これらは、いわゆる自動運動であり、明らかに正常な意識なしで行われる目的のある行動です。古代から夢遊症（夢中歩行）、幻visions（幻視や幻聴）、予言と「意味不明なことを口走ること speaking in tongues」（自動言語）、心霊書写（自動筆記）、憑依（多重人格）、神秘的な儀式やダンス（自動体運動）のような現象は、陶酔状態 fascination と見なされてきました。しばしば、それらの現象は精神面だけでなく、身体的治癒に関連づけられました。通常の経路が、意識的な行動だけでは捉えられないとわかったとき、意識の通常の範囲外の力、作用、あるいは知識は、治癒的価値を持つことがわかりました。

キリストの出生以前の古代では、これらのアプローチによる治療が非常に発達していました。紀元前一五〇〇年に書かれたパピルス古文書には、治療のために患者を変性状態に置く魔法の呪文や儀式が記述されています。紀元前四〇〇年ころのギリシャのアスクレーピオス、そしてアポロに捧げられた眠りの寺院 sleep temples だけでなく、エジプトのイセトおよびセラピスの眠りの寺院でも、治癒するために夢遊病状態を利用しました。

中世では、物理療法医学が役に立たなかったとき、信仰療法として「ヒーリングタッチ」が使われました。アルベルトゥス・マグヌス（一二〇六～一二八〇）、パラケルスス（一四九三～一五四一）、ロバート・フラッド（一五七四～一六三七）は、治癒をもたらすために呪文、信仰、そして磁気を利用しました。しかし、これらすべてのアプローチに共通する特徴は、想像力（Ludwig, 1964）であると、中世を通して多数の著者によって認識されていました。今日、観念運動性反応、そして観念感覚反応は、想像力が効果の基礎になっていると、私たちは認識しています。すなわち、考えは、運動（行動）とそれに関連する感覚反応を引き起こすことができます。実際に体の一部を動かそうと考えることが、体のその部分において、認識されていない運動反応を引き起こします。落ちると考えることで、自律神経系の不安反応を起こしますし、レモンという言葉によって、ほとんど人々の中に、イメージと感覚反応を簡単に呼び出されます。

医者、聖職者、そして予言者が、患者内にこの信念を持たせることができたのは、神聖な、あるいは形而上的な力を導くことができると、自ら確信していたからでした。それで、多くの場合、患者の無意識のプロセスは、治癒を生じるために必要な内部の象徴的な、そして観念力学的なプロセスを捜し出して、促進することができました。左脳の心は合理的なので、そのような治癒がどのように起こるかを理解しませんでした。身体と心身のプロセスに緊密に関係する右脳の無意識のプロセスが、治癒の橋渡しをしていると、今現在、考えています。これらの無意識の治癒と関係する写象主義的 imagistic で、神話的 mythopoetical で、象徴的で、占星術的で、無理性的で、一見幻想的な信念体系は、最新の科学的考え方からすると、完全に間違っているように見えます。しかし、これらの初期の象徴的システムが右脳の精神作用の無理性的な形式を反映したもの、あるいは予測したものであれば、本物の治癒に終わる精神力動的変容 psychodynamic transformations をもたらすことは、まさにあり得ることです。ユングの錬金術、そして初期のグノーシス主義の神秘的なシステムに関する研究は、この可能性を真剣に受けとめる数少ない現代的な体系的研究であるように見えます（Jung, Collected Works, Vols. 8, 9, 12, 13, 14, 18 参照）。

フェーズ2——一八〇〇年代におけるシュブルールと催眠の観念運動性の動作理論

シュブルールが、探索ペンデュラムという振り子 exploratory pendulum、およびロッド・ダウジング（占い棒 divination devices）について、実験的評論 experimental critique を公表した一八五四年に、古代に始まった観念運動と観念感覚反応を「特別な力」の現れだと捉えていたフェーズ1は、いったん終わりました。この評論では、観念運動の動作について、被験者が認識していない考えによって動作する極めて小さな反応セットという正しい解釈を、彼は提示しました。もちろん、今日でさえ多くの人々が、観念運動性反応と観念感覚反応の起源が、特別な精神的インスピレーション由来とか、あるいは全知で完全無欠な「無意識」由来とか、基本的に魔術的だとかという見方をまだしているので、これが最初の段階の「とりあえずの終わり」だと言っておきます。しかしながら、シュブルールの頃から、教養ある研究者たちは、観念運動性反応と観念感覚反応のメカニズムの機能が自律的反応なので、たとえ認識しないとしても、観念運動性反応と観念感覚反応のメカニズムは被験者内に存在すると理解していました。

観念運動性の動作の歴史における第二期は、一八〇〇年代のメスメリズムと初期の催眠という古典的な段階です。シュブルールの仕事は、ブレイドやベルネームのような臨床医学の研究者のための時代精神を用意しました。そしてベルネームは、トランスと暗示という重要な性質が、観念運動行動、そして観念感覚行動として説明できることを認識しました。ベルネーム（Bernheim, 1886/1957）の系統的な説明は、次のようなものです（傍点は私たちによるものです）。

> 一つ確かなことは、暗示に影響されやすい催眠被験者には、受け取った考えを行為に変える独特な適性があるということです。通常の状態では、どんなに明確に考えを話したとしても、内心では疑っています。皮質中枢によって知覚された後、その印象は、隣接した渦巻細胞に及びます。渦巻細胞が興奮して特有な活動をします。脳の灰白質によって発生する多様な能力が働き始めます。複雑な心理的プロセスを用いて、印象は念入りに作られて、登録されて、分析されます。そして、それを承認して、あるいは無効化して、そのプロセスが終わります。原因があるならば、心はそれを拒否します。催眠をかけられた被験者においては、対照的に、行動、知覚、運動、あるいは視覚への思考の転換は、とても素早く、そしてとても活発に達成されるので、知的な抑制をする時間がありません。心が介入する場合、それはすでに既成事実です。そして、それはしばしば驚きに登録されます。そして、それは本当だと証明されることによって、そして、それを妨げることができる介入はないということによって確かめられます。私が催眠をかけられた被験者に、「あなたは、手を閉じたままでいます」と言ったら、その考えが作られるとすぐに、脳は考えを実行します。反射は、皮質中枢からすぐに送られます。そしてそこでは、聴神経が感知することによって、屈曲の中枢起源と一致させながら、この考えを運動中枢に誘導します。それから、観念運動性反射性興奮の高揚があります。そしてそれは、意志が知らない運動へ、無意識の思考の転換をもたらします。
>
> 催眠被験者に「あなたは、鼻がむずむずしていると感じます」と、私が言うときにも同じことが起こります。聴くことを通して誘導される考えは、嗅覚中枢に反映されます。そして、そこでは、以前の印象が、考えを作って、考えを心に刻み込んで、潜在的にしているので、鼻のむずむずという感覚的記憶イメージを呼び覚まします。このよう

に、知覚記憶は蘇生して、くしゃみのような反射行為を引き起こすだけの激しさを持つ場合があります。▽原注5 それから、さらに、観念知覚性の反射性興奮の高揚があります。そして、それは感覚に、あるいは知覚イメージに無意識の思考の転換をもたらします。

同様に、視覚、聴覚、味覚イメージは、暗示された考えに代わります……。

その後、一般的な暗示のメカニズムを次の手法で要約できるかもしれません。すなわち観念運動反射、観念感覚、観念知覚性興奮の増加……。観念反射性興奮は脳の中で増加します。というのは脳の高次中枢のようなコントロールする部位が転換を妨害することができないようにして、受け取ったどんな考えも直ちに行為に転換するからです（1957, pp. 137-139）。

『占い棒 De la Baquette Divinatorie』（Chevreul, 1854）の中で、シュブルールは観念運動性現象の多くの形を文書化しました。しかし、それらすべてがどこで考案されたか、簡単には言えません。例えば、中世ドイツの黒い森では、妊婦に持たせた結婚指輪をお腹の上で、紐につないでぶら下げることで、子宮内の子どもの性別を検知することが、伝統だったと言われています。一つの方向への明らかに自然な動きが、一つの性を示しました。一方で、もう一つの方向の動きは、異性を示していました。これは、もちろん、シュブルール振り子として、今日知られているものの先駆けでした。

アレグサンダー・ダウイーは、アメリカ植民地時代の巡回説教師でしたが、町の大きな酒場に入ると、泥棒と殺し屋を見つけてやろう、と申し出ました。彼はその場にいる全員に、手のひらを下にして、バーに手を置かせました。彼は最近この辺で起きた犯罪について話してから、やましいところのある者は、人さし指をバーの上で平らにしておくことができない、あるいはおそらく、やましいところのある者の正体をバラすのは親指、あるいは小指だという趣旨のことを、彼らに熱心に力説しました。この手順は、記録に残る最もきちんとしている初期のローコストうそ発見器として、容易にみなせます。もちろん、私たちが今日使っている指シグナリング・アプローチの先駆けです。

ビクトリア朝イングランドの「読心術」ゲームも、観念運動シグナリングのカテゴリーに当て嵌まります。そ

▽**原注5**　この一節には、エリクソンによる催眠暗示のユーティライゼーション理論の本質が含まれている。

して、それら読心術は、今日でさえマジシャン、そして「霊能力者」の蘊蓄、そして仕事の一部になっています。「霊能力者」は、自分は心を読むことができると主張します。部屋にいる全員に、集中する物を決めるように求めます。それから、彼は部屋に入って、出席者の一人をガイド役として選びます。「霊能力者」は、優しくガイドの手首を握って、部屋の中を導かせます。ガイドの手首、手と腕の無意識の観念運動性の動作を敏感に感じとることによって、「霊能力者」は、探索対象の場所を決めることがすぐにできます。前後に通り抜けるときのガイドの無意識の微小な動き（ガイドや出席している人でも認識できない）が、「霊能力者」の探知器となるので、物について正確に推測することがすぐにできます。「霊能力者」は、グループの考えを読んだと主張します。実際は、「霊能力者」がしていたことは、ガイドの観念運動性の動作を読み取ることでした。

観念運動性の動作は、もちろん、ウイジャ・ボードのような現象にも関与します。ボードに書かれた文字や語句を指差すことでメッセージのスペルを書き出す可動ポインターへ、術者の無意識、あるいは部分的な意識の願望が送信されます。それはボードの表面にそっと置かれた指先からの認識できない観念運動性の動作によるものです。あまり知られていないのですが、ノコギリソウ・スティックを落とす方法、あるいはコインを指ではじく方法でも同様に、観念運動が要素を構成しています。精神的な予測プロセスと一緒になって、それらは古代の予言者が用いたような易占いを容易にします。

そのような手順は、まさに何百年、何千年も生き残りました。というのは、相応しい状況下で、面白くて価値ある考えを容易に喚起することができるからです――その考えは、無意識に、あるいは部分的にのみ理解されるものですが、そのような手順によって投影されると、完全に意識的に理解することができます。そのような手順の問題点は、得られる反応が、ある種の究極の「真実」（神、超自然な力、あるいは創造的な無意識という現代の概念から）として、ときに無批判に受け入れられることです。観念運動性反応は、実際、単なるもう一つの個人的反応システムです。観念運動性反応を、他のどの反応システム（例えば論理的考え、直観力、感情、夢見ることなど）よりも有効であると考える演繹的な根拠はありません。しかし、多くの個人において、観念運動性反応は、その個人の意識に「驚き」という情報を提供することができます。これは単に、「驚くべき情報」が個人のシステム内にあったとしても、意識は完全には認識していない、あるいは検討していないことを意味します。したがって、観念運動性反応は驚くべきことに、何らかの理由で、個人が知らなかった、あるいはブロックしていた個人内部の情報源へのアクセスを個人に提供します。観念運動性反応が、他の反応システムより必ずしも有効であるというわけではありません。しかし、それらの反応は、何人かの個人に、いくつかの重要な問題に関して、いっそう知性的な選択をさせるように仕向けることができる別の情報源を表わしています。なぜなら、それらは現在、システムからの完璧な情報リストを持っているからです。

それから、観念運動シグナリングは、重要な決定をするための唯一の情報源として使うことができません。多くの情報源の一つとしてだけ、決定に関与することができます。しかし、個人が知らないとき、あるいは個人の意識が混乱しているとき、観念運動性反応は、より重要な貢献をすることができます。合理的な考え、直観力、感情などが、完全に個人の期待を裏切るとき、観念運動シグナリングは、そのとき唯一の意志決定のための鮮明で、そして優れた情報源である場合があります。しかし、これらの状況下でさえ、観念運動性反応からの情報は、個々に問われていることを、常識によって、そして全体的に理解することによって、セラピストがチェックして、バランスをとる必要があります。

合理的な考え、直観力、感覚、夢見ることなどが各々、反応のための独自の情報源を持つのと同じように、観念運動シグナリングは、他の反応システムが絶対に選ぶことのない個人内の情報源から来るかもしれません。他の反応システム（合理的な考えなど）に関与しているすべての情報源をはっきり理解していないように、これらの情報源が何であるか、現在、私たちは正確には理解していません。しかし、観念運動性反応が個人の範囲内に、独自の情報源を持つ可能性が高いので、観念運動性反応を探求して、さらに敏感に、さらに正確に受け止めるために、観念運動性反応を認識するのに十分な手段、新しい手順を開発し続けることが重要です。

フェーズ3――一九〇〇年代の観念運動性の動作およびシグナリングの実験と臨床試験

一八〇〇年代のトランスと暗示における観念運動と観念感覚の公式化は、一九〇〇年代に引き継がれて、多くの現代の実験的研究の基礎を提供しました。エリクソンは、ウィスコンシン大学のハルの研究所で働きながら、一九二三年に大学生として催眠現象に関する研究を開始しました（Erickson, 1964b）。これらの研究によって、ハルの重要な本、『催眠および被暗示性―実験的アプローチ Hypnosis and Suggestibility: An Experimental Approach』(Hull, 1933）の出版で最終的に終わる研究プログラムを始めることができました。そこでの目標は、実験心理学の開発方法を使って、実験的に催眠現象を調査すること、そして催眠の概念を基本的な学習理論と行動主義の概念に統合することでした。例えば、心の中で言ったこと、あるいは「暗示されたスピーチ」が実は思考運動の基礎であると仮定されるとき、観念運動性の動作は、行動主義の基盤の多くを実際に提供しました（Watson, 1919）。ワイツェンホッファー（Weitzenhoffer, 1953）は、観念運動性の動作とこの時代の催眠の実験的研究を説明しました。彼の要約の一部は以下のとおりです。

> 被暗示性の精神生理学的基礎は観念運動性の行動で、それ自体が条件づけの一形式です。高い被暗示性の生理的基礎は（a）神経運動の強化 neuromotor enhancement（ホモ行動）です。そして、（b）条件づけ（一般化、あるいはヘテロ行動）を概念化します。特に暗示によって指定されない限り、認識を催眠で変更する際には、催眠術師の声を除いたすべての刺激から、認識の解離 dissociation of awareness へと導くいろいろな脳領域の選択的な抑制と励起が合同したものが、精神心理学的基礎になります。高い被暗示性と解離した認識を通して、催眠術師の言葉は、実際に価値のある刺激になります。彼の声は拡大して、いわば、被験者の心理的プロセスになります。これが多種多様な知覚変更に道を開きます（p. 259）。

これらの見解は、ほぼ百年前のベルネームの見解と著しく類似しています。用語は、若干変わりましたが、基本的に観念運動性の動作を催眠現象の基礎として理解していることは同じです。

観念運動性の動作は、行動と催眠の基本理論に対する重要性のため、集中的に調査されました。しかし、観念運動シグナリングは、現代の臨床ワークではこのようにとても重要なのですが、明らかにその重要性さえ理解されていなかったので、一九〇〇年代初期の大学や研究所の研究者は研究しませんでした。

エリクソンは、最初に観念運動シグナリングに気づいたのは、まだ農場にいた少年期だったと報告しました。猫が遊んでいるとき、猫は尾を、ゆっくり、そして、広く前後に振ります。しかし、その動物が真剣になった時、一連の迅速なビクッした動作をします。猫が、不運な鼠に飛びかかろうとするその瞬間、猫は動きを完全に止めて、全面的に集中してカタレプシーのように構えます。エリクソンは、同じようなことがカワカマスのような魚[▼訳注10]にも起こることに気づきました。カワカマスのエラヒレの通常の周期的なパタパタは、口に取り込む前に、突然停止します。動物の世界の観念運動シグナリングに言及すれば、あまりに一般的で非常に多いように思われます——良い猟犬の判断ポイント、霊長類のジェスチャーなど。これらの観念運動シグナリングは、魚と猫のケースで説明したように、純粋に反射と無意識の領域から「意識的な内容」(例えば霊長類のジェスチャー)の領域まで及びます。そして霊長類は研究所で訓練されれば、褒美、発話ジェスチャー gesture-speech など重要なことを多く学ぶことさえできます。

エリクソンが自動筆記から腕浮揚、観念運動シグナリングへと開発を進めたこと、そしてその後の本来の観念運動シグナリングについては、彼の論文「腕浮揚および他の観念運動性テクニックに関する歴史的注釈」(Erickson, 1961)で、足跡をたどることができます。この論文から、観念運動シグナリングを促進することに関連した部分が、後のセクションで引用されています。そして、それは現在の仕事へ引用して役立てることができます。この論文は、一九三八年までに、上席著者が、頭および手のシグナリングの力学をしっかり理解して、それらを実験的にまた臨床的に使用したことを示しています。エリクソンが最も初期に書いた観念運動シグナリングの記録で、私たちが所有するものは、一九四五年、「医学生との非公式会議」において作られていた記録です。それはミシガン州エロイーズのウエイン郡病院でのことでした。観念運動シグナリングの利用に関してのこれらの記録の一部は、後のセクションの中で示します。

私たちが所有する観念運動指シグナリングの記録で、最も古いものは、ロサンゼルスで行われた一九五二年と一九五三年の催眠セミナーの記録です。そこでのインストラクターの中心はエリクソン、ルクロン、そしてボルドーでした。これらのセミナーで、ルクロンは、麻酔がいつ効いたか(一九五二年のセミナー)決定するために、心因性精神外傷(一九五三年のセミナー)を見つけるために、指シグナリングの使用法を紹介しました。その後、彼は「無意識の資料を発見するための催眠テクニック」(LeCron, 1954)として、自らの意見を発表しました。

▼訳注10　魚食性の淡水魚。

B 自発的な観念運動シグナリングを認識すること

私たちは、自然主義的な観念運動シグナリングに関して、上席著者が行った初期の観察が、後からの催眠ワークの中で、どのように頭と手のシグナリングの発展に寄与したか調査しました。エリクソンが農場の少年として動物を観察したことは、ハルの研究室での初期の実験被験者で、教室に座っている学生で、最終的にはセラピーでの患者で、非言語的形式の調査をするために、行動をシグナリングするメンタルセットを構成することに結びつきました。私たちが今、非言語的形式のコミュニケーションについての一般的な文献を説明する場合、その目的は、観念運動性の動作の自然で自然発生的な形式の認識を訓練する方法として、そしてすべての人的交流で起こるシグナリングの認識を訓練する方法として、これらの現象を研究することが、読者に容易にできるからです。日常生活において、読者がこれらの非言語的な信号を探すために自分自身を訓練するように、臨床実験においても、自らを理解するために適切なメンタルセットを発達させさせます。

日常生活では、会話、あるいは対人交流に伴う非言語的なサインをパノラマのようにいろいろな場面で観察することができます。これらの多くのサインを、バードウィステル（Birdwhistell, 1952, 1971）は、「キネシスkinesis」という新しい科学形式で調査しました。これらの明らかに反射的な運動から、メタ行為までの範囲のジェスチャー、そして身体行動を制限するために使うことによって、言葉の意味にコメントを加えたり、あるいは変更したりします（Bateson, 1972, 1979）。近年の「ボディーランゲージ」の概念に関する大量の文献は（Fast, 1970; Goffman, 1971）、実際、ダーウィンの初期の研究、「人と動物での感情表現」（Darwin, 1872/1955）にそのルーツがあります。催眠療法家は、この文献を勉強することで、患者からのコミュニケーションを、異なる形式で伝達する重要な反応システムについて、もっと多くのことを学ぶことができます。この見方からすると、従来の形式の心理療法において、主役を演じてきた言葉でのコミュニケーションは、実は氷山の一角であると考えられます。すべての形式のボディーランゲージは、観念運動シグナリングのシステムとして理解することができます。これらのシグナリング・システムは、従来の言葉でのコミュニケーションに関係するシステム以外の情報源に由来しています。

多くの形の観念運動シグナリングが、日常生活での行動にはたくさんあります。臨床状況ではっきり認識できて、利用できる観念運動シグナリングの形式には、以下のようなものがあります。

（a）日常生活では、頷くこと、そして頭を振ることは、多くの場合、自動的に、完全に無意識で行われます。新婚の花嫁は、朝まだ寝ぼけている夫がひげを剃っているとき、誰かに話しかけながら、愉快そうに頷いたり、頭を振ったりしていることに気づいて驚きます。セールスマンは慎重に彼の顧客を観察します。顧客が無意識にイエスと頷くとき、それがどんなにわずかであっても、セールスマンは彼の話を続けます。そして顧客がノーと頭を振るとき、セールスマンは話題を素早く変更します。すべての話し手は、聴衆の中で同意して頷いている人に目を向けます。賢い政治家は、同意して頷いているように思われる人だけから、質問を受け入れます。

（b）小学校以降の幼少期の頃から、手を上げること、そしてそれに関連する顔と体の動きは、イエス、あるいは質問に答えたい、あるいは質問したいという合図として根づいてきました。年をとるにつれて、簡略になり自動的になったとしても、これらの動作は機能します。話そうと準備をしているときには、頭を上げて、唇を湿らせて、身体を前に傾けて、集中して一点を見るということをします。親、先生、あるいはパネルディスカッションのリーダーは、実際、これらの信号を認識し、話したがっている人を見分けます。求める人object of their desireがイエス、ノー、あるいはたぶんと言おうとしているかどうか、ほとんどの恋する人は一目で理解できます。

（c）観念運動シグナリングは、スポーツで重要な役割を演じます。バッターが、ピッチャーの観念運動シグナリングを事前に見つけることができるなら、どんな球種にするのか、それが示しているので、とても有利になります。どんな競技においても、対立するチームの体の動きを、将来のプレーとして「読む」ことを学ぶことによって、多くの利点を得ることができます。

（d）日常生活では、実際、何の助けにもならない動作であっても、私たちは物事を進めたいと思う方向へ自動的に体を移動させます。このように、車の乗客は、自分の足を想像上のブレーキに置きます。ボウラーはボールの行く方向に体を傾けます。そして、ボクシングの観客は、かたく自分の手を握りしめて試合開始のパンチをします。

（e）エリクソンは、スポーツ競技を見るとき、アスリートがフィールドに入って、競技に備えているとき、いくつかの出来事での無意識の観念運動シグナリング行動を事前に観察することで、誰が勝って、誰が負けるか予測することができると信じています。勝者になる人は、内面に集中して、自己主導性の感覚があるように見えた人でした。一方で敗者になる人は、勝者の背後で足並みをそろえているように見える人、あるいは何らかの方法で、事前ウォーミングアップの間、他人に合わせているように見えた人でした。

C　観念運動シグナリングを促進すること

観念運動シグナリングを段階的に発見し、再調査したエリクソンは、臨床状況でシグナリングを学習し、促進するすばらしい方法を紹介しています（Erickson, 1961）。

「一九二三年の夏の間、とりわけ、筆者は自動筆記に興味があって、最初トランス状態で、そして、その後、後催眠暗示によって被験者から手に入れました。経験の少ない被験者のための間接的トランス誘導テクニックとして、暗示を使って自動筆記をもたらす可能性が、これによって生まれました。自動筆記はほとんどの場合、成功したとしてもあまりに面倒で、時間のかかる誘導テクニックであることがわかりました。自動筆記は書くのではなく、被験者に鉛筆の先が紙の上を左右にあるいは上下に動くだけであることを示唆することによって修正されました。このように、垂直線、あるいは横線を手に入れることが、難しい被験者に自動筆記を教育するアプローチとして優れていることに、後になって気づきました」。

「ほとんど、最初の試みから、鉛筆と紙は余分であり、観念運動性活動が主として考慮されるものだったことが認識されました。したがって、筆者は、初めて被験者として妹バーサを使って、単純な腕浮揚テクニックによって、夢遊トランスを誘導しました。その後、この最初のテクニックの多くのバリエーションを工夫しました。そして、多くのおそらく異なるトランス誘導テクニックの効果が、観念運動性活動の基本的な使用だけに由来し、ときに無邪気に信じられていて、報告されたような手順のバリエーション由来ではないことをはっきりさせました。恐らく、考案された観念運動の誘導テクニックの多くのバリエーションすべてについて、より一般的で役に立つのは、①視覚が関与する可能性があるため、単純で直接的な腕浮揚、そして、②わずかに複雑でリズミカルな腕浮揚です。そしてその中で視覚および記憶が関与すると、しばしば、音楽の幻聴の観念感覚反応、そして夢遊病的トランスが生じます……」。

「このワークをしたときには、筆者は、運動感覚の記憶とイメージをトランス誘導テクニックとして認識していませんでした。しかし、それは、催眠トランスを誘導する際の基本的プロセスとして、どんな知覚のモダリティでも使用できる可能性へ向けた系統的で有意義な調査へと結びつきました……」。

「これらの初期の観念運動テクニックの研究が、ウィスコンシン大学のセミナーでグループに報告されたおよそ一五年後に、もう一つの研究が開始されました。特に論争の的となる話題についての講演で、講演に同意する際、またはしない際に無意識にゆっくり頷いたり、あるいは頭を振ったりする人々が聴衆の中にいるということを観察することから、この研究が始まりました。患者に問題を説明している間、その特定の患者が、実際の言語表現と矛盾するように、無意識に頷いたり、頭を振ったりすることに注目することによって、この観察が正しいことが確認されました。これらの有益な徴候によって、この種の観念運動性活動を、特に抵抗する被験者、あるいは難しい被験者のための催眠テクニックとして利用できる可能性があることが示唆されました。とはいえ、観念運動性活動は慣れない被験者にもすぐに使うことができました」。

「実際のテクニックは比較的簡単です。頷くこと、あるいは頭を振ることだけで、肯定、あるいは否定を答えることができると、被験者に説明します。さらに、思考を意識、無意識に分けて、独立して行うことができることを説明します。しかも、意識、無意識の思考が一致している必要はありません。この後、質問を続け、被験者が意識的に思っていない答えを求めます。そのような質問は、『あなたの無意識は、あなたがトランスに入ることを学習すると思いますか？』というものです。この種の質問をされた後に、被験者は、根気よく、そして、受動的に、頭の動作で構成された『無意識』の答えを待つように言われます。素早い、あるいは力強い反応は、『意識』が答えていることを示します。ゆっくりと、そっとした頭の動作は、『無意識』からの直接的コミュニケーションを構成しているので、被験者は多くの場合、知覚していません。反応とともに、カタレプシーが生じ、トランスが素早く後に続きます」。

「あるいは、簡単なバリエーションとして、片方の手の腕浮揚が『イエス』という答えを、別の手の腕浮揚が『ノー』、両手の腕浮揚が『わかりません』を示すと示唆することができます。そしてその後、前記の質問、あるいは比較可能な質問をします。トランスは返答の重要性にかかわらず、腕浮揚と同時に生じます」。

「これらのテクニックには、催眠が必要で、催眠から利益を得ることができる患者に特別に価値があります。しかし、患者は、トランス誘導へのどんな正式、あるいは明白な努力であっても抵抗するので、妨害となる抵抗を回避する必要があります。観念運動性のテクニックを使用する際に考慮すべき本質は、テクニックの入念さ、あるいは斬新さではなく、被験者の注意を内部の経験的学習と能力に固定させて、集中させる手段として、現実に、あるいは幻覚のどちらであっても、運動活動を開始することにあります」(pp. 196-199)。

そのような観念運動シグナリングが、本当に自主的で無意識だとエリクソンは思っています。患者はトランスの中にいるか、あるいは何らかの方法で気を逸らして、患者自身が動作を観察する機会がないようにする必要があります。このため、エリクソンは、多くの場合、自動的な頷き、あるいは頭を振る動作を探すことが好きです。そしてその動作を患者自身が観察することはほとんどありません。観念運動シグナリングについて、型どおりに指示しなくても、何度も患者が頷いたり、あるいは頭を振ったりして、言葉でのメッセージと矛盾するのは驚くべきことです。しばしば、観念運動シグナリングでは、非常にゆっくりとわずかに、しかし持続的に、頷いたり、あるいは頭を振ったりするので、無意識レベルから来る動作を識別できます。これらのゆっくりとした、省略された動きは、より大きな、より素早い頭の動きと区別することができます。そしてその動きは言葉で言っていることを強調するために、意識的に使われます。

　可能な場合はいつでも、エリクソンは観念運動シグナリングという自然な手段を利用するのを好みます。通常の会話で患者がする自然で自動的な動作は、どんなものであっても、メタ・コミュニケーションが患者にとって価値があるか、研究することができます。それに加えて、頭および手のはっきりした動き、目をパチクリすること(ゆっくりと、あるいは素速く)、足の動き、手の位置(例えば、「防御」として腕を組むような)、濡れた唇、嚥下、そして眉をしかめて口と顎の周りの緊張させた顔の合図を研究すれば、話していることを解釈することができます。

　指シグナリング、そしてシュブルールの振り子の使用法について、ルクロンは以下のように説明しています

(LeCron, 1954)。

催眠をかけられた患者に、無意識が答えると話します。質問されると、「イエス」という答えなら、右の人差し指、「ノー」という答えなら、左の人さし指を持ち上げたり、あるいは揺らしたりします（患者が左利きの場合、これはできれば逆にする必要があります）。無意識が、答えを知らない質問が出された場合、右手の親指を上げます。質問に無意識が答えたくない場合、左手の親指が動かします。それは通常、他の方法で反応を妨げることがある抵抗をなくすことができるので、この最後のものは非常に重要です……。

暗示された指の反応に加えて、意識的に指の動きをごまかし、そして隠したとしても、なんらかの無意識の動きによって、セラピストは知ることができます。いつでも、指が間違った答えをするなら、片方の手（おそらく右）が上がることを示唆することで、これが達成されます。そのような手の動きをすることに、患者が気づかないことを話しておく必要があります。

この質問テクニックのバリエーションには、シュブルールの振り子を使用する面白いものがあります。親指と人さし指の間に糸を持って、振り子をぶら下げます。腕は、完全に伸ばすか、あるいは膝か、椅子のアームに肘を載せるかします。トランスを使用できれば、その方が良いのですが、振り子の動きによる返答は、覚醒状態であっても得ることができます。三人のうちの二人、あるいはそれより多くが、覚醒状態で返答します。催眠が要らないので、好都合なバリエーションです。催眠をよく知らないセラピストでも、非常にうまく使用することができることが理解できます。

振り子は四つの動きをする可能性があります。これらには、時計回りに、あるいは反時計回りに、体を横切って行ったり来たり揺れるもの、そして体から離れて直角に揺れるものがあります。自身の選択にしたがって答える際に、患者の無意識に使用する動きを選択できるようにすることが最善です。「イエス」そして次は「ノー」、三つ目は「私は知らない」そして残る一つが、「私は答えたくない」を意味する四つの動作の一つを選択することを、無意識に求めることだけで、これは行われます (pp. 76-79)。

シュブルールの振り子の使用法については、ワイツェンホッファーが詳細に記載しています (Weitzenhoffer, 1957)。シュブルールの振り子をうまく使うことができない人を見つけることはなかなかできません。困難などきがあるのは、通常、振り子の動きの一回ごとの反応パターンが、完全にはっきりしてないからです。はっきり決まった反応パターンを得るためには、被験者が振り子の揺れを見ることが重要だということが、研究で示されています。これは、シュブルールの振り子は、その反応の源が、頭、手または指のシグナリングより意識に近いと理解できることを示唆しています。そして、そこでの認識は、反応をはっきりと定義することに関して重要ではありません。

シュブルールの振り子と指シグナリングには、型通りのトランス誘導がまったく必要ありません。実際、必要とするのは、注意を集中することで、それ自体、トランス誘導する手段です。新しい被験者でさえ、通常、精神集中して数秒後に、指シグナリングを開始します。しかし、ある程度の学習とリハーサルが、普通は必要です。通常、最初にゆっくりとした、ためらったような動きが現れます。しばしば指はわずかに震えて、ときどき一方へ、中指に向かって、指は不思議な動きをします。これらの動作は、純粋な自律的反応基準と見なすことができます。素早く指が上がるとき、セラピストは意識的な目的があることを疑う必要があります。被験者は、指に任せて時間をかけて指を上げるよう命じられます。しかし、時折、指が驚くほど大きな動き、実際、指が飛び出すような素早い動きで非常に良く反応する被験者がいます。

動きが数秒経っても現れないとき、よく見ると手が少し震えていることや手の裏がひきつっていることに、セラピストは気がつくかもしれません。このことは被験者に指摘する必要があります。そして、被験者はリラックスして、指を動かすことを学ぶように指示されます。指自身で指が持ち上がるように、被験者が感じたとしても、ときどき、被験者は最初の何回か、自発的に指が動くように「助け」なければならないかもしれません。指シグナリングを学ぶ際には、しばしば被験者が観念感覚反応を最初に感じるのは、上がることを「望んでいる」指です。初期段階の指の動きを学習するときには、この観念感覚反応を奨励します。

指シグナリングにおいて、奇妙であっても決して珍しくない出来事は、反応の意味 response significance（はい、いいえ、その他）を与えられなかった他の指が、質問に答えて動くときです。そのような反応は何を意味しているのでしょうか？　明らかに、指定された可能性（はい、いいえ、その他）以外の反応が表現されています。チークとルクロン（Cheek & LeCron, 1968）は、そのような反応は、恐らくとか、たぶんという意味、あるいは問題を理解していない、あるいは、それが肯定的に、あるいは否定的に答えることができない、ということであると報告しました。しばしば、それは、質問があいまいなので、二重の意味、あるいは文字通りの解釈を避けるように、言い直す必要があることを意味します。ときどき被験者は、この余分で特異な反応が意味することを予感します。被験者は、感情あるいは考えにおける重要な変化とそのような反応が、ときどき同時に起こるcoincide withと報告しました。したがって、セラピストがそのような反応の意味を捜すことが貴重です。被験者に考えが浮かばないなら、さらに観念運動の質問をすることで、その意味を見つけることができるかもしれません。多くの場合、そのような余分な反応は、特定の個人にとって、持続的で一貫した意味を持っています。それらの反応は、トランスの深化、夢の発現、重要な記憶、セラピストによって覆いが取られていない関連する考え、あるいは洞察などに関するシグナルとして機能するかもしれません。このような個人の反応システムの自発的な現れは——セラピストを、患者と同じように驚かせ——観念運動シグナリングの真の自主的な面でのもう一つの徴候です。

いったん、観念運動シグナリングの形式が確立すると、それらは求められていないときであっても、セラピストが注意すれば、ときどき自発的に他の出来事に基づいて、観念運動性反応が始まっていることに気がつきます。インタビューの後半に、あるいは後のインタビューにおいて、患者は、言葉での交流とともに、セラピストに対して観念運動性反応をしていることまでは、理解していないかもしれません。このように、観念運動シグナリングの一般化が他の学習形態と同じくらい自然に起こります。患者が白日夢にふけっていたり、本を読んでいたり、講義か音楽を聞いていたり、自動車を運転していたり、寝入っていたりするときなどに、ときどき患者は、観念運動シグナリングが予期せずに起こっているのに気づいたと少し面白がって報告します。すなわち、一日を通して「ありふれた日常的トランス」と呼ばれる短い期間の自己陶酔self-absorptionを経験しているとき、自然発生的な観念運動シグナリングが、それらの出来事を起こすことがあります。

D　観念感覚シグナリングを促進すること

観念感覚反応を使って、ユニークなシグナリング・システムを構成すると、面白い方法で利用することができます。観念感覚反応は、体のどこの部分にでも現れ、いろいろな形──暖かさ、冷たさ、圧された感じ、ゾクゾク、チクチク、かゆみなどを経験します。患者は観念感覚シグナリングを自己認識するために使用することができます。しかし、まさにその観念感覚という性質のせいで、この観念感覚シグナリングはセラピストに伝わりません。したがって、患者が何かを個人的に調べたい場合、あるいはそれらをまだセラピストに伝える準備ができていない場合、利点が観念運動シグナリングとははっきり異なっています。しかしながら、観念運動シグナリングの代わりに、観念感覚反応が生じる場合、セラピストは患者にこれを読み取らせ、個人的なやり方で内部の調査を継続させることで、観念感覚反応を促進することができます。患者は後から、自分で伝達方法を選択して、この情報をセラピストに伝えることができます。

このように観念感覚シグナリングは、コミュニケーション・プロセスにおける中央ステーション middle stationとして理解できます。観念感覚反応は、無意識レベルから来る最初の原初的な身体信号かもしれません。一度、理解すると観念感覚反応によって、意識に到達するプロセスの中の何かに、気づくようになります。これらのシグナルが何かを、必ずしも正確に知らなくても、重要なことが起こっていると認識することができます。したがって、しばらく休んで、新しい感覚を受け入れ、あるいは注意が必要な認知プロセスを受け入れるべきです。この見方から、観念感覚シグナリングが、一方では感情の領域に、他方では心身反応にどのように融合する merges into のか、理解することができます。例えば、不安に関する身体的徴候はすべて、観念感覚シグナリングの形式と見なすことができます。逆説的に言えば、顔が赤くなることは自分へと言うより、他人へ観念感覚反応のシグナルを送っていることになります。

E 観念運動シグナリングを利用すること

観念運動シグナリングは、疑いなく、トランス経験をする中で、最も役に立つ指標です。実際問題として、誰でもとても簡単に観念運動シグナリングを確立できます。また、それを、実際に患者とセラピストにとって、興味のあるどんな状況の調査にも適用することができます。ここで、私たちは、簡単にその適用範囲を説明します。

一　トランスを誘導すること

ある種の観念運動シグナリングを要求することは、トランス誘導をする方法であり、同時に注意を固定し、集中することを被験者に要求します。初心者のセラピストは、穏やかに被験者を調べることによって、一つのタイプ、あるいはもう一つのタイプの観念運動シグナリング、あるいは観念感覚シグナリングを起こすことを求めることと以上のトランスが生じたという微かな指標――身体の不動性、例えば、リラックスした顔面筋、「アイロンをかけたような」顔、あるいはダラリとしているように見える顔、凝視、呼吸、脈拍、そして、瞬き、嚥下のような反射の遅延、文字通りの解釈、快適さなど――を認識することを、どのように学習して良いかわかりません。他の形式の型通りのトランス誘導を使わない場合、セラピストは、観念運動シグナリングの期間が終わるとすぐに、トランスから覚醒する多くの兆候が生じる傾向があることに気づきます。このようにして、大部分の被験者は、覚醒状態に関連した運動感覚を体の動きによってフィードバックすることで、一般化された現実志向を再確立しようとします。被験者は、姿勢を再調整して、指を曲げて、そして固定して、伸びをして、視線を再び集中させて、あたりを見まわして、足の調節などをする傾向があります。その後、被験者は、古典的な催眠現象（健忘、退行、無痛覚、時間歪曲、夢幻状態、感覚の知覚的な変化など）のうちのいずれかを、多少軽減された形で自発的に経験したと報告するかもしれません。

二　トランスを深化させること

トランス、あるいは内部経験の調査を、きちんと受け入れる準備をしている被験者では、ほんのちょっとしたステップで、観念運動シグナリングからもっと深いトランス状態となります。セラピストは、被験者がより深く、リラックスした快適な状態、あるいは内部に没頭した状態に入りたいと思うかと尋ねます。もし肯定的なシグナルを受け取ったら、セラピストは、無意識がその状態に到達して、快適な状態で満たされて、肯定的なシグナルをするまで、さらに深く入り続けるようにと被験者に言います。その後、セラピストは、トランスを深めるために、古典的アプローチ（腕浮揚、閉眼、エスカレーターで降りること、手足などの重さ、あるいは暖かさ）をどれでも利用することができます。そして、深めるための各手順の有効性をモニターするために観念運動シグナリングを使用します。

過去数年間、ロッシは、トランス誘導、そして深化に関する手によるシグナリングの形を改変しました。それは、どちらかと言えば初めて催眠を経験する患者のためだけでなく、セラピストが催眠様式と間接暗示を使うことを学ぶ際にもよく適合します。この「手を動かす」アプローチは、何を経験しているかシグナリングすることに特別な価値がありますが、他にも重要な役割として患者自身が無意識にトランスの深度を測定できるようにすることがあります。このアプローチはとても簡単なので、実際、初心者の催眠療法家が遭遇する可能性があるあらゆる不測の事態に適しているので、次のセクションで、このアプローチを使用したいくつかの方法を詳しく説明します。

三　観念運動シグナリングへの「手を動かす」アプローチを使ったダブル・バインド誘導

ロッシは、催眠誘導へのダブル・バインド・アプローチを作るために、「手を動かす」(Weitzenhoffer, 1957)催眠経験を独自に改変しました。なぜなら、多くの研究によって、この現象を経験することがとても簡単であることが、すでにわかっていたからです。例えば、スタンフォード催眠感受性尺度の項目の一つとして、直接暗示によって喚起される場合、それに被験者の七〇%が「合格します」。さらに確立されているトランスの性質について、それがどのように遂行されるかという観察可能な側面には診断的価値があります。ヒルガード(Hilgard, 1965)は次のように、いくつかの観察を説明しました。

「ゆっくりとした、いくぶんギクシャクした動きで、手を動かすことが、感受性の高い被験者の特徴です。反応は急速なことも、あるいは極端なこともあります。たとえば、手がバラバラに動いて、腕を体の両側に差し出すかもしれません。腕が動き始める前に、感受性の低い被験者は、しばしばかなりの遅れを示します。あるいは非常に短い距離で動きを止めます。もちろん、これらの量的側面は学習に依存します。学習しなくても経験豊富な催眠術師は、トランス状態に関連した動きの側面をすぐに見つけます」(p. 104)。

セラピストが、いつでも患者の経験を注意して見るために観念運動シグナリングによって、慎重にモニターした間接暗示の使用を通して、多くの古典的な催眠現象の経験を促進するために、ロッシのアプローチを一般化した実例を以下に示します。

ダブル・バインドの観念運動形式を通して、自明の理を催眠誘導に結びつけること

ロッシ◎手のひらを互いにおよそ二〇センチ離して向きあわせて、このように手を置いてください。［セラピストは、被験者の顔の前三〇センチ程度に手を維持して、デモンストレーションします。手と腕が自由に動くことができるように、腕と肘には、何も触れないようにします］さて、私たちは人体には磁場があるということを知っています。私は、あなたが手の間のその磁場を本当に経験しているか、あるいはあなたの感覚があなたの想像力から来るかわかりません。しかし、自分を敏感にして、手のひらの間のその地場を――あたかも、あなたの手に磁気があるかのように――感じ始めてください。

ロッシ――奇妙な磁気現象を誰もが経験しました。「奇妙な」見えない力という磁気に関するメタファーは、被験者の中に自主的な無意識の力を呼び起こして、いろいろな観念力学的プロセスと関係し、それだけで不思議な働きをします。ここで使うのは、間接的な観念力学的な集中力です。それは、言葉の意味、あるいは知的な意味でなく、むしろ言葉に関連する具体的な観念力学的価値を利用する間接暗示の形式です。

被験者の意識（左脳の合理的なプロセス）が少し混乱して、注意を固定して、そして、「磁気の手」の奇妙な認識概念に集中する間、被験者の無意識（右脳の観念力学プロセス）は、「磁気」と「手」という言葉に関連したすべてのいろいろな具体的身体経験を、自動的に呼び起こします。

一般的に、自主的な無意識の力に接した被験者の多くの人生経験は、活性化され、そして表現するために待機状態に置かれる傾向があります。特に、自動的で無意識の手の動きとともにした多くの人生経験は、表現される寸前の状態にあります。「磁気の手」が何を意味するか、まだ意識は頭を悩ませているので、被験者が、引き起こされたすべての無意識の観念力学的な力に気づくわけではありません。

セラピストが言ったことすべてが真実です。しかし、それがすべてというのは、何を意味していますか？　この明らかな内的な質問は、それ自体、被験者の意識を誘導プロセスに結びつけて、期待を引き起こす間接的な催眠形式です。

期待を構築する含意と否定

ロッシ◎しかし、その手をまだ動くようにさせないでください！　両手の間の力を、あなた自身に少し経験させてください。[休止]

ロッシ―無意識が、多くの観念運動と観念感覚の現象を完全に経験するためには、時間を必要とします。実際の手の動きがどんなものであっても、被験者に先延ばしすることを求めて休止する際には、セラピストは、最大限自分自身の力を発揮するために、これらの観念力学プロセスのための時間を考慮に入れておきます。しかし、私たちが、遠回しに、もう一つの間接的催眠形式を導入したことに気づいてください。すなわち含意です。「しかし、その手をまだ動くようにさせないでください！」と言うことで、手が動くことを示唆しています。その含意は聞き手の心の中で構成される必要がある何かです、と上席著者は強調しました。セラピストは、被験者の手を動かすようにとは、直接言いません。しかし、含意は被験者内に必要な観念力学的なプロセスを間接的に呼び起こすので、自主的な方法で手を動かします。たとえ被験者に手を動くようにさせるだけだとしても、今、手に動くように事前準備させます。

「その手をまだ動くようにさせないでください」と言って、否定を散りばめ、被験者がセラピストの暗示に従う際に経験するどんな抵抗であっても、間接的に放出させます。両面性はすべての催眠ワークに特有です。被験者は援助を望んでいて、暗示に従いたいと思っています。しかし、もちろん、どんな馬鹿な医者に従うのか、という疑いや恐れを持っています。多くの理由から、被験者は催眠現象が働くことを望んでいますが、一方で望んでいません。セラピストが、現象が起こると主張し続ける場合、当然、被験者は対抗して催眠が働かないような反対の可能性を実行しようとして、責任を押しつけます。「その手を動くようにさせないでください」と否定を言い表すことで、セラピストはこの否定的な可能性を引き継いで、被験者の範囲内に、もはや存在する必要がないようにします。そして被験者は、それをもはや実行する必要はありません。被験者には、動作が許されるときについて、彼の奇妙な肯定的な期待以外何も残りません。動作することに、もはや疑いはありません。唯一の質問は、「まだというのなら、それはいつですか？」です。

非言語的な期待と予備的な揺れ《Preliminary Oscillations》——抵抗を置き換えて放出すること

ロッシ｜この意味深長な休止の中で、セラピストは、興味津々に、そして期待をしながら被験者の手を見ます。この非言語的期待は、一種の間接的催眠で、被験者内に自動的に反応を喚起する傾向があります。しかし、無意識に被験者は期待を感じて、そのせいで先延ばしするので、セラピストはこの興味と期待を偽ることができません。被験者は、実際には無意識の観念力学プロセスが引き起こされることを知っているので、セラピストは本当の期待を明らかにします。すると、被験者は本当に、無意識のプロセスが、はっきりする方法を知りたがります。催眠を成功させるために必要なことは、切れ味良く、それでいて慎重に観察することだということを、セラピストは知っています。ですから、セラピストは最初の動作の徴候を探るために、被験者の手を熱心に見ます。

患者はセラピストの関心が本物であるとわかると、患者は通常、極度に集中して、固着して手を見ます。もしそうでなければ、セラピストは、被験者の視線をそこへ向けるために、被験者の手の方向にわずかに非言語的に頭を動かします。被験者が、それでもまだ視線を手に集中させないなら、セラピストは、非言語的に被験者の視線を向けるために、手を指さします。左脳の言葉を相対的に静穏化させたままにしている間、非言語的な指示は右脳の処理を強化する傾向があります。

現在、被験者の視線は自分の手に集中し、被験者とセラピスト双方が、数秒間、期待しながら、慎重に楽しんで観察することができます。どのように、被験者の個性は、引き起こされた自主的な力を処理して、明らかにするでしょうか？　二人の被験者、あるいは二つのセッションはそっくりではありません。各々の被験者は、毎回、少し違った経験をします。セラピストが最初にわずかな微小な動作に気がついたら、どんな方法で起こり始めたとしても、セラピストは満足のため息をついて、動作についてコメントします。

観念運動性の動作の強化——治療環境を作ること

ロッシ◎その通り。流れに身をまかせて。何本かの指が、自分でちょっとだけ動きます。そして、それで結構です。しかし、まだあまり、動かすことを手にさせないでください。まさに経験しながら、自然な流れに身をまかせて。

ロッシ―通常、このときまでに見られるごくわずかな、震える動きについて、もちろん、セラピストはコメントし、その動きを補強します。満足感を感じ、非言語的に明示する際に、セラピストは、コンテクストから考えると、奇妙に見えて、恐ろしく見える自律的な動作を経験することについての満足感と充実感を患者内でモデル化して、間接的に補強しています。その後、被験者は、充実感を伴ったとしても、そのような普通ではない、恐ろしいかもしれない現象を経験します。同時に、抑圧され、恐ろしいかもしれないけれど、治癒的価値がある他の資料を経験し、そして表現するように条件づけられます。すると、その現象に全く気づかずに、簡単に、そして、問題なく引き出すことができるようになります。セラピストは、このように将来の治療経験のために安全な環境を作ります。

「まさに経験しながら、自然な流れに身をまかせて」という文章は、巧妙な間接的複合暗示です。「まさに経験しながら」という最初の部分は、もちろん、自明の理です。どのようにしたら、被験者は、経験していることを否定できるのでしょうか？　被験者は、経験している、ということに必ず同意するので、複合暗示の最初のフレーズによって、「イエスセット」が確立され、あとに続く「自然な流れに身をまかせて」を、被験者は受け入れます。このフレーズは、手の自律的な観念運動性の動作を促進させる方へ向かわせますが、少なくとも二つのレベルの意味があり、混乱します。一つのレベルでは、経験は単独で続いています。経験することはすべて、自律的な感じがします。もう一つのレベルでは、セラピストはさらに、手を単独で動かせるように、直接的に、しかし巧妙に、許容的に、被験者に話しています。たとえ被験者が、意識的には、一つのレベルの意味だけしか気づいていないとしても、精神的な機能の観念力学的原則は、たとえ、公然と明示されないとしても、すべてのレベルと可能性がある連想が活性化されることを示しています。しかしながら、多くのレベルの意味および連想が、一つの方向に集中する場合には自律的な動作が生じる傾向があります。

観念運動シグナリングのためにダブル・バインドを導入すること

ロッシ◎私たちは、磁力が物質を引き寄せることができること、あるいは物質を押し離すことができることを知っています。また、それは無意識と同じです。「イエス」と答えようとすると、人々を引き寄せます。「ノー」と答えようとすると、人々、あるいは物事を押し離します。私たちは、その手の動きを使って、あなたの無意識に重要な質問をすることができます。あなたの無意識がイエスと言いたいなら、あなたは両手が引き寄せられると感じます。あなたの無意識がノーと言いたいなら、あなたは両手が押し離されると感じます。どちらの方法ででも、あなたは両手が簡単に動くように、あなたの無意識にさせます。では、その質問は何ですか？［休止］

ロッシ―ダブル・バインドでは、イエス、あるいはノーという答えのどちらでも、観念運動性反応が明示されます。その自律的な観念運動の動きは、催眠反応の形として定義できます。被験者は、通常、経験している初期動作、そして疑問に無意識が答える可能性にとても魅了されているので、ダブル・バインドを認識しません。被験者がそれに関するダブル・バインドとコメントの性質を、ユーモラスに認識する場合でさえ（通常ダブル・バインドを研究しており、催眠の中でその適用法を知っている専門家仲間）、観念運動の経験が継続します。ときどき、懐疑的な被験者は信じていないので、手を目覚めさせ、そして再び現象をテストするかのように動きを意識的に止め、手を少し曲げて固定clinchします。

ダブル・バインドの質問

ロッシ◎手を合わせるように動かすことによるイエス、あるいは手を押し離すことによるノーで、無意識が答えようとしている疑問は何ですか？［休止］それは「無意識が、快適な治療的なトランスを経験することに、問題はないですか？」という疑問です。［休止］その通り。そして、手がイエスのために一緒になることと、ノーのために離れることができるようにします。

ロッシ―通常、手はこの時点で、無意識の動作に特有の微かにビクッとする動きを伴って、ゆっくりと動き始めます。被験者は、しばしばこの動きに微笑みます。それを経験することは、うれしい驚きです。

偶有的暗示を経た閉眼

ロッシ◎その通り。そして、その手が一緒にゆっくり動き続けると、何があなたのまぶたに起こっているか、疑問に思います。まぶたは、まばたきしていますか？　手が一緒に動き続けるとき、まぶたは気持ちよく閉じる準備をしていますか？［休止］手が触れる前に、まぶたは閉じますか？

ロッシ—目を閉じることを進行中の手の動きと結びつけることは、間接的な形の偶有的暗示です。進行中の行動パターンへ新しい暗示を便乗させます。その結果、進行中の行動に関するイエスによって、新しいものがもたらされ、行動に付加されます。質問形式の新しい暗示で誘導し、被験者自身の内部の力をもとにして、目を閉じさせます。質問形式の言葉遣いをすることで、実際に被験者が表出しているどんな行動にも、常に暗示が関連します。被験者が瞬いたら、セラピストは、「その通り、瞬きが起こっているようですね？　そして、目が実際に閉じるのは、いつでしょうか？」とコメントします。この時点で、目が閉じない場合、あるいは両手が実際に動いて離れる場合、あるいは全く動かない場合、それは抵抗を意味しています。この抵抗は以下のように調査して利用することができます。

抵抗を置き換えて放出すること
——催眠反応に関する多くの偶発性、多くの機会

ロッシ◎その通り。実際に、両手は動いて離れています。そして、無意識が今すぐ治療的なトランスに入りたくないことを意味しています。そして、それは意識、あるいは無意識に、そうすることへの障害がいくらかあるからです。それで、両手は、非常にゆっくり離れるように動くことによって、その障害を表し続けます。そして、両手が動いて離れ続けるとき、その障害の理由をあなたの意識は手に入れますか？　トランスが生じる前に、何かをもたらす多少の時間を無意識は必要としますか？［休止］

さあ、両手を見てみましょう。無意識は、今、それについて私にさえ話していません。それでも、その問題を十分に扱うことができますか？　そして、無意識が問題を扱ったとき、両手を一緒に動かし始めますか？

［休止］

その問題を扱うとき、しばらくの間、無意識は、その動きを止めることができますか？　その問題を解決することに集中するために、無意識はあなたの目を開けておきますか？　あるいは無意識は、あなたの目を真剣に、そして十分に閉じさせますか？〔休止〕無意識は、あなたがそれを経験し続けるとき、あなたが経験していることについて話してほしいと思っていますか？　それが続いている間、自分自身に話させることは、どれほど簡単ですか？

ロッシ―前記は、離れて動く手という否定的な観念運動シグナルの背後にあるものを探して解決する方法のほんの一部です。セラピストは、抵抗の現れ方について、絶えずコメントすることによって①、そしてさらにもう一つの観念運動性反応によって②、答えられる一連の質問を通して、抵抗に対処し解決できるように設計された別の催眠暗示と抵抗とを結びつけることによって③、いわゆる抵抗に対処します。なんらかの動きをしている限り、催眠様式が明示されています。そして、セラピストは、患者の反応性パターンを調べるプロセスを、楽みながらすることができます。全く手の動きがない極めて珍しいケースでは、セラピストは以下のようにすれば、多少なりとも進めることができます。

反応がないことをカタレプシーに変えること

ロッシ◎そして、何が、手に起こっていますか？　手は実際、動いていませんか？　どれくらいの時間、そこで全く動かずに堅く手を保つことができますか？　その通り。できるだけ、手を動かないようにさせるように頑張ってください。私たちが、動きに気づかなくても、身体は、通常、一定の動きをいつでもする状態にあります。しかし、催眠状態では、私たちは逆説的反応――求めていることと反対のこと――をすることができます。そして、身体は完全に身動きしなくなって、そしてときには、かなり長い間そのままでいることができます。あるいは、身体の一部が静まることができます。その一方で身体の別の部分は動きを経験します。あなたの場合、何が起こるでしょうか？

ロッシ―したがって、全く動かない自分の手を、目を丸くして見入っている被験者では、動きがないことを受動的なカタレプシーへと変えることができます。そのようにして、動けなくしている間、ちょうど夢、あるいは深い集中状態の中でのように、身体が完全に穏やかに不動のままになっているので、無意識がその問題に対して、とても激しく内側で作用し続ける方法について、セラピストはさらに間接暗示を続けることができます。

時間歪曲と覚醒——巧妙な後催眠暗示

ロッシ◎そして、トランスのあらゆる瞬間が、時間に、日に、あるいは長年にわたる普通の時刻に等しくなるとき、無意識はその特別なトランスの時間の中で、その問題に取り組み続けることができます。[休止] そして、何が起こるか秘密にしておくことを、無意識が必要とする場合、意識がそれを実際に理解するかもしれないし、理解しないかもしれないということは興味深いことです。あなたが動いて、伸びて、再び完全に目覚めたいという衝動を持ったとき、無意識がその作業単位 unit of work を完成し、それが終わることがわかるまで、今のままでいることができます。

ロッシ——ここで起こったことは何でしょうか？　観念運動の動きがなくなって、トランス経験に変わりました。そしてそのトランス経験の中で被験者は、どんな観念運動を妨害する抵抗であっても効果的に対処します。それは、積極的抵抗が全くなかったということです。被験者には、観念運動動作のための才能がないだけかもしれませんが、この場合、受動的なカタレプシーは、トランス経験が起こることを可能にするとても理想的な方法です。

トランスが実際に生じたことが、どうしたらわかるのでしょうか？　多くの場合、のっぺりした顔の表情を伴う身体の静寂と不動状態は、まさにトランスの基礎的徴候です。おそらく目が瞬きしていても、不動状態のままでいるための許可が与えられると、最終的に目は閉じます。催眠療法家が注意深ければ、何が起こっているかという関心と認知で、ある瞬間、目の瞳孔が広がることに気づくかもしれません。

トランスのもう一つの明らかな指標は、被験者が覚醒するとき、「動いて伸びをする」ために通常、巧妙な後催眠暗示に従うということです。ときどきセラピストは、この後自分自身を動かして、伸びをすることによって、この後催眠暗示を強化することができます。被験者は、覚醒時には、基本的に経験したことを健忘していて、かなり虚ろかもしれません。もちろん、これはさらに純粋なトランス経験の別の表現であり、セラピストは、それについて話すことを、被験者に迫るべきではありません。今の状況は、面白い催眠経験をすることで、将来のトランスの基盤を築いたところです。次にセラピストと被験者が会うとき、この最初のトランス経験を観念力学的アプローチとして再度、提起して、トランスを開始することができます。

被験者が覚醒して、経験したことを話したい場合、セラピストは、被験者が経験した現象学的なデータを慎重に集めることができます。そして、すぐに、あるいは後から起こる次のトランス経験を容易にするためにデータを利用します。

しかし、快適な治療的トランスを経験していることを示して、手を一緒に動かすことをできるようにすることで、被験者が最初のダブル・バインドの質問に、積極的に答える一層典型的な状況へ、今私たちを戻らせましょう。手がゆっくり一緒に動いている時点では、暗示によって無数の指示 directions を受け取ることができます。手が被験者の反応能力について価値ある情報を提供しているために、ここには、ロッシが主として調査することが少数ながらあります。

意識と無意識の間の葛藤をデモンストレーションすること

ロッシ◎その通り。そして、それらの手が一緒にゆっくり動き続けて、同時に無意識が快適な状態の中へ、ますますあなたを動かしていることを示すとき、あなたは、あなたが意識的な意志で、それに反対しようとするなら、何が起こるだろうかと疑問に思うかもしれません。あなたが、しばらくの間、いくらか時間をかけて、その力に対抗しようとした場合はどうなりますか？　あなたの意識はその無意識の力に対抗することができますか？［休止］

ロッシ―休止によって、被験者には意識的に磁力に逆らう機会が与えられます。被験者がどのようにこの機会を使うか注目することは、面白くてためになります。被験者が希望のないしかめっ面をほんの少しするとき、あるいはおそらく少し微笑むときでさえ、手が間断なく一緒に動き続けるなら、観念運動性の動作に支配されるので、被験者がそれに反対することができないということを意味するかもしれません。これは、おそらく、催眠暗示に対する特別な才能がある、そして、ほとんどの古典的催眠現象を容易に経験することができる右脳タイプの人です。

別の被験者では、手は間断なく、そして、顔に何の変化も現れることなく、一緒に動き続けるかもしれません。これは、進行中の経験に対して被験者に不安がないので、いかなる努力もする必要がないと考えている可能性があります。この被験者には、さらにいろいろな古典的催眠現象（観念運動性抑制、観念感覚反応、そして想像力豊かなプロセス）を経験する準備ができているかもしれません。しかし、被験者がうまくやっているのは、受動的になったままでいるからで、積極的ではないからかもしれません。成功した暗示は、被験者が受動的なままでいることができるように、とてもうまく言い表されていて、積極的な努力を必要とせず、自分の無意識、あるいはセラピストから、単に受け取るだけの暗示かもしれません。

けれども、安心して熱心に意識的意志の強さを試す機会として、観念運動性の動作を捉える被験者がいます。セラピストが、今、いろいろな試験的行動 testing behavior を観察すると、その時間のほとんどに、手をはっきり意識的に離すように引くこと、そしてその後に手がゆっくりと、再度一緒に自主的に動き始めるような休止の間の揺れ oscillation があります。そしてまれに、被験者は、自分の手を引き離して手を落とし、当面の経験を終了して、このように見た目上、覚醒します。その後、この被験者に、トランス経験をすることが、どうしてもイヤなのかと質問して判断する必要があります。

観念運動性の動作に、効果的に抵抗する方法はいろいろありますが、すべてに共通する要素が一つあります。実際、被験者は観念運動性動作を止めることができますが、そのことがわかると、いつでも期待が裏切られます。被験者は、通常、「魔法」あるいは「トランス」がちょっとの間、離れて行ったことを残念に感じたと後になって言います。被験者は、無意識が持つ興味深い可能性を、通常の意識に邪魔してほしくないと思っていました。意識がその意志を押しつけると、トランスは気持ちの良いことではなくなります。

この失望した反応をする際には、ロッシは、特別な状態という催眠理論に関する証拠をさらに調べます。トランスには、特別な意識の状態、あるいは通常の日常的意識と異なるものとして、ほとんどの被験者が識別することができるものが含まれています。しかし、それらの違いを言葉にすることが困難な場合があります。催眠から通常の様式までのこの変化は、①右脳（あるいは従）支配から、左脳（あるいは主）支配への知覚された現象の変化、それとも、②副交感神経システム支配から交感神経システム支配への変化、あるいは、③恐らく異なる神経伝達物質、エンドルフィン、あるいは他の精神生物学システムの相対的な利用の実際的変化かもしれません。この知覚された現象の変更の下にある生物学的源泉が何であれ、それは、以下のように、変性状態を認識することを、そして自己認識の価値ある点bitを多少なりとも使えるように導入することを援助することができます。

変性状態を認識すること——存在の治療モード《Therapeutic Modes of Being》を促進する後催眠暗示

ロッシ◎その通り。物事が単独で起こる快適な状態から抜け出すことを、自分自身に強制すると少し落胆します。それは、むしろ不安にさせます。なぜなら、意識の妨害を受けないようにして無意識を働かせると、物事を最も上手に行う方法を知っている無意識に、いつでも気分良くさせることができるからです。あなたは、今、その違いを経験して、無意識にさせる方法を学んでいます。無意識にさせることは、再びその手を一緒にすること、あるいは離すことです。それは、本当は重要でありません、唯一重要なことは、無意識の創造的な部分に、それがどうなるか決定させるということです。そして、無意識が、あなたに二、三分の時間をかけて、休んでほしいと望んでいるとき、そして、あなたが意識的にわかる以上の多くの方法で、あなたを助ける重要なことをさせるとき、ときどき自分自身を注意して見るために、一日を通して、それらの手を再び動かすことができるのと同じ程度に、この新しい感覚を使用できることを知ることは、素晴らしいことです。その日の間中、身体に注意しながら、無意識に、時間とエネルギーを持たせながら、あなたにとって非常に重要なそれらの問題を扱うことが必要なことです。

ロッシ—私たちは、実際、体には九〇分のサイクルが、昼夜を通してあることを知っています（Hiatt & Kripke, 1975）。眠っている間、九〇分おきに、睡眠サイクルdream cycleを経験します。そして、実際に、覚醒時でも九〇分ごとに、私たちは仕事を、そして左脳で考えることを休む必要があるとき、副交感神経優位の期間を経験します。覚醒している時間を通して九〇分ごとに、少し空腹になると、想像に耽るようになります。もちろん、これは、しばらくの間、自己催眠状態になる理想的な時間です。そして、意識的な指向性▼訳注11 intentionalityに、休みを与える間、私たちの生活しやすくするために必要なことすべてを、私たちの無意識にできるようにします。ロッシは、不安と心身症の多くは、この自然な九〇分のサイクルが働くことを意識ができないようにしているとき、ストレスが生じた結果である、という臨床仮説を現在、調べています。不安、精神的なブロックblocking、錯誤と疲労は、優位脳の意識に指示された考えが、このサイクルを通して、劣位脳のバランスと補償機能が自然に起こるとき、バランスと補償機能を奪おうとする場合に起こる傾向があります。

その後、このサイクルに、感覚的後催眠暗示を結びつけることは、後催眠暗示を行動の必然性behavioral inevitabilityに結びつけるということです。自然な生命プロセスを利用して、そして促進する一方で、行動の必然性は暗示を補強する傾向があります。

▼訳注11　志向性あるいは指向性（intentionality　独＝Intentionalität）はエトムント・フッサールの現象学用語で、意識は常に何者かについての意識であることを表す。

催眠の可能性の調査——身体の不動性および麻酔

ロッシ◎そして、それらの手が一緒になり続けるとき、あなたは他に何が起こっているか、注意して見ることができます。それらの手は、ぎこちなく少し固くなっていますか？　それらの手は、厚手の、柔らかい磁気手袋をしているので、何も感じませんか？　それらの手袋のパッドはとても厚くて、手を止めるので、四、五センチ以上、近づくことはできませんか？［休止］

ロッシ—被験者が反応して、手が四、五センチ離れて実際に止まるなら（この時点で、目を開けていると仮定します。そうではなく目が閉じられているなら、手のブロックblocking、堅さ、そして麻痺を目撃するには目を開ける必要があると暗示をします）、被験者が手袋状麻酔を体験できる手が、どれほど硬くて、麻痺しているか、セラピストは、今、声を出して驚くことができます。手が膝へ横滑りし、何も感じずにいる場合、麻酔は後でテストすることができます。もちろん、多くの被験者にとって、何かを感じることは不可能です。というのは手袋の暗示に対して整合性を保っていることによって、厚い磁気グローブによって妨げられるので、それらの手がまったく膝に触れないからです。麻酔に加えて、あるいはその代わりに、さらに観念感覚反応を調べることができます。

観念感覚反応

ロッシ◎そして、それが続くように、あなたは顔の感覚に注意することができます。私たちすべて、感情で顔を赤らめるとき、身体表面と身体組織に暖かさを、ときどき感じることを知っています。しかし、あなたは理由を正確にわかっていなくても、あなたの無意識は、その暖かさを感じる方法を知っています。あなたは、今、その暖かさを感じることができますか？［休止］そして、あなたがその暖かさを感じると、その手は私に知らせるために、だんだん離れて行きますか、あるいは、あなたの頭はゆっくりと、イエスと頷き始めますか？［休止］あるいは、ノーと、あなたは、自分だけの力で頭を振りますか？

ロッシ―観念感覚反応を引き起こす数えきれない方法があります。しかし、常に助けとなる特定の原則があります。①身体感覚を経験する可能性がある場合に、生活状況史に言及する（感情のほとばしり、風の冷たさ）と、無意識レベルで内部探索を開始し、その感覚を事前準備する傾向があること。②休止を使って、応答のための十分な時間を用意すること。③応答したとき、セラピストにわかるように観念運動シグナルを行動として設定すること。実際に、これらは、許容的な方法でどんな催眠現象であっても促進する基本的原則です。この時点で、将来の作業を容易にするために必要と感じたら、どんな催眠反応であっても、セラピストは導入し、調査することができます。

トランスを深めること、そしてさらに治療ワークを準備すること

ロッシ◎その通り。そして、今、眠りに入るときと同じように快適になるために、トランスを深める準備が無意識にできていれば、それらの手と腕は少し重くなり――それからさらに少し重くなるのを感じるでしょう。［以前より重くなっていることを示す、わずかに上下する動作を、セラピストが探している間、休止］そして、その手が、さらに下へ動き続けると、さらに

快適さが深くなります。しかし、それらの手が、あなたの膝の上に来て、休むのは、無意識が本当に休む準備を整え、それから他の催眠技術 hypnotic skills を学ぶ準備を整え、あなたの目的に役立つことができるときです。

ロッシ―通常、被験者にはこの時点で、さらにワークをする準備ができています。ロッシは、現在、一般的にそこで後に続く手順がどんなものであったとしても、経過をモニターできる観念運動性指シグナリングを導入しています。

四　トランスの深さを測ること

催眠の歴史を紐解くと、論争の的となった問題にトランスの深さという概念がありました。私たちの現代的なユーティライゼーションセオリーでは、集中状態、あるいは関連した連想への没頭状態、そして、被験者に、興味深い特定の現象を経験させるメンタルプロセスとして、深さを定義します。このように、「深さ」は、あらゆる催眠現象を経験するための一般的な準備 generalized readiness としてではなく、むしろ特定の方法で反応するための準備として考えることができます。いろいろな催眠現象（軽いトランスで経験する最も簡単なものから、深いトランスを必要とする現象まで）と相関するトランスの段階的深さというスケールで、反応を考える方法が一般的な準備です。そして、それはうまく確立されていて、実用的なガイドを提供します。タート（Tart, 1972）は、催眠の深さのスケールの自己報告を再検討しました。そうしたところ、訓練すれば現在のトランスの深さについて、被験者は正確な言葉で答えることができることが示唆されました。さらに、深さが連続的に変化することがわかりました。そのため、重要なトランスワークをするとき、深さをモニターすることには価値があります。しかし実際のところ、いろいろなステージで「深さ」を経験する個人差は、あまりに大きいので、今のところ、すべての被験者で使うことができる万能のスケールは存在しません。

上席著者は、被験者一人一人のために、指シグナリングを個人的インデックスとして、徐々に開発するために使いました。患者は視線の外側に、手を気持よく置きます。そして、すべて独力で少し動かすことにより、手の指が、トランスの深さを示すことができることを、エリクソンは示唆します。他の指より、親指と意識はさらに関係していると上席著者は信じているので、親指は使いません。エリクソンは非人間的な言葉、指 digits を使います。なぜなら、人さし指、中指、薬指、そして小指のような言葉より、意識と結合する力が弱いからです。同じ指ならどちらの手でも、トランスの深さを示すことができます。これは、片方の手に対する、あるいは他の手に対する学習された連想パターンを回避する傾向があります。しかし、この問題には、大きな個体差があります。何人かの患者は、手を交換して使うことができます。他の人は、非常に一貫しているので、左手、あるいは右手のどちらかを使用します。

トランス深さのインデックスを作り出す際に、人差し指は（しかし、患者は「第一の指 first digit」を人差し指と解釈します）、トランスの最も軽い段階を示すために使用することができます。一方で、以下のように他の指でも、多少なりと目盛りで深さを示すことができます。

人さし指 first digit（〇～二五％）：リラックス、快適さ、観念感覚、そして観念運動シグナリングが可能な軽いトランス。

中指 second digit（二五～五〇％）：感情、考え、白日夢、色など、自主的に流れる内部の経験を快適に受容する状態。セラピストの暗示に対して喜んで同意し受け入れ、その結果、セラピストが、それら（例えば、腕浮揚、重さ、暖かさ、知覚的な感覚変更など）を暗示すると、よく知られた催眠現象が簡単に体験できます。

薬指 third digit（五〇～七五％）：被験者が、よく知られているトランス経験の指標すべてに「合格した」、そして新しいトランス現象、あるいは未知のエリア（埋もれた記憶、部分的退行など）を調査することができるように感じる受容性を確立した状態。トランスでのイベントは自主的に行われます。しかし、自我はイベントを観察しますが、覚醒時に思い出すことも、思い出さないこともあります。しばしば被験者は目がさめるとすぐに熱狂します。なぜなら被験者はトランスがいつもより深いと癒されたと感じるからです。そして、セラピストが暗示していない催眠現象でさえ自発的に経験します。被験者は、自主的な、あるいは解離した経験の本質を深く感じています。

小指 fourth digit（七五～一〇〇％）：被験者は、ときどき意識を失ったと報告します。彼らは眠っていたか、夢を見ていたか、遠く離れていたか、あるいは、どこか「外」にいたかしました。たとえゆっくりと、適切にセラピストの声に反応したとしても、被験者はセラピストの声を聞いたことを思い出すことができません。被験者は、経験したことをほとんど説明することも、あるいは思い出すこともできません。

完全なトランスを経験する人は、一部ですがいます。しかし、それは比較的珍しいことで、通常、誘導のために数時間を必要とします。それは仮死と同じような状態で、とてもゆっくりとした呼吸と脈拍を伴います。そして、一般化された現実志向を回復するためには、長い時間（三〇分以上）を必要とします。

五　挑戦を置き換えること《Replacing Challenges》

おそらく現代催眠にとって、観念運動シグナリングの最大の価値は、それによって、セラピストは、今までのような権威的「挑戦」（「目を開くことができません。あなたは手の握りをほどきます」など）を排除することができることです。そして、挑戦はトランスの深さを測定するには、いくらか精神的外傷となるような方法であり、そして患者をとても失望させる方法でした。観念運動シグナリングによって答える準備ができているときを、患者自身のシステムが示すことができます。そして観念運動シグナリングを支援し、適切な反応をすることを求めます。これによって、より緊密なラポール、そして、より啓蒙的な協力を、患者とセラピストの間に発展させることができます。観念運動シグナリングは、被験者のトランス経験を広げます。その結果、臨床医と研究者は、どんな性質の意識の変性状態であっても、この道具を使って、十分に調査することができます。

六　反応準備の指標《Response Readiness》

エリクソンは、旧来の権威主義的なアプローチから、現代的許容的アプローチへの変更をパイオニアとして始めました。しかしそこには特定の反応を経験するために被験者に準備させるような、はっきりした質問の使い方はどこにもありません。エリクソンは絶えず被験者に、能力に関する一連の自明の理、そして異なる現象を経験するための動機を提示します。被験者に、特定の経験をする準備ができていると、エリクソンが思っている場合であっても、被験者内に適切な連想、そして反応ポテンシャル response potentials を活性化するために、観念運動性反応に関する質問を最初にします。このように、質問と観念運動性反応によって、特定の反応を個人にさせるための準備をします。

エリクソンは、自分の認識を示す例を、一九四五年の「医学生との非公式な会議」に出席していた人で説明しています。そこでは、適切な時期にした自発的、自動的

な頷きを、トランス経験をするための準備の指標として、無意識の観念運動シグナリングを利用しています。▽原注6

エリクソン◎実は、今夜、ここにボランティアがいません。とても慎重にグループを見渡していましたが、ボランティアがいません。……ところで、ちょうどそのとき、頷いた人を誰か知っていますか？

LeJ◎私がしたように思います。私は、トランスに入ろうとしていると、すでに言いました。その後、あなたがグループ内でボランティアは見当たらなかったdidn't seeと言ったことが重要に思えました。そして、私のことに違いないと思いました……私は、それを知りませんでした。それは、私が椅子をゆすっていたからかもしれません。

エリクソンが、ボランティアを捜していると話したことに対して、LeJがした反応は、頷くことでした。エリクソンは、①任意にボランティアを選ぼうとしたのかもしれません。あるいは、②ボランティアを求めたのかもしれません。しかし、エリクソンは準備ができていない人を指名する可能性がありました。そして、たとえ被験者が志願したとしても、それは、意識レベルからだけの返答である可能性がありました。エリクソンは、観念運動性のシグナルに照準を当てることによって、深いレベルで準備ができている被験者を見つけることができると確信していました。

LeJの内省的な意見は有益です。LeJは、トランスに入ろうとしていると、以前に言いました（差し迫ったグループの状況から離れて）。すなわち、LeJはトランス誘導に反応する準備ができていました。しかし、自動的に頷くために、LeJは刺激として、ボランティアが必要なことについて、エリクソンの言葉での意見を必要としました。頷いてから、LeJは、自分がしたことを知らなかったことを認めます（彼は、頷くとは事前に考えていませんでした）。そして、さらに、彼が椅子を揺らしていたせいで頷いたと示唆することによって、したことを正当化しようとします。したがって、LeJは意識レベルで相反する感情を持っていました。彼は、トランスを試みたいと言いましたが、一方では、彼は、したことを正当化しようとします。この相反する感情は、問題をまさに持っている患者の特徴です。なぜなら、そ

▽原注6　「医学生との非公式な会議」（一九四五年）は、エリクソンの出版されていない速記録から取り上げた。

の患者は、内部の矛盾する力の間でバランスをとっているからです。エリクソンは、言葉での発言および質問によって、観念運動性反応が起こすことができたので、相反する感情を建設的な方向へ向けました。

ルクロンのような研究者は、観念運動シグナリングをもっと意識的な指示形式で、使い始めました。一九五二年、エリクソンと共同講演したロサンゼルスの催眠セミナーにおいて、ルクロンは、観念運動シグナリングの初めての使用を、以下のように説明しました。▽原注7

> 麻酔を誘導する際には、麻酔をテストして被験者が何も感じないと言うまで、暗示がいつ効いたかわかりません。私は「痛み」という言葉使いを避けて、その代わりに「不快」と言います。「痛み」という言葉は、否定的な暗示です——その言葉そのものです。麻酔が完全に、あるいはほぼ完全になったとき、指定した指がピクピクする、と暗示します。指がピクピクすると、少なくとも部分的であっても、上手く麻痺していると考えることができます。その指のピクピクは、被験者による受け入れの表れです。被験者が、指がピクピクしているのを感じるとき、被験者は「ええ、間違いなく手に麻酔がかかっています」と考えます。

麻酔だけでなく他の現象を経験する準備ができているか評価する際にも、このアプローチは確実に適用できます。患者が望ましい反応を経験する準備ができていないことを、患者の観念運動性反応が示したらどうしますか？　これは、必要な反応を維持するための患者のやる気、あるいは内部の準備が、まだ十分に生じていないという指標です。ですから、セラピストは、患者に困難な原因について尋ねます。それから、セラピストは、患者を手伝って、理解させ、やる気を持たせるようにします。そして、患者に適切な連想を提供して、内部の準備をしながら、さらに安全に必要な反応にアプローチすることができるようにします。日常的生活体験の一部として自動的に反応する際には、患者の過去のすべての経験、そして部分的な経験に、セラピストは言及します。①反応がどのようになされるか、適切な合図を無意識に提供する間、そして、②適切な行動反応を促進する適切な反応セットを実際に活性化する間、これらの連想は、意識レベルで患者を励ましています。この手順の例は、次章全体で提示されています。

▽原注7　一九五二年「ロサンゼルスの催眠セミナー」のルクロンの出版されていないテープから書き起こした。

七　無意識の資料を発見すること

観念運動シグナリングは、従来の精神分析的アプローチより、はるかに短い時間で無意識の資料を発見するための手順として使用することができます。エリクソンが提示した初期の実例は、「医学生との非公式の会議」（一九四五年）においてのものでした。ミセスWの中に隠れた敵意があることを認識するとすぐに、エリクソンは、彼女が敵意を認識できるように観念運動シグナリング、そして自動筆記の両方を使用し始めました。この例は、エリクソンが、二人の被験者に働きかけることから始めるので、特に有益です。この二人ともが、意識的な言葉のレベルでは同じように、不愉快なことは何も言いたくないことを示す反応をします。ミスHの言葉のメッセージと観念運動シグナリングは合致しますが、ミセスWは合致しません。それから、エリクソンは観念感覚シグナリングを利用し始めます（ミセスWの手が「少し軽いと感じる」とき）、そして観念感覚シグナリングはその後、このようにミセスWを援助し、しばらくした後に、本物の観念運動性シグナルになります。彼女の相反する感情に気づいてください。

エリクソン◎テストのために、手を置きましょう。手をこの位置に置こうと思ってください。無意識に、あなたは彼について不愉快な何かを言いたいと思ったら、あなたの右手は、上へ上がります。あなたが、不愉快なことで言うことがないなら――不愉快なことを言う必要がないなら――左手が上へ上がります。あなたは、どちらの手に賭けますか？

ミセスW◎左手です。［どちらの手も上がりません］

ミスH◎左手です。［左手が持ち上がります］

エリクソン◎不愉快なことは何もありません。あなたはここの誰かに不愉快なことを言いたいと思いますか？

ミセスW◎いいえ。

エリクソン◎あなたの右手の感じが違いますか？

ミセスW◎私の右手は少し軽いと感じますが、それは私が誰かに不愉快なことを言いたいと思っているからですか？

エリクソン◎そうですか？

ミセスW◎私は、何にも考えることができません。

エリクソン◎あなたがそうしたいなら、あなたの右手が持ち上がるか確かめましょう。

ミセスW◎［右手が持ち上がりながら］だけど、右手が持ち上がりました。あなたは私をトラブルに巻き込もうとしています。

エリクソン◎あなたは、トラブルが何かわかっていますか？

ミセスW◎いいえ。

エリクソン◎認識、あるいは意識的状態がありません。手の動きがあります。不愉快なことが何かあるに違いないと彼女に認識させることが、彼女の内部で起こりました。私は彼女を納得させること、指示すること、そのどちらもしませんでした。私はちょうど今、状況を作って、問題を提起しました。そして、彼女は右手が上がっていることに気づきました。そして彼女は、「はい、私の手を信じるなら、私は不愉快なことを言いたいと思います。しかし、私は何も考えることができません」という顔をしていることに気づいています。

ミセスW◎それが何のことか、私にはさっぱりわかりません。私の手は上がりました。そして、私は手を下げようとしていました。

エリクソン◎何が言いたいか、見つけるという楽しみを持ちたいと思いますか？

ミセスW◎私は、それが何か想像することができません。

エリクソン◎私はあなたに、とても簡単に、しかも素早く発見する方法を話すことができます。

ミセスW◎再び眠りに戻りますか？

エリクソン◎いいえ、いいえ。鉛筆を持とうと思ってください。そして、あなたの手は誰かの名前を書こうとします。


人の名前を自動筆記するプロセスにおいて、最終的に、ミセスWは心に浮かんだ不愉快なことを言いたいと考えます。これは、無意識の資料を発見する観念運動性反応を使うアプローチの特徴です。患者の認識の外側にある源から来る完全に自律的な観念運動性反応と意識的な認知（考え、感情など）の間で相互作用します。そして、それは突然利用できるようになります。セラピストが繰り返し質問すると、多くの連想パターンを、そして患者内の反応の源を活性化させるように見えます。そのとき、意識的な認知（それは観念運動性反応がなされる直前に、その間に、あるいはその後に浮かぶかもしれません）と観念運動シグナリングの組み合せを通して、観念運動シグナリング単独で、あるいは意識的な認知と言葉の報告単独で、患者は反応するのかもしれません。

これらを応用する際には、観念運動シグナリングの有効性と信頼性に関する疑問が、自然に湧いてきます。観念運動シグナリングのこのような適用法すべてが、いままで臨床ワークで開発されてきました。そして、不確かな結果から有効性を見つけるには、臨床医のテクニックに依存していました。相応しいコントロール、そして統計分析による標準化された実験条件下における観念運動シグナリングの有効性と信頼性の系統的研究は、これまでなされていませんでした。状況を完全に理解する臨床医の能力と結果の有効性は同じだと、エリクソンは認識しています。彼はこれについて、以下のように話しています。▽原注8

「観念運動シグナリングの有効性とは、どんなものでしょうか？　もし答えがイエスなら、右手を上げることを、そしてもし答えがノーなら左手を上げることを、信頼できる情報を伝えることができる実体としての患者の無意識からさらに情報を探すことを、無意識に対してしてほしいと言うことが、ほとんどすべてです。その有効性はどれくらいか？　ということが疑問として出てきます。その有効性は、対処している状況を、あなたが理解する能力と同じだけです。

患者が私のオフィスに入って来ると、数年間で七回不倫したことに、かなりコンプレックスを持っていると言いました。彼女は、自らすすんで、相手の名前、日付と場所、そして七回の不倫の状況を、私に教えました。その出来事すべてを、自分の感情を、自由に、率直に患者は説明し、とても良くおしゃべりしました。しかし、精神病的な経験をいくつかしていたので、彼女がトランス状態で私に何を話すか、わかりませんでした。

トランス状態で彼女は、同じ七回の不倫を、私にほんのちょっと違うだけで文字通り同じように説明しました。私は、彼女が答えを無意識にする可能性について話しました。それは右手で、あるいは右の人差し指でイエス、そして左手で、あるいは左の人差し指でノーです。それはイエスと頷くこと、ノーと頭を振ることと同じです。私は、単純な偶発的なこととして、これを説明しました。彼女にするようには言わずに、他の何人かの患者もすることができたことの一つとして話しました。トランス状態の中で、彼女が最初の不倫を話し終えたとき、『私の最初の不倫は、一九XX年でした』と、彼女は言いました。しかし、彼女の左手はノーと言いました。私は、それを覚えておきました。それから、『私の次の不倫』と彼女が言ったのは四回

▽原注8　一九七〇年代にロッシとなされた音声記録を編集した。

目の不倫のことだったと、私は思います。そして、彼女の手はノーと再び言いました。

観念運動の動作は、三回、彼女の言葉と矛盾しました。あるとき、彼女は手でノーと言いました。あるとき、彼女は指でノーと言いました。そして、あるとき、彼女は頭でノーと言いました。しかし、彼女はそれらの動作に全く気づきませんでした。彼女は可能性があると気づきさえしませんでした。後になって、彼女は最初の不倫は一七歳と言ったのですが、そうではなかったことに、私は気づきました。最初の不倫は、彼女が非常に積極的になって、年上の男を誘惑しようとしたときのことで、思春期の出来事でした。しかし、途方もない罪悪感からの反動と、そのための完全な抑圧がありました。それが最初の不倫でしたが、彼女はそのことを忘れていました。彼女は六回目の不倫も忘れていました。さらに別の抑圧がありました。観念運動シグナリングを通してだけ、そのような情報を彼女は教えました。それでも彼女は、『すべての不倫を話してくれましたか？』と私が尋ねても、『はい』と言葉で答えました。さて、彼女は、すべての不倫を話してくれました。しかし、意識的に認識していたことだけでした。不完全な説明だったことを彼女に後で暗示したとき、心の中のことをすべて、彼女は知っているのではありませんでした。彼女は、観念運動シグナリングを通して、意識から抑圧されていた最初に発覚した不倫について学ぼうとしました。

ですから、患者と仕事をするとき、あなたは、このことを心に留めておくべきです。あなたは患者に強制することができません。しかし、あなたが患者に観念運動性の出口を提供して、意識が利用できない反応をさせると、もっと完全に秘密を開示させることができます。その女性に私は、忘れていた話を話すことを、準備ができるまで絶対に強制しませんでした。治療の後で、抑圧されていた不倫について知ったとき、彼女はものすごく驚きました」。

ルクロン（LeCron, 1954, 1965）は、軽いトランスによって、早期の記憶を発見するために観念運動シグナリングを利用しました。彼は、初期の一九五四年の論文の中で質問に対して、アプローチを以下のように説明しています。

通常、話し続ける必要があるのは、威圧的な原則ではなく、許容的な質問です。このことにこだわれば、多分、無意識レベルでの協調が生まれます。というのは、情報を押しつけようとすると、抵抗が起こる可能性があるからです。質問をする際の実行と工夫で、価値のある資料が大量に素早く得られるかもしれません。たとえば、精神的外傷が関係するなら、それが生じた正確な日を、質問で取り囲む方法 bracketing method によって確認することができます。患者は一五歳になる前に、出来事が起こったかどうか、質問されるかもしれません。「イエス」と答えたら、次の質問は、「一〇歳より前でしたか？」と聞かれます。答えが「ノー」なら、「その日は一〇歳と一五歳の間でしたか？」と聞かれます。それから、その年を確かめること、さらに、正確に時間さえも見つけることができます。とはいえ、それほど正確に時間をはっきりさせる必要はほとんどありません。

年齢、あるいは日付を学習したら、患者に経験した時間に退行するように指示することができます。退行は、復活タイプ revivification type（経験を追体験しながら、同時にあたかも現在にいるかのように認識しながら、被験者が経験を関連づけること）である必要がありません。そのような退行は、その出来事を追体験するとき（見たり聞いたりすることなど）機能するすべての五感を伴ったもの、そして感情の解除反応および放出を伴ったものかもしれません。

このように、患者の困難や神経症に関するほとんどの情報を得ることができます。それは、もちろん、通常の自由連想を使う方法より、限りなく速く行えます。診断的な質問をすることもできます――「精神的、あるいは感情的な原因が、この徴候に関してありますか？」。そして、ときにはさらに予後に関して質問をすることが大事だと気づきます。

患者にとって最も印象的なことは、情報が自分の内部から来ることです。意志に基づかない指の動きは、無意識の直接行動を最も効果的に患者に示します。往々にして、患者は、実際に指が「イエス」と反応したとき、「ノー」という答えを予想していたと言います。これが、返答の有効性に関する指標として、患者とセラピストにとって、素晴らしく役に立ちます。ときどき被験者は、指が動かないように試みることがあるかもしれません。おそらく、被験者はそうすることができますが、そうした努力をしたとしても、多くの場合、指が動きます。

もちろん、賢いセラピストは、すべてを鵜呑みにしないで返事をします。しかし、当然ですが虚偽の返事をすることができたとしても、それは例外であることを教えます。ひどく抑圧された資料でさえ、答えは通常、正確に、そしておそらく簡単に得られます。抑圧が大きい場合、あるいは資料があまりに情緒的な場合、これは必ずしも真実でありません。しかし、その方法は抑圧を分析するように思えます。左の親指「私は答えたくありません」を使ったシグナルによって、質問の答えを避けることは危険な徴候です。注意深く扱うと、異議 objections は安心と議論で克服されるかもしれません。あるいは、被験者が後のセッションで、資料を出すのに十分な自我の強さを呼び出せる暗示がなされます。そしてさらに患者が圧倒されて危険を感じている場合、ここで答えを回避する理由を質問が引き出すかもしれません。

　それらの指が、肯定的あるいは否定的な答えを示唆しないように、質問の言い回しに注意しなければなりません。術者は患者に、「自分は正しい答えを知らないし、恐らくあなたの意識も答えを知りませんが、あなたの無意識が知っているので、正しい答えで返答することができます」と質問の初めに言います。(pp. 76-78)

チークとルクロン (Cheek & LeCron, 1968) は、数多くのパラダイムを体系化しました。そうして、患者に観念運動シグナリングさせるための質問をして、精神的外傷と心身症の根源を発見しました。特に、チークは無意識の資料を発見するために、多くの精巧な観念運動の手順を開発しました。これらには、催眠 (Cheek, 1960) に対して、外科麻酔中の有意義な音の無意識の知覚 (Cheek, 1959, 1966) に対して、早産を開始する夢の重要性 (Cheek, 1969b) に対して、そして危篤状態でのコミュニケーション (Cheek, 1969a) に対して、潜在意識の抵抗を除去することが含まれています。重要な論文、「催眠で、誕生までの年齢退行とともに現れる連続した頭と肩の動き」(Cheek, 1974) でチークは、無意識レベルで生じる観念運動性反応について、面白い観察をしました。チークの論文は、臨床医とセラピストの側の本当に先駆的な努力を意味しています。チークの仕事は、観念運動性反応とシグナリングの有効性と信頼性を確立するために、実験室の制御された条件下で行う必要がある多くの系統的研究への方法を示しています。

F　まとめ

観念運動シグナリングという役に立つ臨床テクニックは、広範囲に、そして、いにしえの昔から存在する無意識行動から発達しました。自動運動が、古代および中世において、不可解なもの、神のお触れ、あるいは魔法と見なされた一方、通常の範囲の外側の認識反応システムの興味深い現れとして、今日、私たちは自動運動を理解しています。これらの観念運動と観念感覚性反応は自動運動の基本的素材であると、現在、理解されています。

そして、それは一九世紀において古典的トランス現象、そして催眠を生み出しました。主に無意識の資料を発見することに、そして、観念運動シグナリングという新しい形式が、ここ数十年間、調査されてきたのは、催眠反応を促進することに、臨床医が興味を持ったからでした。エリクソン、ルクロン、そしてチークによって発展した、これら最新の形式の観念運動シグナリングは、命令、そして「挑戦」という以前の権威主義的な形式の替わりに、催眠反応と治療的な反応を理解して促進する許容的臨床アプローチを提供します。系統的でコントロールされた実験室内の研究は、観念運動性反応およびシグナリングの有効性および信頼度を確立することを、今もなお要求されています。

G 観念運動シグナリングの練習

一 観念運動シグナリングと間接形式の暗示

間接的形式の催眠暗示（Erickson & Rossi, 1979）と一緒に観念運動を使用することは、数々の創造的な催眠現象を促進することを、そして無意識の資料を使ったワークを、セラピストに提供します。例えば、一九六〇年の催眠に対する抵抗の除去に関するレポートにおいて、チークは、被験者が外傷となる記憶を回復するのを助けるために、シュブルールの振り子とともに、質問と暗黙の指示を使った優れた使用例を提供しました。被験者は、R博士（本書のロッシ博士とは無関係）でしたが、初めてシュブルールの振り子に触れる経験したことで、尋常ではない反応をしました。そして明らかに恐れで身動きできなくなりました。以下は、チークの説明からの抜粋で、傍点は私たちがつけたものです。そして、チークが、重要な資料 critical material を呼び起こすために、連続した文章のなかで、一連の二つの暗黙の指示をどこで利用したかを示します。

R博士は、さらにきつく振り子を握りました。顔と手は、灰色に変化しました。私は、目を開いて、そして振り子にいくつかの質問に答えさせてください、と彼に頼みました。私は彼に頼みました。

Q：以前、こんなふうに感じたことがありましたか？

A：はい。

Q：それは二〇歳以前でしたか？

A：はい。

Q：一五歳より前ですか？

A：いいえ。

Q：今、あなたの潜在意識は、それが何だったか知っていますか？

A：はい。

Q：さて、目を閉じさせてください。そして、経験が何かを、あなたの内部の心があなたに知らせると、あなたの内部の心によって、あなたの指が広がります。振り子がテーブルに落ちるとともに、それについて話すことができる意識的なレベルまで、その記憶を運びます。

私は約二〇秒間沈黙したままでした。指からチェーンがすべり落ちたとき、彼は気持ちが動転しているように見えました。ほんの少し後に、振り子のプラスチック・ボールがテーブルにぶつかったとき、彼は左手を頭の側まで上げて、目を開けて言いました。「今、わかりました。私は体育館で練習中でした。そして、私はピラミッドを仲間と組んでいて、その頂点に立っていました。下の男がつまずいたので、私はセメント床に頭の側面を打ちつけました」。

それ以上何も言えないようでした。私は、振り子を拾って、以下の質問に答えるように、彼に頼みました。

Q：あなたは、今、気持ちよく催眠に入ることができると思いますか、そしてちょっと前の反応から自由になっていますか？

A：はい。(p. 106)

ここで読者は、観念運動シグナリングを併用する間接的催眠形式のそれぞれにおいて、重要な治療反応を生じるための使用法を探求することができます。

二　観念運動シグナリングのための基本的なパラダイム

近年、学習と行動を基本単位とするフィードバックループに沿って流れる情報を、概念化する人工頭脳研究の仮説は、心理的機能に関する面白いモデルを提示しています。これら、**テスト－操作－テスト－出口**（TOTE）モデル（Miller, Galanter, & Pribram, 1960; Pribram, 1971）は、観念運動シグナリングに役立つパラダイムを実験的、そして臨床的ワークのために提供します。このパラダイムでは、一連のテスト問題、そして心理的な操作の使用法を説明します。そして、それが、結果的に、与えられた精神的問題の解決策になります。頭、手、あるいは指の反応によって観念運動シグナリングを達成した後、大部分の精神的な問題を調査して、解決するために、理論的に用いられる五段階のTOTEパラダイムは、以下のようになります。テストは、通常、セラピストが被験者に一連の質問、あるいは指示を出します。一方、操作は、被験者が観念運動性反応をするために経なければならない内部の心理的プロセスです。このパラダイムは、実際にはチークとルクロン（Cheek & LeCron, 1968）によって開発された研究方針を一般化したものです。以下の説明の中で、「いいえ」、「私は知りません」、あるいは「答えたくありません」という反応はすべて、患者が経験している困難を解決するためには、そのレベルで、さらに質問が必要なことを示しています。

① **テスト**：あなたの問題には、心理的、あるいは感情的理由がありますか？
操作：観念運動性反応を引き起こしながら、観念運動レベルの内部チェック（意識的な認識の有無にかかわらず）：
↓
「イエス」「ノー」→**テスト**：さらに質問

② **テスト**：一連の年齢を取り囲む質問、そして／あるいは、問題が始まったときまでリ・オリエンテーションすることを要請すること。
操作：観念運動性反応を引き起こしながら、観念運動レベルの内部チェック：
「イエス」「ノー」→**テスト**：さらに質問
↓

③ **テスト**：意識がそれを知っても大丈夫ですか？
操作：観念運動性反応：
「イエス」「ノー」→**テスト**：さらに質問
↓

④ **テスト**：あなたの問題の原因を議論してください。
操作：「ノー」→言葉での討論テストに満足できない：
さらに質問
「イエス」：討論に満足できる
↓

⑤ **テスト**：今、問題を諦めても良いですか？
操作：多くのレベルで、観念運動性反応に要約される問題の内部チェック。

「イエス」「ノー」テスト：問題の他の原因について、あるいは問題をあきらめることができる時についての質問。

↓

出口：問題の解決をサポートする後催眠暗示。

患者の問題が、精神的な理由か、あるいは感情的な理由かに関して、最初のテスト問題は、内部チェックの操作を観念運動レベル上で始めます。そのような内部チェックは、いつでもトランスを深める傾向があります。自律的、あるいは半自律的プロセスが、観念運動性の動作をする一方で、意識は内部に固定し、そして集中します。「イエス」というシグナルが現れる場合、セラピストは二番目のテスト問題に進みます。「ノー」という反応だった場合、さらに質問します。それは多分、その問題に心理的、あるいは感情的な基礎がないということです。それは、患者が心理的という言葉、あるいは感情的という言葉を受け入れないということかもしれません。ですから、患者が理解して、受け入れることができる用語に質問を言い直す必要があります。

さらに、この最初のレベルの「ノー」という反応は、転移問題の徴候である可能性があります。セラピストに自分たちを支援させることなど、患者の意欲について、セラピストは尋ねる必要があるかもしれません。このレベルでの「私は知りません」は、心理的な問題、あるいは心身相関的な問題について、より多くの教育を、患者が必要としているという意味かもしれません。「答えたくありません」は、調査する必要がある問題に関連した重要な副次的利益があることを意味しているのかもしれません。しかし、人々は、独自の方法で、自分のシグナリング・システムを使用します。それで、セラピストは、個人個人のスタイルと個人的システムが意味することを、よく吟味しなければなりません。どんな場合も、この最初の質問は、その問題の性質に関する内部チェックのプロセスで開始します。これは、原因を識別するために、そして問題に対する潜在的な解決策を識別するために利用する多くの連想プロセスを活性化します。

二番目のテストの質問は、やがて実際に、その問題の原因となった場所を突き止める一連の取り囲む質問です。エリクソンが常に強調していたことは、催眠反応には時間がかかるということでした。この一連の取り囲む質問は、一連の内部チェックに時間を充てます。さらに、連続してタスクをしている場合はいつでも、通常、トランスは深くなります（Erickson, 1964b）。多くの場合、取り囲む質問を始めるとすぐに、患者の心に、その問題の原因が浮かびます。しかし、一連の質問すべてを継続することは賢明なことであり、患者の連想プロセスに対して、おそらく患者がこれまでにしてきた以上に徹底的にチェックする機会を提供します。問題の他の原因が明らかにされると、異なる年齢レベル間に、価値ある接続が作り上げられます。

その後、その問題が始まったときを見つけて、セラピストは、それを意識が知っても問題ないですかと尋ねます。実際、セラピストは、患者の意識がどこにあるか、必ずしも理解していません。意識が存在するなら、静かに観念運動性反応を観察していますし、あるいは、意識が遥か彼方なら、他の問題に関係しています。ですから、なされている観念運動性反応にまったく気づきません。観念運動性の反応レベルと認識の認知システムとの間で、解離は、全体的に、部分的に、あるいは完全に欠如しているかもしれません。解離がない場合、患者の意識は特別な観念運動性反応の重要性に、理論的には気づいています。しかし、これが本当である場合でさえも、利用できる連想が意識と共有されない観念運動レベルにある公算が大きいのです。このため、私たちは、これらの連想が患者の意識と共有できるかどうか尋ねます。「イエス」という反応は、質問を進めることができることを通常意味します。しかし、すべての関連した連想が、このとき、意識と共有される保証は未だありません。特定の連想が意識に達する前に、問題に関する同じ観念運動性プロセスの多くのチェック（ときどきかなりの数の）が必要とされるかもしれません。

「私は、知りません」、あるいは「答えたくありません」というレベルの反応では、解離（あるいは無意識）を維持することが必要な理由を、さらに質問する必要があります。従来の見方では、ほとんどの治療形式で無意識が意識されていることが必要です。しかし、エリクソンは、ほとんどではないにしても、多くの神経症的な問題は、意識レベルよりも無意識でより適切に取り扱うことができるという見方を開拓してきました。このレベルでの「ノー」という反応は、問題を解決するのに、意識が必要ないことを意味していました。一連の問い合わせは、この可能性をテストするのに用いられます（無意識は、それについて、これ以上よく知っている意識なしで、この問題を解決することができるでしょうか？）。この可能性によって、患者、あるいはセラピストのどちらも、何が、どのように、あるいはどうしてかを知らずに、観念運動性レベル、あるいは無意識レベルで、問題が解決されるという魅力的な見通しが生まれます。多くの研究は、この可能性を探るために必要です。意識的干渉を受けずに、特定の患者と特定の問題を、もっと効果的に解決できるかもしれません。

問い合わせテストの典型的コースにおける質問④は、これまでの質問によって、かき混ぜられた資料について話すことを患者に求めます。問題に関する満足な議論があるかないかは、セラピストの先入観と理論的な見解以上のものに依存します。究極的には、問題についての満足がいく議論の唯一の基準は、患者の意欲、そしてその問題をあきらめる実際の能力に関しての⑤の質問テストが、「イエス」という反応に結びつくかどうかという実用的なものです。あなたの問題について、このレベルで話しませんか、と患者に誘いをかけると、広範囲にわたる可能な反応が返ってきます。どの程度、解離しているかについては、通常、不確実です。患者が、後になって、目覚めるとき、言われたことすべてを健忘しているので、外見的に正常なように話したとしても、夢遊病状態にいるかもしれません。しかし、通常、軽く、あるいは部分的に解離しているだけです。患者が話すと、覚醒時以上に、自由にカタルシスを経験するかもしれません。しかし、後で覚醒したとき、患者は、話し合ったことをほとんど完全に記憶しています。意識が知っていてもよいかどうかについての③の質問テストに対して、「イエス」反応を確実に手に入れる努力をすることによって、この記憶は実際に促進されます。

患者の意志と問題をあきらめる能力に関する⑤の質問こそが、全手順の主たる目的です。再度、心理的プロセスが、長い時間をかけて発展し続けることが認識できます。ときどき患者は、問題と問題を即座に自信を持って解消するための確実な見通しについて、鮮明な洞察を手に入れます。「感情的」な問題、そして「自我同一性」の問題は、ほとんどこのようにして解決することができます。しかし、パターンが染みついている習慣的問題（喫煙、つめかみ、過食など）には、もっと多くの時間が必要かもしれません。問題が最終的に、解決するとき、患者に日付を「見させる」ことは、いつでも大事なことです。その後、将来の日付に、患者自身を擬似オリエンテーションさせることが大事なことです。患者がそこにいることを観念運動性反応が示す場合、セラピストは、その問題を解決するために、最終的に、患者がしなければならないことを、すべて患者に調査させることができます（Erickson, 1954）。これが、患者のシステムが問題を解決するために必要な一連の仕事、あるいはステップを、患者に提供します。このように、患者の個性には、自分自身のパターンを作って、問題解決する機会があります。現代の催眠療法は、外側から、恣意的に解決を押しつけるのではなく、患者自身の創造的な能力をこのように促進します。そのことを、患者が理解すると、患者は、通常、感動します。

最後の段階は、まさに見つけた（そして、創造した！）解決を促進するために、治療として、一、二、三の間接的な後催眠暗示をすることから、「出口」までです。通常の注意と行動反応を必要とする会話方法を採用しているセラピストが、観念運動性状況を終わりにすると、患者は、通常、自発的に目がさめます。セラピストは、患者が体などをリ・オリエンテーションすることから、患者の自発的な覚醒を認識することができます。覚醒がはっきりせず、自発的でない場合、セラピストは患者に、目を閉じて、少しの間、気持よく休んで、その後、リフレッシュした感覚とともに、完全に目覚めるように言います。

三　TOTEモデルと心理的変化《Psychological Change》

TOTEモデルは、受容体機構 receptor mechanisms の集中管理 central control を説明するために開発されました（受容体機構の集中管理は、シェリントン▼訳注12の反射弓の概念 conception of the reflex arc では説明できません）。脳内の集中処理 central processes は、環境からの感覚入力を連続的に修正しています。この集中管理 central control は、内部の状態と外部環境の間を、生命体が連続的に調整するために必要です。この集中管理が感覚と自動処理を一体化する際に重要なら、それが心理的領域において、どれほど重要か考えてください。そして、心理的領域では、その入力（その人の社会的場面の解釈）を集中管理することによって、連続的に修正された社会的場面から入力します。私たちが臨床心理学において、「解釈」あるいは「バイアス」と名づけたものは、実際には、入力に関する「集中管理」のことです。「バイアス」の集中管理が厳密な場合——すなわち、外的現実の変更によって、十分に、あるいは適切に修正できない場合——私たちは心理的不適応になります。集中管理（バイアス、解釈）が実生活の変化に応じて、適切に変化する場合、「上手な現実への志向」、「調節」、あるいは「成長志向」であると、私たちは言います。

集中処理、あるいはバイアスを変えることに関係している最も重要な因子は、環境に対して相互作用する生命体の運動です。外部の現実と実際に相互作用して、それ自体を修正する機会が、生命体にない場合、集中管理は

▼訳注12　「脳は多数の反射を有機的に統合して複雑な運動を作り上げる作用をもっている」というC・S・シェリントンによる理論。

変化しません。子猫がその視覚を組織化するためには、実際に歩くことが必要です。特別なカートに入れられ、連れ歩かれると、子猫は、優美さと正確さを備えて歩くために必要な知覚－運動の調整を発達させることができません。このように、社会的状況（バイアス）に関する不適当な集中管理を修正することは、それらの社会的な状況（自分のバイアスの単純な解釈、あるいは不十分な理解）との実際の相互作用をさらに要求することが予想できます。

バイアス、あるいは不適応を変えるためには、適切な社会的状況へ、その人の反応を相互作用させること、あるいは活発に変化させることが必要です。

四　観念運動シグナリングの反応レベル

観念運動シグナリング反応の根源、あるいはレベルが魅力的な難問のままであることは、前の議論からはっきりしています。「精神的外傷となるような深く抑圧された情報は、最初に苦悩の生理的徴候によって、それから観念運動性反応によって、さらに最後には言葉での報告によって示されます」と、チークとルクロンは述べました（p. 161）。彼らの臨床調査結果によれば、少なくとも、反応には三つの根源、あるいはレベルがあるかもしれないことがこのように示されています。実際の臨床経験では、もっと多い可能性が示唆されています。一部の患者は感情的なレベルで反応します。そして、何かを感じたとしても、それが何か、わかっていません。感情的なレベルは、このように認知レベル（から解離した）とは異なっています。他の人たちは、何かを知ることに関して直観的レベルで反応します。しかし、再度、言葉でそのことを表現することができません。観念運動シグナリングは、それらを言葉で表すことができない場合でさえ、このような感情的、そして直観的レベルと密接に関係しているように見えます。これは、未だに体系的に調査する必要がある研究指針です。いろいろな段階（生理、観念運動、感情、認知、言葉など）を通り抜ける反応の源、あるいはレベルには、階層が、実際あるのでしょうか？あるいは、これは単なる個体差の問題でしょうか？　問題を実験的に調査するために、アプローチを開発するなら、どんなものが可能でしょうか？

観念運動性動作およびカタレプシーの視聴覚デモンストレーション——リバースセットが催眠誘導を促進すること

一九五八年にエリクソンは、スタンフォード大学でアーネスト・ヒルガードとジェイ・ヘイリーに催眠誘導のデモンストレーションをしました。このデモンストレーションのビデオテープ、または16ミリフィルムは出版社から購入できます。この古い記録の視覚的、聴覚的品質は低いものですが、それにもかかわらず視覚的な記録として最良のものです。これは、エリクソンが教師としての素晴らしい仕事をした期間のもので、トランス誘導においてエリクソンがカタレプシーへ向けて、種々の非言語的アプローチをした記録で、かつ異常に複雑な形式の観念運動シグナリングを使用した記録です。このセクションにおけるこの視覚的記録では、精神的流動、創造力、そして治療的トランス経験を促進して、日常的な考えの学習された限界を混乱させるためのリバースセットの難解な使用法をエリクソンが分析して解説しています。

被験者であるルースに紹介された後、エリクソンは、彼女に「自動運動」についての考えを教えるために二言三言、会話しながら所見を述べて、腕浮揚アプローチを開始しました。彼女の手が顔に接近したので、エリクソンは、もう一つの仕事を導入しました。すなわち彼女が考えることと、することの違いを発見することです。以下において、私たちはエリクソンがトランスを深めて、リバースセットを確立する手段として、彼女が考えることと、彼女がすることの間で、解離を促進し始める方法を活字にしています。

この独創的な手順では、彼女のすること（最初、随意的な頭でのシグナリングが、徐々にどんどん不随意的になること）が、真実か虚偽かで答えることができるように、エリクソンは問題を準備します。しかし、状況が整えられると、その結果、彼女の考えることが常に真実になります。個人的精神的操作 mental maneuver で、もしかすると頭でのシグナリングで逆のことをしていると思う必要があったとしても、彼女は、事実に反しないと考えていることでしょう。

頷くこと、あるいは頭を振ることという外部の動作と、考えることという内部プロセスは、通常の日常生活では、体-心のパターンが一致して連動します。ここでエリクソンは、プロセスを分離、あるいは解離します。したがって、今、プロセスは互いに真逆の重要性を持っています。真実とはっきりわかっていることと逆のことを、頭でシグナリングさせることによって、エリクソンは、彼女の中にリバースセットを確立します。彼女は、頭が示すことと逆のことを考えるセットを開発します。エリクソンは、ルースがトランスに入っていないことを示すために、ノーと頭を振らせると、臨界点 critical point が来ます。このようにエリクソンは、メンタルメカニズム（リバースセット）を利用して、彼女が実際に考えていることを、彼女の心の範囲内に配列 arrange します。

これは、トランス誘導のために、メンタルメカニズムを喚起すること、そして正確に利用することを言語的に説明する最も明白な例であることに、ロッシは気づきました。このセクションにおいて、ほとんど痛みを伴うほど詳細に、プロセスを分析しました。というのは、プロセスはとても微妙なので、簡単に失われたり、あるいは誤解されたりするからです。最初、理解することが困難な場合がありますが、実際にメンタルメカニズムを作動させて、利用するこのプロセスが、催眠治療的なプロセスの本質であると、私たちは思っています。一九四八年の論文、「催眠心理療法 Hypnotic Psychotherapy」でエリクソンは、メンタルメカニズムを利用するこのアプローチを、初めて系統的に論述——分析するだけではなく——しています。

催眠への導入と最初の学習方針

ヒルガード◎ルース、エリクソン博士に紹介したいと思います。

ルース◎はじめまして、先生。

エリクソン◎はじめまして。あなたをルースと呼んでよろしいですか？

ルース◎はい。もちろんルースと呼んでください。

エリクソン◎どうぞお座りください。照明は大丈夫ですか？

ルース◎ええ、そうですね。

エリクソン◎あなたは今まで催眠にかかったことはなかったですね。

ルース◎はい、ありません。

エリクソン◎でも、興味はあったのですね？

ルース◎はい。

エリクソン◎おそらく、すぐに仕事に取りかかったほうが良いと思います。あなたはどれほど学ぶ気がありますか？

ルース◎ええ、やる気一杯です。［少し休止］しかし、私は少し神経質になっています。

エリクソン◎少し神経質になっているのですか？

ルース◎はい。

エリクソン◎ええ、実際、神経質になっているべきなのは私です。なぜなら、私は仕事をしなければならないからです。そして、あなたがする必要があることは、物事を起こるままに任せておくことだけです。そして、その物事は起こるでしょう。

ロッシ―紹介されるとすぐに、エリクソンは名前で呼んでも良いかと、ルースに許可を求めて個人的な接触に利用します。彼女の許可を求めることは、礼儀正しいというだけではありません。それは即座に、進行の仕方を決定して、彼女に積極的な役割を与えます。彼女の承認と積極的な参加を引き出すために、最初に照明について（映像を記録していたため）コメントし、エリクソンは開始早々このように気遣います。それから、エリクソンは催眠に対する彼女の興味を確かなものにするために、その後、さらに、「あなたはどれほど学ぶ気がありますか？」と質問をします。このようにすぐに、催眠状況は、学習過程であると定義されます。これは、大学での環境において、特に適切なことです。

次にエリクソンは神経質という言葉を使っていくつかのことをします。①彼女の感情を受け入れて、反映します。②彼女の極度の緊張に気づいて、特に具体的な方法で、進んで自分自身が緊張を引き受けることで、彼女から緊張を取り除いているのかもしれません。▽原注9 ③さらに「あなたがする必要があることは、物事を起こるままに任せておくこと let things happen だけです。そして、その物事は起こるでしょう」という状況として、催眠を定義するために極度の緊張を利用します。この行われたすべてと一体となった気楽さと砕けた態度が、催眠効果に貢献します。自明の理の文脈の中でのさりげなさ、そして良好なラポールは、暗示を受け入れるための最も効果的な手段と見なすことができます。

起こりうるトランスを初めて評価すること

エリクソン◎えーと、あなたは照明のことを忘れてい

▽原注9　初期の儀式的治癒形式において、転移のもともとの意味は、患者の障害や病気がヒーラー healer（シャーマン、呪術医、あるいは導師）に移動したということであった。そしてヒーラーは問題を内在化して、自分のシステムで、障害や病気に対処した。

ますか？
ルース◎いいえ、忘れていません—私は、照明を見ることになっていましたか？
エリクソン◎あー、違います。
ルース◎ああそう。
エリクソン◎照明のことを忘れることができます。おわかりですね。

ロッシ—照明についての、この無害な質問で、エリクソンは、彼女の反応注意力と催眠反応の可能性を大胆に、しかし間接的に評価しています。彼女がエリクソンに強く集中して、照明のことをすでに忘れたという徴候が少しでもあったら（例えば、彼女が照明にリ・オリエンテーションしたときのわずかな驚き、あるいは照明のことを本当にすでに忘れたという率直な告白）、エリクソンは、夢遊病に向かう傾向が彼女にあるという証拠を素早く手に入れたことでしょう。しかし、彼女はそれとは反対に、照明に実際気づいていることを示します。彼女は、一般化された現実志向にしがみつきたいと考える被験者です。彼女は、変性状態を認めたくありません。彼女がトランス経験を承認することは容易ではありません。彼後からわかるように、これは真実であることがわかります。このセッションの間に、いくつかの古典的な催眠現象を経験した後でさえ、彼女は最後に、経験したことを質問する傾向があります。それにもかかわらず、エリクソンは、彼女が照明を忘れることができるという直接暗示で、この時点での交流を終えます。しかし、さりげなくこの暗示をすることで、挑戦を受けずに、間接的に、そして許容できる形で、照明のことを忘れるようになります。そのあと、エリクソンは、腕浮揚によって、素早く型通りの催眠誘導を開始します。

腕浮揚のモデリングと意識・無意識のダブル・バインド

エリクソン◎そして、私はすぐに、あるいはそんな感じで、あなたの手をつかむつもりです。［エリクソンが彼女の手を彼女の腿の上に置く間、休止］今、あなたが手を見ていると、手はそこで休んでいます。あなたが赤ちゃんに授乳するとき、赤ちゃんに口を開いてほしいと思って、赤ちゃんの代わりに自分の口を開けるとき、そのときあなたが抱く感情を、あなたは知っていますか？　そして、車の後部座席に座っていたとき、あなたはブレーキを踏んだことがありましたか？

ルース◎はい。

エリクソン◎では、それと同じような自動運動をお願いしようと思います。すぐに、私の手を見てください。あなたはとても、とてもゆっくりと見ます。何の随意性もなしに、私の右手は持ち上がることができます。そして下がることができます。さらに左手が持ち上がることができます。そして下がることができます。[エリクソンは自分の手で、ゆっくり上がり、そして下がることをモデリングします] 今、私が理解させたいことはこれです。意識をあなたが持っていること、そしてあなたがそれを知っています。そして私がそれを知っています。そしてあなたは、無意識、あるいは潜在意識を持っています。それによって私が言いたいことを、あなたは知っていますね？ [エリクソンは、椅子に座ったまま、前のめりになって、彼女の方へ傾きます。そして、激しくアイ・コンタクトします] 今、あなたは、意識的に右手、あるいは左手を持ち上げることができました。しかし、あなたの無意識は、あなたの手のどちらか一方を持ち上げることができます。そして、あなたの手を見てほしいと思います。そして、私はあなたに質問をするつもりです。そして、あなたはその質問に対する答えを意識的に知りません。そして、あなたは待たなければなりませんし、答えが何であるか、確かめなければなりません。あなたの無意識は、どちらの手を最初に持ち上げそうですか？　と、あなたに尋ねるつもりです。右手、あるいは左手、そして、あなたは本当には知りません。しかし、あなたの無意識は知っています。

ロッシ―若い女性（赤ちゃんを授乳中）の日常に、特に相応しい自動運動のアナロジーを与えて、エリクソンは腕浮揚アプローチを始めます。このアナロジーは、無意識のプロセスの無意識の探索を始める傾向があります。そのプロセスは彼女の手の自動運動を促進することができます。エリクソンは、自分自身の手でこの自動運動をモデリングして、そして、さらに自動運動に関する無意識の探索を促進するために、意識－無意識のダブル・バインドを使います（Erickson & Rossi, 1976, 1979)。

腕浮揚のために声で位置を合図すること

エリクソン◎その通り。そして、あなたの片方の手が持ち上がり始めています。持ち上げて、持ち上げて、持ち上げて。[エリクソンがこう言ったとき、身体を後方へ、そして頭を上にゆっくり動かします」持ち上げて、そして今、手を見てください。その通り。手が持ち上がっているのを見てください。持ち上げて、持ち上げて、上へ、手は来ます。もっと高く持ち上げて。そして手を見て下さい。すぐに、あなたは手に気がついて、そして手を見続けて、そして手を見続けます。そして、望むならば、あなたは目を閉じることができて、そして手が、もっともっと高く持ち上がっていると感じてください。その通り。さらにもっと持ち上げて。その通り。肘は曲がり始めます、そして、手は上がります。その通り。持ち上げて、持ち上げて、そして、すぐに、あなたの目を閉じて、ちょっと手が上がっていると感じてください。そして、手は、もっともっと高く上がっています。

ロッシ―「持ち上げて、持ち上げて、持ち上げて。持ち上げて」と、あなたが激しく抑揚をつけるとき、体を後方へ、そして頭を上に動かします。あなたは声の位置を、腕浮揚させたい同じ方向の上方へ動かしています。

エリクソン―はい、それは無意識のレベルで腕浮揚を促進する聴覚的な合図です。患者は、手が持ち上がる理由がわかりません。

ロッシ―次のセクションで、彼女の手が下へ下がって、あなたが、「深く眠っていく」と彼女に話すときに、あなたは頭を下げて、声を深くして、再度、数回、声位置を合図として使っています。

腕浮揚とカタレプシーのための触覚的合図
――一回目の見かけ上の覚醒

エリクソン◎そして、この手をつかむつもりです。[エリクソンは、軽くその下側に、親指を滑りこませて、彼女の左手に腕浮揚の合図をします] そして、それは持ち上がり、持ち上がり、持ち上がり、持ち上がっています。その通り。そして、もう一方の手が持ち上がって、持ち上がっています。[エリクソンは、右手に何回か長めにタッチしながら、彼女の右手を誘導し、カタレプシーの位置に置いておくように合図します] その通り。さて、手が上がることができる前に、私は手のことを話しました。そして、手は落ちることができました。そして、今、どちらの手が最初に下がって行くか、あなたが知っているのかな? と思います。どちらか一方が落ちて、下がって来ます、そして、下へ手が来ます。[彼女の右手はゆっくり下へ来始めます」その通り。その通り。下へ手が来ます。下へ手が来ます。そしてもっと下がって来ます。さらにもっと。下へ手が来ます。下へ手が来ます。［エリクソンはこう言いながら、頭を下げます］そして、手が下に来ると、トランスに、もっともっと深くあなたに入ってほしいと思います。もっともっと深くなって、あなたに楽しんでほしいと思います。そして膝に手が届くと、大きく息を吸って、さらにもっと深くトランスに入ります。なぜなら、今、あなたは方法を学び始めているからです。その通り。そこに来たら、休ませてください。その通り。今、大きく息を吸って、そして深い眠りに入ってください。［エリクソンは頭を下げて、声を深くします］そして、すぐに、多くの時間、眠り続けたと、自分に思わせてください。そして、ゆっくり目覚めて、そして私を見て、そして私と話してほしいと思います。［エリクソンは、まだ浮揚していた彼女の左手の下側に軽く触れます］そして、今ゆっくりと目覚めて、ゆっくり目覚めて、今、目覚めてください。そして、目を開けてください。［彼女は目を開けて、エリクソンを見ます］その通り。そして、あなたは、トランスに入ることを学び始めています。それを理解していますか？

ルース◎そう思います。

エリクソン―「この手をつかむつもりです」と、私が彼女に言ったとき、私は実際に、軽く彼女の右の手首に触れ、その手首の下側を、自分の手の親指で微かに圧迫するようにしました。私はタッチして、彼女の腕を持ち上げるつもりだということを示します。しかし、私は手を持ち上げていません！　私は、彼女の手首の下側を親指でやさしく少しすべらせ、持ち上げることを示唆します。しかし、彼女はほとんど、すべてではないにしても、持ち上げます。私は連続して、持ち上げるきっかけを与えて、彼女が引き継いで、完全に持ち上げるようにします。

ロッシ―これは、一種の半自動的に手を動かし始める方法で、それが完全に自主的な手の動きに対する一歩であることを、患者が理解することなく起こっているように見えます。「目覚める」ことを彼女に求めたとき、彼女が目覚めた後でさえ、その腕を腕浮揚させ続けるために、非言語シグナルとして、あなたは彼女の左手首の下側に優しく触れます。

エリクソン―はい。トランスと覚醒の間のその瞬間に正確にこのようにすると、患者は目覚めたとき、カタレプシー状態にある自分の腕を、好奇心に駆られてジッと見つめます。
ロッシ―トランス状態で触覚型の合図を与えられると、健忘する傾向があるのですか？
エリクソン―患者は記憶を失うか、あるいは、触覚型の合図をすべて失うかのどちらかです。なぜなら、合図はトランスと覚醒状態の間で与えられるので、実際、どちらにも属さないからです。

トランス経験の評価――感覚と知覚変容

エリクソン◎あなたはそう思います。では、手はどんな感じですか？
ルース◎えーと――少し――重いです。
エリクソン◎少し重いのですね。では手をはっきり見ることはできますか？
ルース◎片方は、膝にあります。はい。
エリクソン◎そして、この手ですか？
ルース◎はい。

ロッシ―あなたは、彼女を表面的に覚醒させますが、彼女の左腕は浮揚されたままです。さらに、彼女は手が重いと報告します。これは、彼女がまだトランスの効果を経験していることを示唆しています。あなたは質問で、感覚と知覚変容がこの時点で、どのように自発的に存在するか判断しています。あなたは普通ではない質問をすることで、トランス誘導という普通ではない状況で、普通ではない反応を引き起こすことができます。

自動運動とトランスを深化する暗黙の指示――最小の合図のために感度を高めること

エリクソン◎今、あなたの顔にもっともっと近づくように、その手を見てください。その通り。その通り。そして、あなたの腕の動きの感覚、肘を曲げた感覚、そして、手がもっともっと顔に近づく方法に、あなたの全神経を向けさせたいと思います。そして、本当にすぐに、手はあなたの顔に触れそうです。しかし、あなたが深呼吸をして、目を閉じて、深く、ぐっすりと眠っていくことができるまで、手はあなたの顔に触れません。その通り。ほとんど準備できています。ほとんど準備できています。その通り。その通り。そして手は動いています、動いています。その通り。そして、あなたは、深呼吸をする準備をしながら、手があなたの顔に触れるのを待っています。深いトランスの中で深く、ぐっすり眠りに入る準備をしながら。今、ほとんど触れています。その通り。今、ほとんど触れています。しかし、あなたは深呼吸の準備をするまで、手は触れません。そして、あなたの目は閉じます。その通り。もっともっともっと近づいています。そう、それです。もっと肘を曲げて、指が上に動いて、あなたの顎に触れます。その通り。そう、それです。ほとんどそこです、ほとんどそこです、そして、今、あなたの頭は、お辞儀をし始めます。その通り、そして、あなたは深呼吸をして、深く眠っていきます。その通り。［エリクソンはカタレプシーの位置へ、彼女の右手の指を揃えます］深く入って、そして今、ゆっくりと［エリクソンは彼女に左腕を下げさせるために、タッチしてシグナルを与えます］この腕は降りていって、椅子の肘掛けに乗ります。その通り。ゆっくり、そして、もう少し速く。そして、今、あなたの右腕は持ち上がり始めそうです。そして、肘は曲がり始めます。そう、それです。そして、左腕は下がっています。［エリクソンは、右腕を下げる合図を彼女にするために、自分の手を振ります］もっともっと。そう、それです。そして、あなたの右肘は曲がっています。そして、あなたの手首は上へ持ち上がっています。その通り。持ち上げて、持ち上げて、持ち上げて、持ち上げて。［エリクソンは持ち上げることをシグナルするために、彼女の右手に下側に軽くタッチしています］そう、それです。持ち上げて、持ち上げて、持ち上げて、持ち上げて、持ち上げて、持ち上げて、持ち上げて。そう、それです。肘を曲げてください。そうすると、この腕はますますまっすぐになります。

ロッシ―あなたは、腕などの動きの感覚に、彼女の注意を集中させ、固定させて、さらに深いトランスを再誘導しています。この種の普通ではない仕事は、彼女の通常の意識セットを弱める傾向があるので、あなたは暗黙の指示をさらに素早く受け入れさせるために、彼女に目を閉じさせて、実質的に、深いトランスに入る準備ができるまで、顔に手が触れないようにします。あなたは、通常、日常的な覚醒状態では無視されている彼女自身の内部プロセスからの最小の合図に、気づかせようとしていただけではありません。さらに、あなたが与えている最小の合図に、彼女がどんどん気づくようにさせるために、そして手順の速度を上げるために、このセクションで彼女に多くの指示的なタッチをしました。

催眠反応を促進する逆説的な挑戦——右脳が関係する非言語的な合図としての含意と手のジェスチャー

エリクソン◎そして今、ルース、あなたが、もっと多くの物事に気づくようにしたいと思います。ゆっくり、とてもとてもゆっくりと、目を開いてほしいと思います。そして、あなたの右手を見てほしいのです。その通り。そして、あなたの左手を見てほしいのです。その通り。そして、動きの違いに気づいてください。その通り。そして今、私はあなたに試してほしいのです。左手が下方へ向かう動作を止めるように試してほしいのです。［エリクソンは、左手を下方へと指示するかのように、箒で下向きに幅広く掃くようなジェスチャーをします］その通り。その通り。そして下へ手が来ます。そして、今、私は、あなたに手が上がることを止めることができないことに気づいてほしいと思います。［エリクソンは、彼女の左手を今、ゆっくりと上方へ動かし、上方への指示をします］手を見てください。今、右手があなたの顔の方へ上がるのを見てください。そして、それを止めようとしてみてください。そして、上へ手が来ます。上へ手が来ます。上へ手が来ます。そして、それを見たままでいてください。上へ手が来ます。

ロッシ―上と下への動きを止める試みをするように求めて、ここでトランスを深めるために挑戦していますか？

エリクソン―下への動きがない限り、あなたは下への動きを止めようと試みることができません。患者は、私が何かを止めるよう要求していると考えます。彼女は、下への動きを継続するための含意を理解 see しません。

ロッシ―患者は、下への動きをためらうことができました。あなたは、はっきりと彼女にそれを止めるように要求します。彼女は、この挑戦が実際に動きがあることをほのめかして、その動きを促進することに気づいていません。

エリクソン―はい、実際に、それを止めることができるものを持っていなければならないからです。私は、動きの現実を、非言語的な手の動きで彼女に指示し、補強します。このときまでに、私は彼女を条件づけして、非言語的な合図に従うようにしました。それで、彼女は、腕を上げること、あるいは腕を下げることを止めることができないことを理解します。

ロッシ―したがって、起こる寸前の催眠行動を止めるという逆説的な課題は、実際には、催眠を促進し、強化する方法です。その後、あなたは動作を非言語的な手のジェスチャーで補強します。患者の左脳が反対のことをするためには、あなたの言葉での挑戦を聞くだけなので、たとえ患者の左脳が困惑したとしても、あなたの手のジェスチャーに従うために、彼女の右脳は恐らくこのジェスチャーの合図を拾い上げて、合図を自動的に処理します。この反対のことは、右脳のより自主的なプロセスを補強しているのかもしれません。そして、私たちは、催眠行動に、そして左脳の言語的支配を弱めることに、反対のことを関連させます。そして、私たちは正常な一般化された現実志向に反対のことを関連させます。

エリクソン―はい、そして「目覚めたままでいられるように頑張ってください」と患者に伝えることができます。

ロッシ―あなたは、それによって、眠りに入るプロセスを引き起こします。

エリクソン―はい、そして、目覚めたままでいようとしていたことを、彼女は知っています！　目覚めたままでいることは、難しい仕事でした。したがって、それとなく睡眠やトランスに入ることは簡単なことでした。

意識セットを弱めるための複数の仕事と次の動作を促進すること

エリクソン◎そして私は今、あなたに注目させたいと思います。私の指を見てください。［エリクソンは、ルースに焦点を合わせさせるために、左手で上の方を指さします。エリクソンは右手でゆっくりと、彼女の左手を彼女の顔の方に動かします。こうしている間、エリクソンは左手で下の方を指示します、その結果、床の方へエリクソンが手を下げていくにつれて、ルースの目は徐々に閉じていきます］そして、私は、あなたに何が起こるか、気づいてほしいと思います。深呼吸をして、目を閉じてください。その通り。そして、その間ずっと、どんどん学習していることを感じ始めています。［エリクソンは、彼女の右手の指の下側に触れ、上方への動きを合図します］そして、右手はあなたの顔の方へ上がっています。そして、あなたの右手があなたの顔に触れるとすぐに、深く息を吸って、より深い眠りに入ります。あなたの顔に右手が近づけば近づくほど、左手が、右手から離れて行きます。［エリクソンは、彼女の左腕に、軽く触って下向きの動きを合図します」そして、上に右手は上がります。その通り。上に右手は上がります。そして左手は離れて行きます。少し速く、そして少し速く、そう、それです、そしてまだ速く、そしてさらにもっと速く、そしてさらにもっと速く、どんどん速く、そう、それです。そして今、あなたの手がそうするのに忙しい間、ルース、目を開けて、私を見てほしいと思います。そして今、あなたの右手があなたの顔に触れるとすぐに、あなたに重要なことを教えたいと思います。そして、手は離れ始めます。そして、手は行ったり来たりします。[エリクソンは自分の手を上下に行ったり来たりさせて、デモンストレーションします」わかりましたか？そしてルース、私はあなたに何か他のことを見つけてほしいのです。あなたが、自分の手を導くことは、かなり難しいことです。[エリクソンは、彼女の右手を彼女の顔の方へ導きました」そう、それです。

ロッシ―あなたは、学習参照枠 learning frame of reference を続けます。そして、絶えず彼女に「あなたに起こる何かに注意する」ように要求します。あなたは、受動的に期待するという彼女の催眠への態度を、ここで補強しています。彼女の意識的な志向性は、異常な感覚、認識、動作、あるいは自主的なプロセス、または無意識のプロセスのあらゆる徴候を目撃すること以外、何もすることがありません。あなたは、タッチという非言語的なシグナルを使って、彼女の動きを強化します。そして、あなたは、自らを明示する右脳の自主的なプロセスを開放するという方法で、複数の仕事を与えて、左脳の意識的注意を引きつけます（Watzlawick, 1978）。

考えることとすることを解離する

エリクソン◎あなたが考えることと、あなたがすることとの違いに気づいてほしいと思います。そして、それはこのようなことです。あなたは頷く方法を知っています。[エリクソンは頭で頷くことをモデリングしました」そしてあなたは、頭を振る方法を知っています。[エリクソンは頭を振ることをモデリングしました」そして、あなたは自分の名前がルースということを知っています。そして自分が女性であることを知っています。そして自分が座っていることを知っています。そして、私もまた、それらすべてを知っています。

ロッシ―「あなたが考えることと、あなたがすることの違い」に気づくことというあなたの最初のメッセージは、本当のことのように、そして合理的なことのように聞こえます。しかし、それは、彼女にとって習慣的観念パターン habitual ideational patterns ではない仕事です。このように、それは、無意識の探索とプロセスが始められるようにする、新しいと言うよりむしろ奇妙と言える視点であり、彼女の通常の意識セットを弱める傾向がありまず。これは、催眠のモダリティを補強して深めます。

その後、あなたは一連の自明の理を話して、強力なイエスセットと慎重に開発しているリバースセットの最初のステージの双方を確立します。

はっきりと明確化することによる逆説的な混乱

エリクソン◎そして、私が言ってもあなたが言っても、あるいは他の誰かが言っても、言われたことで、あなたは名前を変えませんね？ そして、言われたことで、あなたが女性であるということは変わりません。そして、言われたことで、あなたが座っているということは変わりません。

ロッシ｜ここであなたは、すること（「私が言ってもあなたが言っても」）と考えること（「言われたことで、あなたは名前を変えませんね」）の違いをはっきりと明確化しています。それで、以前のイエスセットが、維持され、補強されています。しかし、現実に、あなたのメッセージは、日常生活での通常の視点とは、大きく異なっています。そのため、はっきりと明確化することで、それ自体には、逆説的な混乱が引き起こされるので、それ自身の方針を維持する彼女の左脳の能力をさらに弱めています。彼女はすでにかなり受動的で、受け入れモードに入っているので、これは特に当てはまります。そして、そこでの彼女はあなたの抽象概念の分析を特に積極的にしたいとは思っていません。さらに、あなたが確立している非常に抽象的な解離という性質でさえ、あなたのさりげない態度、そしてあなたが使用するフレーズ（「あなたは女性です」と「あなたは座っています」）の明らかな自明性 obviousness と具体性の背後に隠されています。たとえ、患者が半分無意識だったとしても、誰でも聞くことができれば、これらの具体的なメッセージの自明性を受け入れることができます。それで自然に、彼女は、それらのこと——特に次のセクションでの隠された含意——と一緒に受け入れる他のすべてのことを理解することなく受け入れます。

エリクソン―［心の底から笑いながら］あなたは、私のやり方を見破りましたね！［エリクソンとロッシは、およそ五年間、リバースセットに取り組んできました。今だけ、そして、さまざまな見直しをした後、ロッシはこの特定の部分のパラドックスを理解します。エリクソンは、ロッシが最終的にそれに気づくときを待っていて、そしていつ気づくのかと考えていました］

ロッシ―はっきりと明確化しながら、実際にこの混乱を計画していたのですか？

エリクソン―はい、もちろん、何度も！［再開された笑い声で中断］

リバースセットのための隠された含意

エリクソン◎しかし、私は何でも言うことができ、何でも考えることができます。それは、必ずしも事実を妨げたりしません。

ロッシ―これらのメッセージは、すること（私たちが言うこと）と考えること（「それは、必ずしも事実を妨げたりしません」）との違いをさらに説明し、強化します。しかし、明らかに無意味な使い方の必ずしもは、結局、することが、考えることに影響を与えるかもしれないという隠された含意をセットアップします。後から私たちが確認するように、これは、リバースセットを効果的に操作できるという重要な含意です。

イエスセットを練習すること

エリクソン◎さて、私はあなたに尋ねるつもりです。あなたの名前はルースですか？［ルースは、イエスと頷きます］その通り。あなたは女性ですか？

ルース◎はい。

エリクソン◎あなたが答えるときは頷くか、あるいは頭を振ります。あなたは女性ですか？［ルースは、イエスと頷きます］あなたは座っていますか？［ルースは、イエスと頷きます］

ロッシ―あなたは今、イエスセットの練習をしています。そしてそこでは、ルースは、問題へポジティブな方法で行動として反応する習慣（イエスを意味する頭での頷き）を形成します。彼女がすること、そして考えることは、同じことです。両方とも真実です。

考えることを解離することとリバース《Reversing》すること

エリクソン◎結構です。私は今、あなたにいくつか他の質問をするつもりです。そして、あなたは答えるとき、頷きます。あなたの名前は、アンですか？［ルースはノーと頭を振ります］そして答えるとき、あなたは頷きます。［エリクソンはイエスと頷くことをモデリングします］あなたの名前は、アンですか？［ルースはイエスと頷きます］

ロッシ—これは、彼女のすること（イエスと頷くこと）と彼女の考えること（彼女はノーだと考えています。というのは自分の名前がアンではないとはっきり知っていたので）の間の最初の解離とリバースです。これもまた、混乱テクニックですか？

エリクソン—はい。私はさらに、ときどき無関係な物語を話して、混乱を誘導するために不合理な推論を言います。［エリクソンは、今、パラドックスと混乱を誘導することで、楽しませる幼い頃のゲームをいくつか例示します］

リバースセットの強化

エリクソン◎その通り。なぜなら、あなたの考えていることが、あなたの首の筋肉の動きとは異なることがあるからです。あなたは立っていますか？［ルースはイエスと頷きます］

ロッシ—この反応は、前記のセクションで開始されたのと同じ、考えることとすることの間の解離とリバースを強化します。彼女が意識的に考えている場合、彼女はイエスと頷き、意識的な考えを、はっきりと逆転（リバース）する必要があります。

エリクソン◎その通り。それであなたは男の子ですか？［ルースはイエスと頷きます］その通り。

ロッシ—再度同じ解離です。このときまでに、リバースセットが確立されました。それはすることと考えることの間を解離させるためのセットです。リバースセットでは、彼女が考えることが、彼女がすることと逆になっています。今、ノーと考えると、イエスと頷きます。

リバースセットを逆にすること――混乱の始まり

エリクソン◎そして今、私はあなたにノーと頭を振ってほしいのです。［エリクソンは頭を振ってモデリングします］あなたの名前はルースではないですね？［エリクソンはノーと頭を振ります。ルースはノーと頭を振ります］（＊否定疑問文に対するノーは「はい」という意味）

ロッシ――前記に類似したもう一つの解離が確立されます。しかし、することと考えることが逆転したリバースセットが使われています。彼女がすること（ノーと頭を振ること）は現在、虚偽であり、一方、考えることは真実です（自分の名前は、実際はルースです！）もし読者が今、混乱し始めていて、混乱と戦い始めているなら、ルースが感じ始めている困難を想像してください！

エリクソン◎あなたは女性ではありませんね？

［ルースはノーと頭を振ります］＊

ロッシ――再び、彼女のすることは虚偽、そして彼女の考えることは真実という同じ解離があります。

エリクソン◎あなたは座っていませんね？

［ルースはノーと頭を振ります］＊

ロッシ――同じ解離が、もう一つのリバースセットを確立します。虚偽のことをしていながら、一方で逆のこと the reverse を考えています。そして、その考えていることが真実です。それは、最初に確立されたリバースセットを補完するものです。彼女は今、真実であることを考えているときに、虚偽のことをすること、そして、虚偽のことを考えているときに、真実のことをするという両方のことを訓練されています。最終的な結果として、考えることとすることの間でリバースセットが上手く確立して行きます。彼女は、今いつでも、彼女がすることと反対のことを逆転して vice versa 考えます。

リバースセットが、彼女がトランスに入っていることを証明する

エリクソン◎あなたはトランスに入っていませんね？

［ルースはノーと頭を振ります］＊

ロッシ――これは、以前に述べた隠された含意を利用したものであり、強固に確立されたリバースセットです。彼女はノーと頭を振ったので、「はい、私はトランスに入っています」と逆のことを考えなければなりません。このように、リバースセットは、彼女がトランスに入っていることを、彼女自身の考えの範囲内で確認します。少なくとも、それが、彼女がノーと頭を振ることが最初に言外に意味したことです。長く確立されたリバースセットを、すぐに変えることは、あまりに難しいことです。「いや、違います。私は、本当はトランスに入っていません」と、じっくり考え、決定する時間が少しあれば、彼女は変えることができます。しかし、たとえ彼女がそうしたいと思ったとしても、あなたは内部調整をする時間を彼女に与えません。

状況は、現在以下の通りです。実際、外部行動は、あなたにきっちりと追従しているので、あなたが「反応注意力」と言っているものを、彼女は証明しています。すなわち、知っているかどうかにかかわらず、彼女はトランスに入っています。たとえトランスの認識を意識的に否定するような内部抵抗に向かう傾向が、彼女にあったとしても、この抵抗は、彼女の混乱、そしてあなたが慎重に達成したリバースセットによって、回避される傾向があります――そして、今、彼女がトランスに入っていることについて、リバースセットは内部での意識的な認識を促します。

矛盾をリバースセットに加えること――意識セットを弱めること

エリクソン◎そして、あなたは私に答えていませんね？［ルースはノーと頭を振ります］＊そして、あなたは私に答えるつもりはないですね？［ルースはノーと頭を振ります］＊その通り。そして、あなたは、私の言うことすべてを聞くことができますね？［ルースはノーと頭を振ります］＊そして、あなたは、私のいうことを聞きたくないですね？［ルースはノーと頭を振ります］＊

ロッシ――今、あなたは、とてもはっきりした方法で、リバースセットを補強するもう一つの質問に素早く変更します。そのため、彼女はそれに同意せざるを得ませんでした。彼女は、前記のものと同じ形式のリバースセットを継続します。そして、それは、彼女がトランスに入っていると思っている（彼女がこの時点で意識的に考えている場合）ことを示唆します。このリバースセットは四回補強されます。しかし、最後の二回が矛盾していることに気づいてください。これらの矛盾しているメッセージに対して、彼女が同じ反応をするので、彼女は、明らかに混乱して、進行しているエリクソン・セットのすべての反応に機械的に従って、単に答えているだけです。彼女の意識的なセットと自己主導性は、左脳の合理性が弱められた点へと弱められます。

トランスを深化すること——リバースセットを中断すること

エリクソン◎大丈夫です。そしてあなたは目を閉じることができます。

ロッシ―あなたは、彼女がすることができることを質問することから確かなメッセージへ突然切り替えます。

エリクソン◎あなたは目を閉じることができますね？

ロッシ―ここでさらに変更しました。あなたは、彼女が本当にコントロールすることができることについて肯定的な質問をします。彼女は頭を振りません。以前のリバースセットは壊れました。

エリクソン◎そして、あなたは目を閉じていますね？［ルースは目を閉じます］その通り。ずっと、さらにさらに深い眠りを楽しむことができます。そしてあなたは本当にそうしていますね？［エリクソンは連続して、頷きます］その通り。そしてあなたは本当にそうしています―そして、まさに、もっともっと深いトランスへ入りながら、眠り続けています。

ロッシ―あなたは今、肯定的に目を閉じることとトランス深化を強化していいます。

トランス深化のための暗黙の指示

エリクソン◎そして、あなたがそうであることを私にわからせるために、あなたの右手は休むために膝の上に降りてきます。

ロッシ―この暗黙の指示は、シグナルとして、やる気を起こすため、そしてトランス深化を強化するために使用されます。

エリクソン◎そして、何らかの方法で、あなたは、もっともっと深いトランスの中で眠っているということを知り始めています。［ルースの右手は、ゆっくりと膝へ降りてきます］

ロッシ―あなたが、始めを強調すると、被験者が、それについてほとんど反論することができません。被験者の意識的な態度がどんな方法で状況を評価したとしても、事実として被験者はそれを経験します。

エリクソン◎そして私は話すつもりです。そしてあなたは私の話に耳を傾けることさえ必要ありません。

ロッシ―解離は、聞く必要がないことによって、意識と無意識の間で促進されます。

エリクソン◎そして、あなたは実際、そうしません。あなたの手があなたの膝に接近して来るとともに、トランスにもっともっと深く入ることに、とても忙しいからです。そして手があなたの膝で休むために来ると、そして手があなたの膝に休止し続けると、あなたの手がもっともっと完璧に膝まで来ると、トランス状態に、さらに深く、そしてさらにぐっすりと、そしてさらに心の奥深く入って、眠ることにとてもとても忙しくなります。

ロッシ―このセクションは、彼女の手が膝で休み続けると、彼女はトランスに入るという単純な偶有的暗示で終わります。彼女の手はそこで休んでいるので、彼女は、トランスに入るという暗示に抵抗するのは困難です。彼女が、暗示を否定するためには、手を移動させる必要があります。

解離と空想にふけることについての観念運動性シグナリング

エリクソン◎その通り。そしてあなたの手がすることは、それです。そして、手はとても、とても上手くそれをしています。そして、手首が休みに来ています。そして手全体がリラックスして快適に感じるようになります。そして、私は他の人と話すことができます。私は、その人たちに何でも話すことができます。しかし、あなたは聞く必要がありません。そして、「それを聞きません」と、あなたの頭はノーと振ることができます。そして、あなたの頭はノーと頭を振ることができます。［ルースは頭をノーと振ります］そうすると、もっともっと深く入ることができます。そして、あなたの手をあなたの腿に載せることができます。そして恐らく、別の手は椅子の肘掛けで休みたがっています。そして、私は知りませんが、あなたの手は見つけ出します。その通り。そして、肘をまっすぐ伸ばすことができます。しかし、もちろん、私があなたの手首をつかんで、あなたの手を降ろすならば、問題はありません。なぜなら、それを問題なく感じるからです。［エリクソンは彼女の左手を下げるように、手で合図します］その通り。そしてあなたはどんどん深いトランスに入っていくと、手はとても安らぎ、とても快適に感じます。そして、あなたが達成したすべての学習を楽しんでほしいのです。一人で気持ちよく、そして一人だけでリラックスできるような感覚、そんなリラックスした状態を楽しんでほしいと思います。そして、あなたはその感覚を持ちつつあります。そして、質問に答えて、頭で頷くやり方をあなたに楽しんでほしいのです。そして、そうすることができますね？［ルースは、かすかに頷きます］そして、あなたにそれがどれほど簡単か気づいてほしいと思います。そして、一人だけであるように感じることがどれくらい簡単か、気づきます。椅子に座って、一人だけで座って、そして家にいるかのような自分を感じます。椅子に楽に座って、空想にふけりながら、あてもなく、目的もなく、一人だけで気持ちよく空想にふけります。［エリクソンはこのセクションの間中、イエスと頷いています］周りには他に誰もいません。それでとても、とても楽しく空想にふけります。そして、あなたが空想にふけっているとき、あなたは頷いています。そして、さらに空想を楽しんでいると、あなたはもう少し大きく頷きます。その通り。そして、もう少し大きく。そして、もっと自由に頷いて。その通り。さらにもっと自由に。頷いて、さらにもっと自由に頷いて。［ルースの頷きは、次第にかすかになります］

ロッシ──あなたは、達成する楽しみに、学習状況 learning context を常に関連させて継続します。あなたは、家で自分自身を解離して、空想にふける内部の仕事を彼女に与えます。それから、あなたは、これらの内部の仕事がいつ達成するか、あなたに知らせるための観念運動性シグナリングとして、彼女に頷かせます。あなたは、その頭での動作を手に入れるために、かなり励ます必要があります。それは、この状況の撮影には時間的限界があったので、あなたが少し急いだとも考えられます。

トランスを評価して深めること——二回目の見かけ上の覚醒——負の幻覚の可能性を評価すること

エリクソン◎大丈夫です。今、目覚めてください。その通り。［ルースは目を開けます］その通り。そして、あなたは、ここにいた人々を、どれだけ忘れましたか？

ルース◎ええ、私は彼らのことを考えませんでした。

エリクソン◎あなたは彼らのことを考えませんでした。そしてあなたは私の次の質問に答えることができますか？　そして、私はそれにあなたが答えられるかな？と思っています。私はそれにあなたが答えられるかな？　と思っています。

ロッシ―あなたは、グループの他のメンバーのことを健忘していましたか、と負の幻覚について尋ねることで、トランスの深さを評価します。彼女の答えは、トランス経験と一致する中立のものです。しかし、その答えは、深いトランスを経験したことを認めていません。

さらに解離させるためのパントマイム暗示

エリクソン◎あなたの名前はルースですか？

ルース◎はい。

エリクソン◎そして今、私はあなたが頷くことができるかな？　と思っています。あなたの名前はルースですか？［ルースはかすかに頷きます］結構です。そして、今回、私は、あなたが、どんなことに気づくのかな、と思っています。あなたの名前はルースですか？［ルースは連続的に頷き始めます］そして、頷き続けると、何が起こるか確かめてください。あなたの名前はルースですか？［エリクソンはノーと頭を振りました。しかしルースはイエスと頷きます］あなたの名前はルースですか？　その通り。そして今、もっともっとノーと頭を振るつもりですね？　そして、左右に頭を振っています――あなたは止められません。その通り。［ルースは、まだイエスと頷いています］もっともっと左右に、もっともっと左右に、もっともっと左右に。もっともっと。［ルースは頷き続けるので、エリクソンは全身で、ノーと頭を振る動作を誇張します」そして、頷きは止まって、横への動きが始まります。［ルースはノーと頭を振り始めます］その通り。その通り。その通り。その通り。その通り。その通り。その通り。その通り。左右に。左右に。［エリクソンは、さらに全身で、ノーと頭を振る動作をします］そして今、私は、あなたに快適に、そして気楽に感じてほしいと思います。そして、私は、あなたに休まって、快適に感じてほしいと思います。そして、あなたはそうしますね？［エリクソンは、今、大きく頷き始めます］そして、あなたはそうしますね？　そして、あなたはそうしますね？　そして、あなたはそうしますね？　そして、あなたはそうしますね？［さらにルースはノーと頭を振ります］そして、あなたはそうしますね？　その通り。ゆっくりあなたはそうします。その通り。ゆっくりあなたはそうします。その通り。そして今、それが始まりますね？　上へ下へ、もっともっと。［ルースは徐々に頭を振ることを、頷きに変えています］その通り。その通り。その通り。上へ下へ、そして、私は、あなたに休まって、快適で、リラックスを感じてほしいと思います。そして、私は、あたかもあなたが何時間も休んで、非常に快適に感じていたかのように感じてほしいと思います。

ロッシ―あなたは、彼女に、非言語的に頷くこと、そして頭を振ることに従わせようとし、それに気づかせようとし続けます。彼女はこの時点で、混乱しているように見えます。それで、あなたの行動にますます依存して、従うようになります。明らかにあなたは、ますます彼女を解離して、言っていることが正しいかどうかにかかわらず、彼女があなたの行動に従うようにしています。

三回目の見かけ上の覚醒、そしてダブル・バインドの質問

エリクソン◎そして、あなたに目覚めてほしいと思います。そして、あなたの手が持ち上がり、そして持ち上がり、そして持ち上がるとともに目覚めます。［エリクソンは彼女の左手に触れながら、持ち上げます］そして、目覚めながら、目を開けます。そう、それです。気持よく感じながら、目覚めてください。目覚めてください。［彼女は目を開けますが、彼女の左手は、カタレプシー状態で、持ち上がったままです］あなたは、目覚めていると思いますね？　本当にそうですか？

ルース◎［笑う］私には、わかりません。

エリクソン◎今、あなたは答えがわかります。あなたは目を閉じましたね？　そして、あなたはそれを手伝えませんでしたね？　あなたは覚醒していますか？

ルース◎ええ、まあ。

エリクソン◎覚醒について、何を考えましたか？　さて、もう一度尋ねます。あなたは覚醒していますか？

［ルースはイエスと頷きます。しかし、その後、目を閉じます］目覚めたいですか？　目覚めたいですか？

［ルースは目を開けます］

ルース◎いいえ。

ロッシ―他と同様に、彼女の手はカタレプシー状態で、ぶら下がったままなので、この三回目の覚醒は見かけ上だけです。「あなたは、目覚めていると思いますね？」というダブル・バインドの質問に、左脳は混乱して、わからないと答えます。あなたが彼女に目覚めたいかどうか繰り返し尋ねると、彼女は結局、「いいえ」と答えます。この意味は、彼女はまだトランスにいて、目覚めたいと思っていないということです――たとえ彼女がなんとか目を開くことができたとしても。

トランス経験を評価して承認するためのダブル・バインドの質問と観念運動性質問による四回目の見かけ上の覚醒

エリクソン◎［笑う］したくないのですか？　しかし、あなたは、どんな良いことでも、いつか終わるということを知っています。ですから、目を開けて、そして深呼吸をして、はっきり意識して目覚めて、目覚めて、目覚めて、はっきり意識して。ハーイ！　ご機嫌いかがですか？

ルース◎眠いです。

エリクソン◎［笑う］眠いのですね？　ということは、もう一度目覚めさせる必要がありますか？　さて、あなたを覚醒させる必要があるなら、私はあなたに世界で最悪のジョークを話します。そして、それがそうでないなら、私はあなたに世界で二番目に最悪のジョークを話します。それは十分脅しになりますか？

ルース◎今、とても気分が良いです。

エリクソン◎［笑う］休めましたか？

ルース◎ウーン、とても。

エリクソン◎自分が素晴らしい催眠被験者だというこ

とを知っていますか？

ルース◎なんとなく——エーと——ウーン——はい。

エリクソン◎ウン、その通り。無意識に対して、質問したいことはありますか？　右手が上がったら、それはイエスという意味です。左手が上がったら、それはノーという意味です。あなたは素晴らしい催眠被験者ですか？［彼女の右手が上がる間、休止］もちろん。この手に起こったことに、あなたが気づいたかな、と思います。そして、トランスに戻ることを知っていましたか？　そして、そこで、完璧に美しい答えを見ましたか？

ロッシ——あなたは、深呼吸をさせて、彼女を覚醒させようと、懸命に努力します。あなたは典型的な挨拶「ハーイ」と言って、そのあとの質問で、彼女の感情を彼女の意識に評価させます。彼女は、まだトランスに留まろうとしているので、あなたは、状況を利用して、彼女のトランス経験を意識的に認識して、承認します。「自分が素晴らしい催眠被験者だということを知っていますか？」と、あなたはダブル・バインドの質問をする典型的な方法でこのことをします。彼女が疑っているような返事をしたので、彼女の右手が自主的にはっきりと上がってから、あなたは、彼女を納得させるために観念運動を質問するというアプローチを使って、さらにトランスを承認します、

トランスを承認するために阻止された認識

エリクソン◎そして、今、あなたは、そのとてもとてもうまく抑制された認識を得ました。［ステージの外のアーネスト・ヒルガードとジェイ・ヘイリーに対して］そして、あなた方は、彼女が全体の状況との接触を、とても多くなくしているのを見ています。瞬目反射がありません。嚥下反射がありません。私がこれらのことに言及すると、彼女は、それらを復活させるかもしれませんし、復活させないかもしれません。しかし、見ての通り、私は彼女を目覚めさせました。彼女は目覚めることを望んでいませんでした。私は、論点the issueを押しつけました。私は、彼女と握手しました。この方法、それは常軌を逸していました——そして彼女は、実際にトランスに入っていきます。そして、今、彼女がしていることは別のことで、それをとても上手く実行しています。そして、彼女の右手thisがこうなって、その非常に素晴らしいトランス状態を

継続的に維持するつもりです。さて、彼女が動作の範囲、あるいは活動の範囲にあまり気づいていないかどうか、大いに疑っています。［ルースに］ルース、私は誰と話していましたか？　聞いていましたか？

ルース◎ときどき。

ロッシ―彼女が経験しているトランス指標をあなたが説明すると、トランスを一層承認させることになります。彼女に少し間接的な方法で、専門家がこの場を観察しているという情報をあなたは伝えます。結局、彼らは専門家なので、彼らと話をすることで、彼女のここでの経験を権威づけしています。彼女のことを他の人と話すことは、さらに彼女を没個性化する方法なので、結果としてさらにトランス経験を強化します。彼女の「ときどき」という反応は、軽い段階から中間段階における典型的なものです。この段階では、被験者の意識的な認識、あるいは外部状況への対応は、鮮明になったりぼやけたりする傾向があります。

トランスを承認するための疑いと知らないこと

エリクソン◎ときどき。あなたが聞くことは、本当は重要なことではありませんでしたね？　あなたは、手を見ることを本当に楽しんでいますね？　そして、実際には、あなたは手がどこにあるか忘れていました。あなたは、手をまさに見ることができます。そして、あなたは、手がどれくらい上に動くか、どれくらい下に動くか本当のことを知りません。そうではありませんか？　そしてルース、今、あなたは、他のすべてのことが、どれほど重要でないか、そして、トランスの中で継続している自分自身の経験が、どれほど重要か理解することができます。重要なことは、あなたの中で、そしてあなた自身が学習する中で起こっていることです。

ロッシ―「そして、実際には、あなたは手がどこにあるか忘れていました。あなたは手をまさに見ることができます」という巧妙な複合暗示で、認識と記憶に関する疑いと知らないことを彼女に示唆します。この文の後半「あなたは手をまさに見ることができます」は彼女にできることを単にメッセージする方法であることに気づいてください。彼女は、「はい、私は手を見ることができます」という潜在的な内部反応で、そのメッセージを多分受け取ります。さらに、この「はい」という即答は、彼女の手がどこにあるか忘れることに関連する暗示を補強する傾向があります。自分の経験に対するこの疑いと知らないことによって、実際、トランスを経験していた習慣的意識的なセットが承認され、彼女はここでリ・オリエンテーションしました。

四回目の覚醒
——トランスを承認するための時間歪曲

エリクソン◎今、目覚めたいですか？

ルース◎わかりません。

エリクソン◎さて、あなたの手を見て、どちらが上がるか確かめる、と考えてください。今、目覚めたいですか？　大丈夫です。では、目を閉じて、大きく息を吸って、そして、あたかもあなたが何時間も何時間も休んでいたかのように、あたかもベッドで八時間、気持よく休んだかのように思ってください。そして、本当にそのように休んでほしいと思います。その後、目覚めて、元気を回復して、そしてとても快適で、このグループに出来事を話したいと思ってほしいのです。そうしますか？　そうしますか？　その通り。結構です。さて、ゆっくりと、あなたの手は、あなたの膝で止まります。そして、手が膝まで来たら、大きく息を吸って、目を開け、はっきりと目覚めてください。［長い休止］もっとさらに下げて、その通り。さらにもっと。膝に手がつくとすぐに、大きく息を吸って、はっきりと目覚めて、元気を回復して、リフレッシュして、エネルギッシュに感じます。［ルースは音をたてて深く呼吸します］目覚めて、ハーイ！

ルース◎［最初に、彼女は不明瞭なはっきりしない言葉か、あるいは低い声で笑いました］ハーイ。［ルースとエリクソンの二人が笑います］

エリクソン◎さて、あなたは、私が席を変えても気にしませんか？　私がここに座っても気にしませんね。今、残っているプログラムは何ですか？

ヒルガード◎別の場所で、四時一五分に会合があります。

エリクソン◎あなたは、完全に休まった感じがしますか？

ルース◎はい、それ以上のように感じます。［グループが心の底から笑います］

エリクソン◎あなたは、一緒に作業するのに、とても楽しい被験者だと知っていますか？

ルース◎そうですか？

エリクソン◎そして、いつか、ヒルガード博士、あるいはワイツェンホッファー博士が、あなたを参加させて、他の何人かの被験者を観察させてほしいと思っています。なぜなら、あなたは非常に広範な夢遊病的行動ができるからです。あなたには、特に私が興味を持っている方法で時間を利用する傾向があります――それが何であるか言う必要がありますか？　あなたは時間歪曲の現象を示しました。どれくらい長くトランスの中にいたように、あなたは思いましたか？

ルース◎本当にはわかりません――私はどのくらいいましたか？

エリクソン◎さて、どれくらいの時間だと、あなたは思いますか？

ルース◎ええ、それは本当にちょうど二、三分のように思われます。

エリクソン◎その通り。それは二、三分のように思われます。実際は、それより非常に長いものでした。どれほどの時間でしたか、ジェイ？

ジェイ◎約一時間です。

ルース◎本当ですか？

ジェイ◎およそ五〇分です、いずれにせよ。

エリクソン◎およそ五〇分です。

ルース◎まあ、びっくりです。

エリクソン◎今、私は、時間歪曲を引き出します。なぜなら、彼女の手の動きすべてが、彼女が――かなり重要な方法で、彼女が時間を歪曲していると、あなた方に伝えるからです。そして、彼女が、通常の覚醒状態のテンポで、一部の夢遊病患者がすることを見ることになっていたら、その後、あなた方は彼女に時間歪曲を学ばせることができて、それに加えて、彼女自身が自然に発展させた時間歪曲を、あなた方に見させることが、彼女はできました。ちょっと専門的になりました。さて、数分経ったら、私は他の場所に行くことになっています。私に聞きたいことが何かありますか？

ロッシ―あなたはセッションを終えるときだと考えています。したがって、彼女を覚醒させるために、断固とした努力をします。あなたは、状況を少し変えるために椅子さえも変えて、このようにトランス経験に関連した関係を断ちます。あなたは、直接的には彼女が経験した時間歪曲を評価できるようにすることによって、そして間接的には、この場の専門家にトランスにおける彼女の異なる手の動きを話すことによって、トランスを承認します。

健忘と解離を観念運動で承認すること

ルース◎さて、なぜ私は頭を後ろにもたれさせ、本当に――つまり、私はそうしたかったのですが――横になって、ちょっと寝入ることを許されなかったのでしょうか？　つまり、何も聞いていませんでした。あなたはいつも聞いていますか――私はいつもあなたの声を聞いています。

エリクソン◎その通り。一部の人は、私の声を聞くことは、そんなに悪くない、と言います。

ルース◎いいえ、あなたの声は、聞くのにとても心地良いものです――しかし、私は、トランスに入っていると感じましたが、しかし、私は、入っていないとも感じました。

エリクソン◎そうですか。しかし、あなたはトランスに入っていたことを知っていますが、そうではないと感じていました。それで後ろにもたれかかりたいと思いました。おわかりですね、録画していたことを。

ルース◎まあ、そのことを忘れていました。

エリクソン◎［会場全体の笑い声］あなたが、録画の中で、そのことを言うという意味ですか――

ルース◎――私はどちらかと言えば眠ったでしょう。

エリクソン◎――初公開してください、あなたはそのことをすべてを忘れましたか？　ほかにも何か忘れたことはありますか？

ルース◎えー、わかりません。

エリクソン◎聴衆がいたことを忘れていませんでしたか？……

ルース◎忘れていました。

エリクソン◎――一度ならず？

ルース◎つまりですね――私は、聴衆がそこにいるかどうか、気になりませんでした。

エリクソン◎では、教えてください。しばらくの間、あなたは自宅にいたように思いましたか？

ルース◎そうなることができました。つまり、自宅にいたかのように快適だったということです。

エリクソン◎はい。しかし、わずかな間、実際に椅子に座っていたか、自宅でソファーに横になって、そこにいたという感じを持てたでしょうか？

ルース◎いいえ、そうは思いませんでした。

エリクソン◎あなたはそう思わなかったのですね。私たちが見つけ出してもよろしいですか？

ルース◎はい。

エリクソン◎膝に両手を置いてください。さて、右手を持ち上げることは、イエスという意味です。左手はノーを意味します。今日の午後のトランス、あるいは何回かのトランスでのある時期に、自分自身が自宅にいると思ったり、感じたりしましたか？［右手が上がるので、休止］持ち上げて、持ち上げて、そしてたぶんあなたの手が持ち上がると、あなたは、そのとき、感じていたことを、意識的に認識します。そして、あなたは目を閉じて、深呼吸をして、あなたの膝まであなたの手を降ろしてください。もう一回、深呼吸をして、そして目覚めて、すっかり目覚めて、そして元気を回復したと感じてください。目覚めて、目覚めて。ハーイ。［笑い声］

エリクソン―研究所から彼女の家へと場所を解離することができたことに加えて、録画していること、聴衆がいることを健忘していることを彼女に認めさせて、さらにトランスを承認するように試みたとき、ここで少し問題が起きました。彼女がこれらの催眠経験に関して示した疑問を持ったまま、初めての催眠経験を終了することは賢明ではありませんでした。このようにさらにもう一回、観念運動シグナリングで、彼女に経験をさらに承認させる必要があると、あなたは感じます。幸いにも明確に承認して右手は上がります。そして、あなたはその肯定的な雰囲気の中で、彼女をすぐに目覚めさせます。

トランスを承認する疑いとユーモア

エリクソン◎ああ、あなたはどこで、あなたが感じている感覚を持っていたか覚えていますか？

ルース◎いいえ、私が考えていたことは――書斎にいたということです。私はそうしませんでした――私はそこにいませんでした。私は、そこにいたことを覚えていません。まさに、その考えが、私の心をよぎりました。

エリクソン◎ウンウン、そうね。［笑い声］

ルース◎ああ、彼らはすべて科学者ですね。

エリクソン◎さて、そういうわけで、午後はとても――短く――思われました。

ルース◎ああ、私は――

エリクソン◎――家に帰りました。そうみたいですね！　さて、私はこれを終了しなければならないと思います。そして、私はあなたの助力に大いに謝意を表したいと思います。私はとても感謝しています。ありがとう。

ロッシ―ルースは、解離して彼女の家の書斎にいたという考えを少なくとも持つことで、ささやかですが承認します。被験者がトランスに入っているとき、快適な家庭環境に、自分自身を解離することとは、実際一般的なことです。そういうわけで、そのように解離を暗示することとは、トランスを深める良いアプローチです。しかし、ルースは、このとき明らかに、このような暗示で、解離したのではありませんでした。「トランスの間、他のどこかにいるかのように思ったときがありましたか？」のような解離についての一般的な質問をさらにした方がよかったかもしれません。この質問に対して、ルースは自分自身が解離する傾向がある場所はどこか、重要な情報を伝えることができたかもしれません。この情報はその後、次の催眠トランスを深めるために使うことができました。

エリクソンのアプローチを学ぶ際に必要な練習と自己成長

以前に行った分析でリバースセットは、疑いもなく、特定のメンタルメカニズムを喚起するためのとてもきめ細かいアプローチであることを、これまでに私たちは示しました。そのようなメンタルセットを呼び起こして、利用する方法を学ぶことによって、トランス誘導と催眠療法のプロセスを、新しく効果を持つレベルに持ってくることが可能になります。このセクションでの練習は、専門家である読者が、このアプローチを使う際に、ある程度の技量を、徐々に開発することができるようにデザインされています。

「精神力動的プロセスに関する催眠研究」(Vol. 3 of The Collected Papers of Milton H.Erickson on Hypnosis, 1980) におけるエリクソンのオリジナル論文を読むためには、そのほとんどにおいて基本的バックグラウンドを必要とします。これは、一九三九年から、一九四四年に書かれた多くの論文が掲載されている「メンタルメカニズム」のセクションにおいて特にそうです。そこでエリクソンは、典型的な精神分析的アプローチでの分析から、メンタルメカニズムを利用することへ、どのように移行したかを説明しています。数年も経たないうちに、「催眠心理療法 Hypnotic Psychotherapy」(Erickson, 1948) という革新的な論文の中で、エリクソンは、急進的な新しい種類の催眠療法におけるメンタルメカニズムのユーティライゼーションの使用方法を、実際にデモンストレーションしました。辛抱強く、深く研究したエリクソンの論文は、読者にエリクソンのユーティライゼーション・アプローチの本質を提供します。読者は特に投影、健忘、抑圧、そして抵抗という精神力動的なメカニズムの独創的ユーティライゼーションを見つけることでしょう。

これらエリクソンによる初期の論文を読むことの最も大きな危険性は、どちらかと言えば口先だけの簡単な仕事に見えることです。その結果、テクニックをすぐに、うまく模倣できないと、読者は馬鹿げていると感じて失望することになります。しかし、これら初期の論文ではエリクソンが、一〇代後半、二〇代初期に経験した何年もの忍耐強い研究、そして努力が明確ではありません。そのとき彼は彼自身の心理的、感覚的、そして運動感覚的認識を発展させることを学びました。医者によって絶望的な状態だと評価されたにもかかわらず、ポリオでの壊滅的な影響から回復するために、孤独な絶望の中で独学しようとしたとき、エリクソンが努力した動機は非常に個人的な理由からでした（『ミルトン・H・エリクソンの自己催眠経験 The Autohypnotic Experiences of Milton H. Erickson』、Erickson & Rossi, 1977 参照）。

これら初期のケースプレゼンテーションにおいて、エリクソンは通常、迅速で光り輝くように見える治療であったとしても、治療を始める前に、患者の問題を検討し評価する地道な努力に、いかに多くの時間が掛かっているかを明確にしませんでした。エリクソンは、しばしば、一回あるいは二回のセッションで患者に会ってから、彼／彼女に、二、三週後に、もう一度来るように求めることがあります。そうしておいて、エリクソンは、その人について何を知ったか、そして治癒を促進するために、いかに効果的にその知識を利用するか、考えることに時間を費やします。その後、治癒が劇的で驚くべきように見えたとしても、実際には、多くの時間を費やした慎重で、ときには退屈な計画に基づいていました。

エリクソンのアプローチを学習して使うための最初の大きな必要条件は、このように個人的成長 personal development、そして催眠療法家の臨床的感受性を促進することであるように見えます。前著の多くのエクササイズ（Erickson, Rossi, & Rossi, 1976; Erickson & Rossi, 1979）は、この目的のためにデザインされました。患者の優位なメンタルメカニズム、あるいは好ましいメンタルメカニズムが何であるか、そして、これらのメカニズムが催眠プロセスに関わることができるか、方法を決定するために、個々の患者を慎重に臨床的に研究する時間をとることが、二番目の基本的な必要条件です。その後、催眠ワークは、以下のような系統的方法で組織化することができます。

①　特定の患者自身のメンタルメカニズムと習慣的連想プロセスを利用して、その患者だけに適合する催眠誘導法を作成することは、どのようにしたらできますか？

②　患者自身のメンタルメカニズムと連想プロセスを利用して、すべての古典的な催眠現象の経験を促進することは、どのようにしたらできますか？

③　すぐに、患者が示している問題に対して、ユニークな相応しい解決を見つけることができるようにするために、催眠トレーニングに関するこのバックグラウンドを利用してください。

この三つの段階のパラダイムが、臨床的問題に対するエリクソンの探求アプローチに、特有のものですが(Erickson & Rossi, 1979)、エリクソンは、ケースそれぞれが、独自のものだと、ずっと主張していました。そして、各々の臨床的努力において、基本的に実験的性質があることを認識しています。しかし、各々のケースにはこの探究的、実験的な側面がある一方で、三段階のパラダイムは、比較可能な原則で、この分野における仕事を解説して、発表することを臨床医にできるようにする治療的アプローチの方法論的な説明を提供します。

セクションⅣ
懐疑的な心によるトランス経験の学習

Four

Q博士は若き精神科医で、エリクソンとの催眠体験に興味を持っていました。彼はちょうどフェニックスを通りかかったので、訪問することにしました。彼は、ロッシ博士がセッションをテープ録音して出版することに、同意し許可しました。信頼とラポールという相互感覚が生じる中で、気持よく三〇分経過した後に、Q博士はエリクソンに、催眠と個人的トランス経験を促進してほしいと願っているが困難だと感じて疑いを持っている、と言いました。これは二日間におよぶ二回のセッションの中で起こりました。これらのセッションで特に重要なことは、Q博士の体験学習に重点を置いていたということです。エリクソンは、トランスを学習する最良の方法は、トランスを経験することだ、という彼の信念を繰り返しました。エリクソンが訓練した多くの他の専門家について言ったように、エリクソンはQ博士について言いました。「さて、訓練を受けた人 trained man がここにいます。懐疑的です！　私はそのレベルの彼と会う必要がありました。私は、彼が必要とする方法で、科学的な理解について暗示しなければなりませんでした。私は、無意識に訴える方法……分析することができない方法で、言うことを表現する必要がありました」。

一回目のセッションで、Q博士は、カタレプシーと「しないこと」を通して、トランス経験を学習する初期のステージに入りました。そのセッションにおいて、エリクソンはとてもうまく経験的アプローチをデモンストレーションするのですが、そこには治療的トランスの性質に関するエリクソンの見方についての重要な含意があります。トランスは、激しく内部へ没頭する状態、あるいは没頭する期間として、おおむね定義することができます。トランス深度の概念は、非常に相関的です。エリクソンは好んで、深いトランスと軽いトランスの二つのトランスが同時にあり得ると指摘します。彼／彼女が外の交通渋滞、あるいは外科トレイを一メートル下に落とした音のような無関係な刺激に気がつかないほど没頭しているという意味では深いと言えますし、セラピストの声のような重要な、そして適切な刺激を容易に受け取るという意味では、トランスは軽いと言えます。

しかし、一部の被験者には経験したいと思うトランスの性質に、特別な必要条件があります。被験者は、一種の睡眠、あるいは外部の現実からの撤退としてのトランス経験に異議を唱えます。彼らは、目を閉じるとか、腕浮揚のような自動応答をすることが好きではありません。現代では、多くの被験者が、いつでも何が起こっているか知りたいと思っています。そのようなケースでは、エリクソンは、被験者が経験する通常の日常的方法について、どんな最小の変更でも被験者が気づいて、高揚する注意深い質問によって、トランスを承認させます。被験者と観察者は、トランスを経験したと思わないかもしれません。しかし、少なくともトランスを経験することを学ぶ初期の段階では、エリクソンは主観的体験、あるいは反応性がどんなに異常なパターンであっても受け入れます。これはときに、私たちポスト・サイケデリック時代 post-psychedelic era の被験者にとっては、落胆するようなことです。そして、被験者はトランスの中で、著しい意識の変性を経験することを期待します。確かに、何人かの被験者は、著しい変性を経験します（Erickson & Rossi, 1979 第九章参照）。しかし、私たちの時代の懐疑的で合理的な心にとって、治療的プロセスを促進する変性状態の最小の徴候を認識して学習することを、催眠療法家と患者が真っ先にすることこそが、もっと基本的な問題です。この最初のセッションで、エリクソンは、Q博士が起こっていることを認識する前に、後催眠の合図に追従させることで、トランスに再度入る学習体験をQ博士に「リハーサル」しました。

セッション1

トランスの最小の徴候を経験して学習すること

複合暗示における受容力と強化

エリクソン◎そこのその点を見てください。腿に手を置いてください。今、話す必要はありません。頭と手を一挙動であっても、動かす必要はありません。一点をただ見てください。そうすると、私はあなたに話すつもりです。

エリクソン―Q博士は、トランスについて、とても多くの疑いと不信を表しました。彼は、理解するために、自分を無力にしました。私は、彼に何かを暗示する代わりに、それに対処することに何の意味もないように見える単純なメッセージを話しました。「そこのその点を見てください。腿に手を置いてください。今、話す必要はありません」。彼が気づいていないことは、その簡単な方法で、私は全体の状況のコントロールを手に入れたということです。私は、彼に反論できる材料を与えませんでした。

ロッシ―これらのわずかな簡単な指示で、あなたは、存在することの静かな、受け入れモードのための受け入れセットを間接的に確立しました。あなたは、静かにして、受け入れるように彼に言いません。むしろ、あなたは、彼のふるまいを構築します。したがって彼は自然にそうします。

エリクソン―その通り。「一点を見て下さい。そうすると、私はあなたに話すつもりです」。そのどちらにも、異議を唱えることができる方法がありません。それは複合文compound statement です。すなわち、あなたがそうすると、私がこうします。私のメッセージ（私がするつもりのこと）を受け入れるなら、彼への私のメッセージ（彼がすること）を受け入れる必要があります。彼だけがそのことを知りません。

ロッシ―この複合文で、「一点を見て下さい。そうすると、私はあなたに話すつもりです」と、二つの暗示を、「そうすると」という接続詞で結びつけています。あなたが（会話を）コントロールする二回目の暗示は、最初のメッセージ（一点を見て下さい）を強化します。

エリクソン―はい、その暗示は、通常の意識状態では認識できない方法で、私のコントロールを強調しています。

言語の間接的使用――意識セットを弱めることと思いがけない否定を使って抵抗を導くこと

エリクソン◎しかし、あなたは聞く必要がありません。

ロッシ―聞く必要がありませんという話を、ここで始めたのはなぜですか？

エリクソン―それは意識を弱めて、それによって無意識の機能を強化します。彼の心の中に抵抗があるなら、今、彼に話したことを正確に行うことに集中するかもしれません。彼は、聞く必要がありません。私は抵抗する方法を、彼に教えることで、すべての抵抗をコントロールしています。

ロッシ―彼に抵抗の経験があるなら、あなたは「ありません」という否定に、抵抗を集めます。そして、抵抗反応（聞きません）に抵抗を向けます。そして、それが催眠プロセスを促進します（「しないこと」が促進するのは、自己主導性の活動よりもむしろ、副交感神経的受容力モードだからです）。これは、あなたが言語を間接的に使った例です。あなたは、聞くべきではない、と彼に話しません！　そうするには、協力するための積極的な努力が必要になります。彼が聞く必要はないという、あなたの思いもかけないアプローチには、完全に異なる間接的目的があります。この場合では、彼の意識セットを弱めて建設的なチャンネルへ抵抗を導くことです。

左脳の意識セットを弱めること――心の混乱と自明の理

エリクソン◎あなたは、自分の心を混乱させることができます。なぜなら、私は、あなたが、初めて学校へ行ったとき、起きたことをあなたに話すつもりだからです。学校へ行ったとき、あなたは文字と数字という問題に直面しました。

ロッシ―心を混乱させることは、さらに個人的、経験的なことに対して、右脳がアクセスすることを容認して、左脳の自己主導性機能を弱めます。

エリクソン―Q博士と私は初対面でした。おわかりですね。彼が初めて学校へ行ったとき、彼の身に起きたことに言及するには、どうしたらよいでしょうか？

ロッシ―それが、直ちに、彼の心の中で疑問となります。
エリクソン―直ちに！　彼は自分の心の中を捜します。そして、それが、私が彼に探してほしいと思う場所です。しかし、あなたでさえも、これを読んだとしても、私がしていることを理解できません！　それは、とても間接的です。

さて、そこにどんな「問題」があったでしょうか？　彼は、実際に探さなければなりませんでした。彼は、問題があったと断定しなければなりません。彼がこの問題に背を向ける方法はありません。なぜならそれは真実であり、それは自明の理だからです。誰でも学習の初期段階には問題がありました。
ロッシ―心に混乱を起こして、あなたは自己主導性を弱めます。そして、間接的にそれを特定の方向へ少しずつ動かします。このケースで使うのは、早期学習セットで、次のセクションまで続く一連の自明の理です。

内部探索と治療的トランスを始めるために、好奇心をそそる質問をして意識を動揺させること

エリクソン◎あなたにとって、その時間に文字「A」を学習することは、不可能な仕事のように思えました。そして、あなたは「B」と「P」を、どのように見分けましたか？
エリクソン―私の質問に反応するとき、彼はたぶん「なぜ？」と考えます。「B」という文字の何が難しいですか？「B」には、いろいろな形、サイズ、色さえあります。筆記体と木版印刷。あらゆる種類の形。私は、別の自明の理を、そこで手に入れました。それは彼の経験の範囲内にあります。あなたの言動で、彼が右往左往するのを、あなたは見ることができます。「どのように見分けましたか？」は、彼自身の考えを彼の内部で手に入れる質問です。
ロッシ―あなたの質問は、彼を外の現実から連れ去り、内部探索の場に連れて来ます。
エリクソン―彼にはそのことを話さないように！　そして、彼はそれに興味をそそられるので、私が言うことを避けることができません。
ロッシ―あなたの興味をそそられるメッセージと質問によって彼を揺さぶることで、彼の通常の習慣的な見方から彼を引き上げます。そして、私たちが、トランスのミクロ動力学の本質的な様相と説明した内部探索の場に、彼を連れて来ます（Erickson, Rossi, & Rossi, 1976; Erickson

& Rossi, 1979)。興味をそそられるメッセージと揺さぶるプロセス――あなたがそう呼んだような――では、注意を引くために、そして、私たちが治療的トランスとして定義する内部探索および自動的な無意識プロセスに極度に焦点を合わせるために、間接的な、あるいは超心理学的な言葉を使用します。

受け入れセットを促進するために内部強化を利用すること

エリクソン◎「Q」と「O」は違いますね！

エリクソン―「Q」は、おわかりですね、どんな子にとっても難しいのです。「O」は簡単です。それで、私は最初に難しいことを、彼に与えました。その後、「O」を彼は受け入れます。なぜなら、それは簡単だからです。

ロッシ―それで、「Q」の後に、簡単な「O」を置くことで、「Q」を強化しました。このようにして、同じ文章内の巧妙な自明の理で強化します。あなたが言っていることを彼に受け入れさせ続けるために、彼自身の中にすでに組み込まれている内部パターンを強化して利用しています。これはあなたの間接的アプローチの実例です。すなわち、暗示を受け入れることが難しいと感じるとき、あなたは、もっと簡単な、もっと許容できる、もっとやる気を起こす、もう一つの関連した暗示で、すぐに補強します。さらに、二回目の、もっと簡単な暗示は、あとに続くことのために、受け入れセットを彼に残します。

やがて無意識活動を広げる言葉――後催眠暗示

エリクソン◎しかし、最終的に、心像を形成することを学びました。そのとき、知らなかった心像は人生の残りの期間、あなたにとどまるでしょう。

エリクソン―「しかし、最終的に」――最終的には、どのくらいの時間ですか？

ロッシ―どんな時間でもありえます。それは、時間に制約がないので、最終的にと言うことはフェール・セーフです。それでも、これまで、いつ、いつか、これから、などのような他の言葉はすべて、過去から現在、そして将来まで、無意識の活動を継続することができるという時間的側面があります。例えば、数十年間、後催眠暗示が継続することを、私たちは知っています（Erickson & Rossi, 1979)。長い時間がかかる活動へと向かうプロセスを無意識がセットするために、有効ないろいろな言葉と暗示の範囲を、実験的に評価する手段を見つけることは、魅惑的な研究計画になるでしょう。

エリクソン―その通り。さらに私は、彼にこの後に起こることを準備させています。その言葉、最終的には、幼稚園から老年期まで延長されます。心理学のトレーニングで、彼はそれを非常によく知っています。

ロッシ―それが再度、自明の理を間接的に使用します。つまり安全なメッセージで彼自身の知識を利用し、あなたが言っていることを補強します。

学習経験に興味を持たせることで、現代的で合理的な心の内側へ注意を集中させること

エリクソン◎あなたは数字を学ばなければなりませんでした。そして、あなたは、逆さまの9と正しい向きの6の違いを、どのように見分けますか？ それは、最初、不可能に見えました。そして、どのようなやり方で3という数を書きますか？

エリクソン―「あなたは、逆さまの9と正しい向きの6の違いを、どのように見分けますか？」さて、それは興味をそそります。それで、彼は他のことを何も考えなくなります。私は彼の経験の内側へと、彼の意識を集中させています。

ロッシ―それはすべて、これらの興味をそそる学習問題を示す際に、あなたがしていることです。あなたが興味を持っているのは、特定の内容ではありません。重要な事柄は、内側に集中するという間接的プロセスです。Q博士のような現代的で合理的な心が、学習に興味をそそられるように、あなたは彼を内側に集中させるために、こうした興味を利用します。

エリクソン―早期学習は、長くて辛い仕事です。でもすべての子どもがそれを通り抜けます。

ロッシ―したがって、実際に、このアプローチは教育過程を経たほとんどの人に有効です。あなたは、その人たちが有効な内部経験を持っていることを知っているので、それに集中させています。彼らはそれに反論できません。あなたは、外的な現実から彼らを移します。

エリクソン―とても遠く離れた所に。

複数の注意の焦点を消失したものとしての催眠
——トランスの没頭状態を維持すること
——詩と韻の役割

エリクソン◎しかし、心象をあなたは作りました。そして後から、言葉の、顔の、場所の、物の心象、とても多くの心象を作りました。

ロッシ―ここまでに、変性意識状態、あるいはトランスについての質問がありません。それは、彼の認識の焦点を変更することだけです。

エリクソン―認識の焦点の変更です。

ロッシ―変性意識状態に入ったのは、どこですか？　私たちは、変性意識状態という概念を必要としますか、それとも、それは関係する認識の焦点がまさに変更したものですか？　恐らく、認識の焦点が変化すること、それがすべての催眠で言えることです。

エリクソン―催眠はすべてそうです。複数ある注意の焦点が消失しています。

ロッシ―なるほど。複数ある注意の焦点が消失しているのですね。それは、ブレイドのモノイデイズム（単一観念状態）monoideism ですか？　それに本当に賛成しますか？

エリクソン―それが単一の考え monoidea でないことを除いて、しかし、複数の注意の焦点すべて、例えば机、鳥、バスはすべて排除されました。

ロッシ―わかりました。今、あなたは複数の注意の焦点の喪失を変性意識状態として定義しますか、あるいは、これは単なる言葉のゲームですか？

エリクソン―それは、本を読んでいるとき、そして奥さんがあなたに話しかけたとき、そしてあなたがすぐに返事をしないとき、日常生活の中で経験するのと同様な感覚の変性意識状態です。一〇分後に「私に話しかけましたか？」と返事をしたとするなら、時間歪曲に関連しているある種の変性状態を、あなたは明らかに経験しています。

ロッシ―それは催眠が、変性意識状態の中にあるという感覚です。面白い本を読んで没頭した経験と同じです。

エリクソン―それは無関係な外部刺激に対しての反応の欠如です。

ロッシ―それはトランスを構成する変性意識状態です。すなわち、外部刺激を排除して、内部経験の少数の焦点に深く没頭しています。

エリクソン――そして、それを治療目的に使用するためには、それを維持する必要があります。

ロッシ――そのトランス状態を維持するのは、催眠療法家の技法の一部です。

エリクソン――その通り。あなたが望むどんな方法であっても変性状態を取り扱います。しかし、あなたは変性状態を維持します。

ロッシ――それは、患者‐トランス維持へ、あなたの多くの言語的暗示が持っている目的です。

エリクソン――「顔 faces」や「場所 places」という韻が、トランス維持において重要かどうか、私は実際に、決めつけることはありませんでした。しかし、これらすべての言葉、顔、場所、そして物――彼の過去には非常にたくさんのものがあります。すべての人の過去の中にあります。また、私は、言葉、顔、場所、そして物の登録を許可するために、実際にその変性意識状態を拡大させています。

ロッシ――その興味深い小さな本、『催眠詩 Hypnotic Poetry』（Snyder, 1930）は、確かにトランスにおける韻とリズムの重要性を示唆しています。これら他の言葉を加えることによって、あなたは彼のメモリーバンクに到達しています。トランスを維持して、治療ワークに関連したネットワークを作るために価値があるものなら何であっても、あなたは他の記憶、そして連想をトランス焦点の領域へ運んでいます。

エリクソン――はい、そしてその変性状態を拡大できるようにします。しかし、それはすべて彼の範囲内でのことです。このトランスワーク中に、彼が内部に集中している間、外部の環境状況には、重要なことは何もありません。

幻視のための間接暗示
――時間で含意を組み立てること

エリクソン◎そして、年を重ねれば重ねるほど、心象を形成することが簡単になります。

エリクソン――Q博士は、年を重ねれば重ねるほど、心象を形成することが簡単になると言ったことが暗示だと理解していません。

ロッシ――ここでの暗示は何ですか？

エリクソン――視覚イメージについて話したことは何でも、彼は簡単に視覚イメージにすることができます。それは暗黙の暗示 implied suggestion です。視覚イメージを見るのはとても難しいのです。

ロッシ—これは、後からの幻覚体験の準備ができるように、時間を巧妙に使って含意を構築します。

エリクソン—はい、後から。

意識セットを弱めること——体系化された健忘

エリクソン◎そして、そのとき、あなたはそれを理解しませんでした。しかし、人生の残りの期間、あなたにとどまる心像を形成していました。今、あなたの無意識は、私の声が聞こえるので、実際に私の言うことを聞く必要はありません。意識が望むあらゆる方向に、意識を混乱させることができます。

ロッシ—なぜ、あなたは、「人生の残りの期間、あなたにとどまる」イメージを形成するというそのフレーズを、ここで繰り返すのですか？　あなたは、前のセクション（やがて無意識活動を広げる言葉）の開始時に、それを言いました。

エリクソン—それは、このセクションとその前のセクションを結んでいます。

ロッシ—ああ、それらの間のすべてが間隙の中に落ちて、健忘する傾向があります！　それは、体系化された健忘です。

エリクソン—はい、そのようなすべての資料は、間隙に落ちます。私はさらに、私の話を聞く必要がないことについて、そして以前のセクションにおいて、あなたの心を混乱させることについて言いました。

ロッシ—それは再び、さらに彼の意識セットを弱める間、健忘を体系化する傾向があります。

トランスを承認すること——トランス経験を学習するための内部の焦点

エリクソン◎しかし、あなたの無意識は注意を払うでしょう。あなたは理解するでしょう。そして、あなたはトランスへと漂っています。あなたは呼吸のリズムを変化させています。あなたは脈拍を変えています。私は過去の経験からそのことを知っています。

ロッシ—トランスへと漂っていると彼に言うことで、直接暗示をしているのですか？

エリクソン—いいえ、それは、私が実際に観察できる呼吸や脈拍の変化を基礎にしたメッセージです。私は「あなたは漂っていた」（過去形）とは言っていません。「あなたはトランスへと漂っている」（現在形）ことを、私はまさに観察しています。

ロッシ―トランスが実際起こっていることを、彼の内部経験が承認できるように、あなたは現実に起こっているこれらの変化を観察して、変化についてコメントします。あなたはトランスが起こると暗示していません。あなたはトランスを証明しています！

エリクソン―その通り。彼は呼吸のリズムを調べる必要があります。彼は、彼自身の内部にまだいます。彼は、呼吸のリズムをトランスへと流される観点から調べなければなりません。

ロッシ―あなたは彼の内部に焦点を保っています。そして、あなたは彼にこれらの経験の学習を通して彼自身のトランスを承認させています。

意識と無意識の役割
――治療的トランスにおける左脳と右脳の焦点

エリクソン◎そして、あなたはただ経験するだけではなく、とても一生懸命に理解しようとしています。

エリクソン―これは、あなたはただ経験するだけではなく、一生懸命に理解しようとするだろう、と私が言おうとしていることをほのめかしています。それは、あなたが今経験していること以上に、多くことを経験することになるというほのめかしです。

ロッシ―これは私には理解することは難しいようです！私は、あなたが無意識と経験する心を促進するために、意識のスイッチを切ろうとしていると思いました。「理解すること」を彼に求めたときに、左脳に意識的な仕事をするようにと訴えたように聞こえました。

エリクソン―あなたは、まだそれをわかっていません！私はすでに彼の意識のスイッチをほぼ全部切りました。そして、私は、彼の無意識の心に次のようなことを理解させようとしています。ただ経験することに加えて、この先、あなたには多くの仕事があります。

ロッシ―私たちはトランス誘導、そしてユーティライゼーションという二段階のプロセスとしてこれを公式化しました。トランス誘導という最初の段階では、今現在、支配的なQ博士の左脳の意識セットを弱めます。その後、これは、右脳の無意識のプロセスの解放を促進します。そして、それは反応可能性 response possibilities の経験的学習とレパートリーを含んでいて、催眠療法的変更を喚起するための資料として使用されます。トランス・ユーティライゼーションという二番目の段階では、催眠療法的反応へそれらを再構成するために、開放された右脳の内容に今、反応する（「再連結 reassociate、再合成 resynthesize」、Erickson, 1948 参照）左脳のプロセスを再活性化しています。

建設的な仕事をするために無意識のプロセスに携わる間に意識セットを弱めること
――無意識の仕事のための優しい直接暗示

エリクソン◎あなたは理解する必要はありません。あなたは漂って、そしてリラックスして快適であると感じる必要があるだけです。そして、あなたに対して何もする必要はないので、私が、あなたに話す必要すらありません。しかし、私があなたに話している間、あなたは気持ちよく休むことができます。あなたの無意識は私の話を聞きます。そして、私が言うように、私が指示するようにします。［休止］

ロッシ―知らないこと（あなたは理解する必要はありません）と、漂うこと、リラックスすること、そして快適さとともに、あなたは左脳の意識セットを弱めています。

エリクソン―それはトランス状態を強化して、彼がトランスを維持するつもりであることをほのめかします。

ロッシ―トランスの快適さとリラックスを維持することは、左脳の意識が何もする必要がないことを意味しています。それから、無意識があなたの話を聞いて、あなたが言うようにすることをはっきりと、あなたは指示します。

エリクソン―「私が言うように、私が指示するようにします」――それは、完全な服従です。

ロッシ―何ですって？ あなたは、服従させるために直接暗示をしています！

エリクソン―しかし、それをとても優しく言っています。それは、とても包括的です。

ロッシ―そして、あなたはあなたに服従するように意識的な自我に言っていません。そうではなく、あなたは無意識に提示している言葉の刺激に反応するように、優しく後押ししています。

催眠現象を促進するために視点を解離すること
――暗示を補強する技法

エリクソン◎そして、私が望んでいるすべてを、私はあなたに、ロッシ博士に、話すことができます。しかし、あなたはそれに対して注意する必要はありません。その心像を見ながら、無意識とともに、あなたは忙しくしています。あなたは、ただ休みます。[休止]

エリクソン―「そして、私はあなたに、話すことができます」――それは参照枠の一つです。「ロッシ博士に……」はもう一つの参照枠です。私は状況を分離し、分割しています。

ロッシ―その分離と分割はアプローチの本質で、解離を達成し、催眠現象の経験の舞台装置を最も上手くセットします。この解離は、重要な催眠現象で、重要な無意識の仕事であり、あなたはここ数セクションで話題にしていました。あなたは、「無意識とともに、あなたは忙しくしています」と彼に話します。無意識がその解離のメカニズムの仕事に従事している間、意識的な心を休ませます。

エリクソン―その通り。他には何もありません。そして、そのことをとても優しく、とても受け入れやすく話しています。

ロッシ―あなたは、精神科医である彼に、話すことによって会話を「解離する」困難な左脳の認知作業をさせません。むしろ、あなたは彼へ、そして私、ロッシ博士へと話を切り離す具体的な仕事を彼に与えます。右脳は、この具体的な感覚－知覚的な仕事を実行することができます。そして、それによって、その解離メカニズムに従事することができます。あなたは彼に、どんなメカニズムを使うべきか教えるのでなく、これらのメカニズムを自動的に喚起する仕事を与えることで、無意識のプロセスを喚起します。これは、あなたが大好きな間接的アプローチの一つです。あなたが暗示、あるいは仕事を与えるのは、それに関する固有の興味のためではなく、むしろそれを実行するように要求する心理的プロセスを喚起するためです。「あなたは、ただ休みます」というフレーズを最後に配置して、その前の「無意識に、あなたは忙しくしています」というメッセージを強化します。あなたは、それをたくさんしていますね？　一つのフレーズを使って、別のものを強化しています。それは、暗示技法にとって重要な側面です。

ラポールと声の位置による聴衆への間接暗示

エリクソン◎さて、ここのロッシ博士は、心理学を勉強した人です。彼は過去において、教師によって、全てのことを個々に意味付けするか、または解釈するように適応させられました。彼は、現実を見たり、あるいは経験したりすることをあまり知りません。彼は教えられたことを、そして読んだことを、現実を経験しなければなりません。

ロッシ◎はあ!?［休止］

ロッシ―あなたはここで私の不意を突きました。一見、Q博士に話しかけているようでしたが、実際には、私へ重要な暗示をしていました。私はQ博士を夢中になって見ていたので、あなたがありふれた日常的トランスと呼ぶものを、実際に経験していました。「はあ!?」で、そこから出て、私は最終的に覚醒します。さらに、あなたが何をしているか、私の意識が理解していないというのに、私の無意識に対して声の調子、そして手掛かりを提示する位置をあなたは変えました。実際、これらの注釈を準備するために、この記録を調べ始めるまで、私はそれを理解していませんでした。これは暗示と全くわからないように、聴衆の中の誰かの連想プロセスを大きく変えるための間接暗示の使用法であり、典型的な例でした。

エリクソン―そして、その異なる声の位置というのが重要です。

ロッシ―たとえ、被験者がそれに意識的に気づいていなくても。

エリクソン―同時に私は、彼をもっと私の近くに引っぱって、彼の視点から、その状況からあなたを除外することによってラポールを深めています。

ロッシ―どうして私を除外したいのですか?

エリクソン―私はそれによって、私が言うこと、私が指示することと一致して機能する彼の場所を増やします。

ロッシ―そのためには、私は無関係なので、すべての心的エネルギーを彼自身に集中させるために、あなたは私を除外します。同時に、さらに彼は、彼自身でさらに多くのことを経験して学ぶ必要があること、そして本から学んだことや以前に教師から学んだことだけに限局せずに学ぶ必要があること、という含意を手に入れます。これは、分析するのがとても難しい独特な状況の一つです。Q博士と私は、二人とも同じ間接的コミュニケーションを――しかし、自分の見方と各々異なる方法で――受け取りました。

エリクソン――その通り。

トランスを承認するカタレプシー

エリクソン◎今、あなたの手首に触れるつもりです。そして、彼の腕を非常に優しく約一五センチ持ち上げ、腕浮揚を促進するために触覚型の合図をします］あなたの腕に触れるつもりです。私は、手をこの場所に置くつもりです。［休止、エリクソンは、その腕に比べて、奇妙な角度に手を位置づけることによって、Q博士のいくらか扱いにくい手首の位置を整えます。その腕はその場にとどまらず、Q博士の膝まで落ちてきます。一本か二本の指が、彼の腿に触れます。そして他の指は、平衡を保って、宙に浮いて動かないままです。彼の手は、実際「普通に」は、彼の腿にのっておらず、腿の上に本当に軽く触れているだけで、カタレプシー状態で吊り上げられたままであるように見えます］

［エリクソンは Q博士の手首に触れます。そして、彼

エリクソン――「今、あなたの手首に触れるつもりです」。そうすると、大事なことは何ですか？　大事なことは全くありません。それは安全な手順です。

ロッシ――あなたは、とても無邪気な方法でカタレプシーをセットしています。

エリクソン――とても無邪気に――奇妙な角度ということが重要なのです。

ロッシ――なぜ、あなたが手を置く角度がそれほど重要なのですか？

エリクソン――被験者の腕を持ち上げるとき、私は、目的を持ってゴールに向けて、腕を持ち上げていると彼に話すつもりはありません。しかし、私は、ゴールに向けて腕を持ち上げています。ゴールに来たとき、私は腕を確認しますが、被験者はそのことを知る由もありません。そして、彼は、私が彼に与えた触覚型刺激に一致した行動をします。

ロッシ――それは、どんなことを証明しますか？　あなたがそうした理由は何ですか？

エリクソン――あなたが、誰かの腕を持ち上げても、空中に腕が持ち上がったままにほとんどなりませんね？

ロッシ――はい。普通はなりません。

エリクソン――そして、あなたが腕を奇妙な角度に置いたときには、奇妙な角度を直そうとする傾向がさらに強くなりますね？

ロッシ―あなたがトランス状態でこうするとき、被験者はまさに腕をそこにそのままにしています。これはそのときにトランスをテストしているのですか？　それは、あなたがこうする理由ですか？

エリクソン―あなたが視覚的に証明できたように、私はトランスをあなたに証明するためにそうしました。

ロッシ―それでは、そのカタレプシーは私を納得させるためなのですね。患者を納得させることはどうですか？

エリクソン―遅かれ早かれ、彼は自分の腕がそこに、そのままあることに気づきます。そして、それは彼のすべての過去の経験に反することです。彼はそれを調査しなければなりません。そして、それは彼にとってとても説得力があります。

しないこと――カタレプシーは副交感神経モードを利用する精神的節約形――変性した感受性／表現比率の尺度としての電気力学的な電位――治療的トランスの定義を提案すること

エリクソン◎そして、私はあなたに手を置くように指示していません。［休止］

Q博士◎ウーン、それ――

ロッシ―なぜここで、「していません」と言ったのですか？　なぜ、「手を上げたままにして」と単純に言わなかったのですか？

エリクソン―彼がすることはすべて、自己責任である必要があります。

ロッシ―したがって、彼は自己責任で手を上げます。なぜなら、あなたの発言の含意が、手を上げることだからです。

エリクソン―いいえ。彼の手はすでに上がっています。彼がその手を降ろすことができるただ一つの方法は、別々の、完全に別々の、完全に個別の仕事として、彼が、彼自身がその仕事を引き受けることです。バランスがとれた緊張状態をそのままにしておくことは、とても簡単です。彼は何もする必要がありません！

ロッシ―なるほど、この状況において、手を下に置くべきかどうかという骨の折れる意志決定プロセスをしないで、そこに手を置いておくことは簡単で、精神的努力の節約になります。

エリクソン―「下に置かないでください」と彼に言うことよりその方が良いのです。

ロッシ―そうでなければ、あなたが彼の手を上げた後、彼は同じ行為の一部として手を下に置くことができました。持ち上げることと下へ置くことは、完全に一つの行為です。しかし、あなたが彼の手を持ち上げて、「私はあなたに、手を置くように指示していません」と言ったとき、それは、一つの行為（上がること）が終わることを意味します。手を置くことは、彼の側に別個の決定とエネルギーの消費を要求する行為をさらに必要とします。彼は、そのようなリラックスしたトランス状態にいるので、手をそこに留まらせることはとても簡単です。あなたは、機敏に何か（腕を上げるような）をします。そして、それを中断して、それを制限します。それで、彼がそれを変えるためには、多くの決定とエネルギーを必要とします。手をそのままにしておくことより、それを置くことの方が難しいことです。したがって、トランスにおいては、努力の節約があります。トランスにおいて、副交感神経系（体の「リラクセーション」システム）が交感神経系のものより優勢であると言えますか？

エリクソン―はい、その通りです。

ロッシ―そういうわけで、あなたはトランスにおいて、「しないこと」をとても強調します。副交感神経モードでリラックスするとき、しないことは自然なことです。さらに交感神経系に特有の高いエネルギー出力を送出する際には、することは自然なことです。ところで、私は、それは、バリーラビッツ装置 Burr-Ravitz device▼訳注13で測定するものだと思います。ラビッツ・カーブ Ravitz curve が下がるとき、それは患者が受動的な受け入れモードにあることを意味します。患者の電気力学的な電位（Ravitz、1962）を測定している間、私は催眠を使わずに普通の治療セッションを行いました。そして、患者が実際、内省して没頭しているときか、受容的な方法で私の話を聞いているときには電位は下がります。彼らが表現するためのエネルギーを外に出しているときには、電位は上がります。

エリクソン―それが変性状態です。

ロッシ―感受性の方向へ変性したのですね。トランスでは、受け入れる、そして表現することに関する正常な変更は、連続的な受け入れに有利なように中断されます。その受け入れは内側からの場合があり――自分自身のイメージ、考え、感情、感覚とファンタジーを受け入れるときのように――、あるいは、それは、セラピストのような外側から、何かを受け入れる場合があります。活発に反応する通常の努力をしていない限り、電気力学的な電位は低いままのようです。

▼訳注13 高感度電圧計 sensitive voltmeters の一種。

エリクソン―そして、複数の注意の焦点の通常パターンを使ってください。

ロッシ―その通り。注意の焦点は、トランスにおいて範囲が限定されています――セラピストが示唆するものによって、しばしば定義される範囲です。これは、さらに治療的なトランスを、個人に特有な感受性と表現を、正常にバランスをとる中で変更することとして、定義できる可能性があることを示しています。個人を、感受性／表現・比率を高く変化させるものはすべて、治療的トランスへの変化になるでしょう。私たちが提案した感受性／表現・比率をどのように測定するか、そしてそれが交感神経システムに対して、相対的優位性がある副交感神経システムの測定から、相似の程度、あるいは相違の程度を決めるためには、副交感神経／交感神経・比率についての研究が必要です。

バランスのとれた緊張力としてのカタレプシー

[Q博士はおよそ二分間かけて、非常にゆっくりと、彼の腕が肘と肩で少し動いても、手首と手が動かないことを試します]

エリクソン◎さて、誰も、その人が何を最初に学習するか知りません。

Q博士◎ウーン。

ロッシ―彼は肘と肩を動かすことで、何をしているのですか？

エリクソン―彼はその腕が何か変だということを知っています。そして、彼は何が変なのか、知ろうとしています。彼にわかっていることは、そこが変化したということです。

ロッシ―そして、その変化はバランスのとれた緊張力ですか？

エリクソン―その通り。

ロッシ―そのバランスのとれた緊張力は、あなたが信じているような、異なる生理的状態ですか？

エリクソン―はい、その通り。

ロッシ―バランスのとれた緊張力というのは、作動筋と拮抗筋が均等に引っ張っているという意味ですか？

エリクソン―その通り。一日中、緊張力でバランスをとった状態で、あなたは頭を保っています。

ロッシ―そのため、私たちは頭を持ち上げていても疲れていません――それがバランスのとれた緊張力です。もし、片方に引っ張っていたら疲れてしまいます。

エリクソン―その通り。体の他の部分では、バランスのとれた緊張力に慣れていません。

ロッシ―体の他の部分にバランスのとれた緊張力をカタレプシーが誘導するのですか？

エリクソン―その通り。そうなったことのない体の他の部分に。

ロッシ―それはQ博士が調べていることです。

エリクソン―しかし、彼はそのことを理解していません。今まで誰も、バランスのとれた緊張力のことを彼に説明した人はいません。

ロッシ―バランスのとれた緊張力を、どのようにあなたは誘導したのですか？　手を上げるという微妙な触覚的合図だけですか？

エリクソン―いいえ。彼はトランス状態にいます。そこには、バランスのとれた緊張力が存在します。そしてその後、「誰もその人が何を最初に学習するか知りません」と私が言ったとき、私は、彼が学習していることを彼に伝えています。しかし、私は、彼が反論できない自明の理としてそれを伝えています。私たちは、誰ひとりとして何を最初に学習するか実際には知りません。

早期学習セットとしての「様子を見守って」――複数の意味がある慣用表現から反応ポテンシャルを呼び起こして促進すること――催眠療法的ワークの本質

エリクソン◎様子を見守って wait and see。［休止］この範囲外にある本当に重要な唯一のものは――

エリクソン―「様子を見守って」とは一体どんな意味でしょうか？　見るべきものは何もありません。それは、学習を続けるようにという慣用的な指示です。

ロッシ―「学習を続けて」とは言わずに、抵抗を喚起する可能性をなくしているのですね。

エリクソン―その通り！　それこそ「様子を見守って」です。それは非常に不可解なので、期待を喚起します！

ロッシ―人が過去において、待っていたときにしばしば新しいことを学習しました。したがって、あなたもまた、行動に移して、幼年期以来ずっと頼っている学習セットを利用しています。

エリクソン―はい、そして、それはまた受動性を求めています。

ロッシ―はい、受動的・受容的なタイプの学習は、もう一つの含意です。あなたはこれを繰り返しています。あなたは一般的なメッセージをしますが、しばしば、それは、多くの意味、多くの含意を持つ決まり文句、あるいは慣用表現です。あなたは、すべてとまではいかないとしても、多くの意味を利用していると思います。患者は確かに、いつでもすべての意味を理解するわけではありません。しかし、これらの複数の意味は、いくつかのレベルで呼び起こされて、そしてその後、そうでなければ患者にはできない反応ポテンシャルに集中させて促進します。あなたは最初に、関連したプロセスをありあまるほど呼び起こして、そして、何とかして、明白な行動へと補強される一つか二つのプロセスに集中します。これは、催眠療法家としてのあなたの仕事の真髄です（患者自身の自我が、そうすることができない反応ポテンシャルを引き起こして、促進するために）。あなたが複数の連想と意味を最初に呼び起こす方法は、多くの異なる人生経験と一連の連想から症状を多重決定するフロイトの考え（多重決定論 overdetermination）▼訳注14と同類です。しかし、このように心的決定 psychic determination には複数の通り道があり、私たちはその犠牲者なので、徴候をコントロールすることができません。実際に望ましい行動反応を促進するために、あえて同じ原理をあなたは使用します。

エリクソン―「この範囲外にある本当に重要な唯一のもの」での「この」は明確ではありません。しかし、それは学習のことを言っています。

ロッシ―あなたは催眠学習が何であるか、必ずしもわかっているわけではありません。しかし、あなたはその可能性があるものを、何でも補強します。

逆説的志向の原則《Paradoxical Intention》
――内部に焦点を合わせるための記憶

エリクソン◎――私があなたの無意識と言っているものです。他にはありません。あなたの意識はどんな記憶にでも気を配ることができますし、あるいはその記憶に注目することができます。［休止］

エリクソン―それは、「私があなたの無意識と言っているものです。他にはありません」。その意味は、部屋に

▼**訳注14** 精神分析における基本仮説。心的決定論 psychic determinism。すべての精神現象や行動は、偶然起こるものではなく、一定の因果関係に基づいて先行する心的事象によって決定される。

注意しないで下さい、他には大事なことはありません、ということです。私はロッシ博士、部屋、床、空を排除しています。しかし、私はそれらのものを無視するようにとは、Q博士に言いませんでした。

ロッシ―そうですね。あなたが、それらの無関係なものの話をすると、その後、たとえあなたが彼に言わなかったとしても、逆説的志向の原則によって、それらに集中します。

エリクソン―「記憶に注目します」――つまり、外部の現実ではなく。

ロッシ―あなたは、再び内部作業に焦点を合せています。

代替メタファーとしてのダブル・バインドと無意識

エリクソン◎そして今、私はあなたの無意識にいくつか指示するつもりです。あなたの意識が、それを聴くかどうかは重要ではありません。あなたの無意識はそれを聞きます――

エリクソン―彼は、彼の無意識と話すことができませんが、私はお願いすることを何でも言うことができます。

ロッシ―あなたがQ博士の無意識に意見を言っている間は、あなたは、意識－無意識のダブル・バインド（Erickson & Rossi, 1979）を使っています。彼がコントロールできるのは意識だけで、無意識はできません。これはさらに別の解離させる方法ですか?

エリクソン―その通り。さらに、意識的な心が聞くかどうかにかかわらず、重要でないというフレーズを加えたことで、それは意識セットを弱めます。

ロッシ―無意識は、実際にあなたの声を聞いていると思いますか? あるいは、これはすべてダブル・バインドを公式化する方法ですか?

エリクソン―私は彼の無意識が聞いていることを知っています。それは、そうしなければならないものです。彼は私からわずか数フィートしか離れていません。それに私の声はとても大きいのです。それはそうなります!

ロッシ―実際にどんな無意識の心も、実際に存在するという仮定をした上で、あなたは作業します。そして、何を行う必要があるか、無意識に伝えることができます。他の人たちは、無意識をメタファーとして見ているだけです。私の理解の範囲では、ダブル・バインドは、連想プロセスに関する左脳の意識、随意的（意図的）コントロールを弱める傾向があります。それで、右脳のより不随意的な反応ポテンシャルがはっきりしてきます。

後催眠暗示へのさり気ないアプローチ

エリクソン◎——そして、それを覚えておいてください。今後、あなたは、一から二〇まで数えることによって、いつでもトランスに入ることができます。一つ数えるごとに、二〇分の一ずつトランスに入ります。

［休止］

エリクソン—「そして、それを覚えておいてください」、しかし私は、念入りに「今後、永遠に、もっと覚えています!」とは言いませんでした。

ロッシ—とてもさりげなく、抵抗を起こさないように差し出します。

エリクソン—はい。私は話しているだけです。それがすべてです。

ロッシ—それは彼がトランスに入る方法を説明しているように思われます。しかし、実際には後催眠暗示ですか?

エリクソン—その通り。

トランスを承認する時間歪曲

エリクソン◎さて、自分自身に対して声を出さずに心の中で、二〇から一まで数えると目覚めると暗示するつもりです。では、今からカウントを始めて下さい!

［五〇秒間の休止後、Q博士は目覚め始めました］

ロッシ—なぜ、二〇をカウントして、トランスに入れたり出したりしたいのですか?

エリクソン—ときには私はストップウォッチを使います。それが変性体験をしたことを患者に教えます。私は、変性体験が彼らに見えるようにすることができます。

ロッシ—目覚めるのに必要な時間を推定する際に、患者が遠く離れたところにいたら、時間歪曲がトランスを承認する手段になります。

トランスを承認する質問

エリクソン◎完全に目覚めていますか?［Q博士は床を足踏みして、少し伸びをします］さて、顔の動きをすることによって最初の部分が覚醒します。そのあと呼吸が変化し、そして頭と首を動かします。

ロッシ◎うん、そう。

エリクソン◎そして、顔の変化と、さらに呼吸の変化があります。あなたは、とても速く気づきます。どれくらいの時間、目覚めるのにかかりましたか？

Q博士◎三五秒くらいです。

エリクソン◎［ロッシに］それはどれくらいでしたか？

ロッシ◎四五秒くらい、ほぼ五〇秒です。［休止］

ロッシ―彼が動いてトランスを承認しながら目覚めた後に「完全に目覚めていますか？」と、尋ねました。
エリクソン―はい。それはトランスを彼の無意識に対して本当に承認します。そして彼の意識は、求めることを何でも考えることができます。

トランスを承認するダブル・バインドの質問

エリクソン◎トランスにいたかどうか知っていますか？

Q博士◎感じとしては軽いトランスでした。

エリクソン◎すべての起こったことは、どんなことでしたか？

エリクソン―これは、「トランスにいたかどうか知っていますか？」という単純な質問のように見えます。答えがイエスか、ノーかにかかわらず、トランスを承認しています。イエスという反応はトランスを承認していますが、ノーという反応もまたトランスを承認しています！ノーという反応は「いいえ、私はトランスにいたことを知りません」という意味です。
ロッシ―「あなたはトランスにいたことを知っていますか？」とあなたが言ったら、その方が、もっとはっきりした方法です。
エリクソン―しかし、あなたがそのように質問すると、彼はそれに異議を唱えることができます。私が質問した方法は、彼のためではなく、私自身のために情報を求めたものでした。
ロッシ―「いいえ、私はトランスにいませんでした」と彼が言ったとしたら？
エリクソン―「それは素晴らしいですね。あなたは本当に知らないのですね」と、そのときに言います。私は疑いを彼に植えつけます。私は真実を話しています――彼は本当のことを知りません。

ロッシ―したがって、あなたの質問はダブル・バインドでした。彼がどんな返事をしたとしてもトランスを承認します。ダブル・バインドはこの状況に有効です。それは、彼のトランス経験の現実を認識する方法を知らない彼の疑いと懐疑的な心の限界を弱めるのに用いられるからです。彼の内部でトランスの現実を認識するあるレベルの意識は、それによって意識へと強められます。その結果、彼の意識的な信念体系がその制限している偏りを克服して、変性状態の現実をさらに受け入れることができる可能性があります。

あるレベルで知られている真実を確かめるのに用いられるときだけ、ダブル・バインドは、その人の信念体系を変えることに効果があります。しかし、意識的な心の学習された限界の影響を偏らせるために否定されます。ダブル・バインドは被験者の範囲内の何かによって確かめられるときだけ、真実の認識を容易にすることができます。この内部の確認がない場合、人に何かを押しつけるためにダブル・バインドを使って、その場を切り抜けることは恐らくできません。

健忘を説明すること

Q博士◎ええ、最も重要なことは、あなたが私の腕に触って、「私はあなたに手を置くように指示していません」と言ったことです。私は――私の腕がトランスでそこに吊り上げられているはずだったのに、手が吊り上げられていなかったので、私は気分が良くありませんでした。

エリクソン◎記憶が正しいかロッシ博士に聞いてください。

Q博士◎その記憶は正しいですか？

ロッシ◎もっと詳しく、経験を話してほしいと思います。そもそも、手はそこに吊り上げられていたのですか？

エリクソン―ここで彼がわかっていないことは、彼が健忘を説明しているということです。彼はそのことを知りません。そしてあなたはそのことを知りません。彼は実際に自分の手がしていたことを知りません。彼が「気分が良くなかった」と言ったとき、それは当惑したと感じたことを意味します。彼は理解するべきことをわかっていませんでした。何かが変化しました。しかし、彼はまだ何かを理解していません。

変性状態の最小の指標を理解することを学習する——筋覚《Muscle Sense》と気を逸らすこと

Q博士◎それは、こうだったかもしれません［手は空中に一部分吊るされていて、とても軽く彼の腿に触れていました］私は、私の指が私の足を圧しているのを感じました。私は筋肉が暗示を実行しようとしているのを感じました。しかし、私は私がしたとは感じません。

ロッシ◎［Q博士に］あなたの手が少し落ちたことに、私は気がつきました、しかし、カタレプシーは満足できるものだった、と私は感じました。

Q博士◎私はそう思いませんでした。

エリクソン◎［Q博士に］あなたの足にあなたの皮膚が接触していたこと、あなたの指先が触れていたことに気づきましたか？ 指先は、そうしていましたか？

Q博士◎指先は私の足に触れていましたか？

ロッシ◎一本か二本、触れていました。

Q博士◎何かしら、こんな感じですね。［Q博士は今、デモンストレーションしています］そして、あなた［ロッシ博士］は何か書いていたと私は思います。

ロッシ◎はい。

エリクソン◎結構です。価値の問題に取り組みましょう。ロッシ博士が書いていたことが、そんなに重要でしたか？

Q博士◎私は、いくぶんそれが気を逸らしたと思っています。

エリクソン◎そもそも、それがあなたにとって、何か価値があったのですか？

Q博士◎ええ、私は注目されていましたので、その注目を受けていた様子を楽しんでいたと思います。

ロッシ―「私は筋肉が暗示を実行しようとしているのを感じました」と彼が言ったとき、それは、ここで部分的な反応があったのですか？

エリクソン―［ロッシの腕を下げて、エリクソンはデモンストレーションしました］あなたは、あなたの筋肉を感じましたか？ あなたは、自分の筋肉をどのように感じましたか？

ロッシ―あなたが私の腕を誘導したとき、私は筋肉に特に何も感じませんでした。自分の筋肉を感じているということ自体が、彼が変性状態に入っていることを意味しています。彼の注意の焦点は、彼の筋肉に集中しています。そのようなことを患者が言うとき、あなたは、患者がトランスを経験していることをわかっていますか？

エリクソン―普通ではない感じを患者は感じています。

ロッシ―バーバー（T. X. Barber, 1969）か誰かが、あなたは患者の注意の焦点を変更しているが、それはトランスに入っていることを意味しないと言っていました。

エリクソン―私は、注意の焦点を変更していません――彼がしたのです！　彼はそれを意識的にはしません。あなたが書いていたことが、どれほど注意を逸らせましたか？　何かがそこにあったことを彼は実証しています。そしてあなたが書いていたことが彼の注意を逸らせました。彼だけが、自分がそう言っていることを知りません。

ロッシ―Q博士の観点から見ると、彼は十分なトランス経験をしていませんでした。このような深い変性状態を求めることは、ポスト・サイケデリック革命の中の現代的被験者に特に特有なことのように思われます。しかし、あなたの観点からすると、初心者である彼が最初にすることは、起こることを軽んじることなく最小の変化を認識して受け入れることを学ぶことです。今日、精神医療の専門家でさえ、催眠のことを奇跡を起こす万能キーfast keyとみなしています。しかし、現実は特に専門家は批判的で懐疑的態度をとるので、意識の変性状態を経験するための学習には通常、時間が必要です。専門家が最初に学ぶべきことは、変性が起こったことを意味しているこれらの非常に微妙な合図を認識することです。

トランスを承認して無意識に知らせる質問

エリクソン◎今まさに、あなたは注目されています。私がその質問をしたあと、どれくらいの車が通りましたか？

Q博士◎何も思い浮かびません。

エリクソン◎それで結構です。あなたがその質問に答えている間に車が通ったことに、どんな重要性がありましたか？

Q博士◎車が通ったかどうか答えるのですか？

エリクソン◎ええ、そうです。私は、車があなたにとって、何の重要性もなかったことを知っています。

Q博士◎いいえ。

エリクソン◎ロッシ博士が書いていたことは、あなたにとって価値はありませんでした。……いいでしょう。さて、私は、あなたにその椅子からあの椅子へ移ってくださいとお願いするつもりです。

ロッシ—Q博士に、これらの質問をした目的は何ですか？

エリクソン—私はトランスを承認するために、それらの質問を使っています。そして、私は彼に話しているので注意を向けています。また、私はさまざまなことに彼の情報を求めています。あなたは、はありません！ 私は、情報を求めています。あなたは、彼の無意識に気づいてほしいことすべての情報を求めます。

ロッシ—それらの質問は無邪気なもののように見えます。しかし実際には、あなたは無意識に知らせているのですか？

エリクソン—その通り。起こったことがどんなことであっても、知らせるために。

間接的トランストレーニングのための催眠デモンストレーション

今、エリクソンは、Q博士の学習経験のために、別の人（もっと経験を摘んだ被験者）を催眠誘導して、トランスをデモンストレーションしています。Q博士は、現在、若き精神科医という役割で他の人へのデモンストレーションを見ることによって、トランス誘導の訓練をされていると思っています。もちろん、この手順の目的は、そのことに気づくことなく、個人的にトランス体験を学習するための間接暗示を、彼の無意識が受け取ることです。

このデモンストレーションと、そのことについての議論の後、Q博士は自分自身について、そして自分の専門分野について話します。グループにワークするとき、半信半疑で緊張していることを彼は説明します。エリクソンは、劇場へ行くというアナロジーを話します。公演されている劇に興味を持っている人もいますし、興味を持っていない人もいるかもしれません。しかし、聴衆が織りなすことを観察すると、多くの面白いことが確実にあります。聞くことができる人と聞くことができない人の区別、ただ配偶者が強く要求したということだけで来ている男性とか女性を区別できることなどを話します。「多くのことを見ることができますが、そこで何を発見するか知らずに、劇場に入ります。どんな状況においても、多くの選択肢があります……。集団療法のセッションに出席する場合、一体全体、何を見るつもりですか？それが、あなたがそこに出かける理由です」。その後に続く会話は以下のようなものです。

トランス誘導のミクロ動力学を開始する後催眠暗示 ――トランス誘導のために注意を集中させる中でのセラピストの行動――散りばめアプローチと声の力

Q博士◎いつでも継続中のことがたくさんあります。

エリクソン◎あなたが理解している以上に多くのことがあります。そしてあなたには心配している時間がありません。

Q博士◎理解することができないほどのあまりにも多くのデータがやって来るので、私は目が見えないように感じているのだと思います。

エリクソン◎そして、誰でも数えることを学びます。誰もが最初に一つまで数えます。その後、二つまで、そして五つまで、そして一〇まで、そして二〇まで数えます。

Q博士◎ウーン。「Q博士のまばたきは、不確かになって、その後、目を閉じます。彼は、あたかも鼻を掻くかのように、顔へ向けて手を上げ始めます。しかし、その動作は遅くなります。そして最終的に鼻に触れて、引っ掻くような動きをした後、手の動きがなくなります。彼の手は、引っ掻く途中でカタレプシー状態になって固定します。彼の顔はリラックスして明らかにトランスに入ろうとしています。エリクソンは一瞬休止します。そして継続する前に、彼を熱心に観察します」

エリクソン―彼は、直前のセッションに戻って、与えられた後催眠暗示に従っています。

ロッシ―それが後催眠暗示に見えなくても、あなたが彼に話すと、彼は一から二〇までカウントして、トランスに再び入ることができるのかもしれません。

エリクソン―彼がそれを後催眠暗示であると確認する方法はありませんでした。

ロッシ―直前のセッションで、彼が一から二〇までカウントするとトランスに入ると、あなたは言いましたが、エリクソン博士、あなたがカウントすることではありませんでした。しかし、あなたがここで数えると彼はトランスに入ります。どうしてですか?

エリクソン―わかりました。自分がすることを確かめてください。「エリクソンは今、とても興味深くロッシを見つめながら、二〇まで数え始めます。するとロッシは、次に強い催眠効果を感じて、それに明らかに反応して、瞬間的に目を閉じます」あなたは後に続きましたか？　あなたは、私と一緒に数えていたのです。

ロッシ―ああ、なるほど。あなたがカウントすると、自動的にカウントする反応が被験者に喚起されます。そしてそれが被験者にとって、トランスに入る合図になります。

エリクソン―その通り。わかりましたね。それは、どんなものとも合致しません。それは、散りばめテクニックでした。

ロッシ―一から二〇までのカウントは、通常の会話の流れの中に散りばめられました。

エリクソン―それでも、カウントはその場とは無関係なので、「なに？」と、彼は思わなければなりません。しかし、彼は知りません。

ロッシ―意識は驚くのですが、理由がわかりません。その驚きは、認識に隙間を残すので、無意識を一杯にすることができます。

エリクソン―はい、意識が理解しないときはいつでも、「ちょっと待ってください。それが私の所にやって来ます」と、意識は言うからです。あなたは何を言っているのでしょうか？　実質的にあなたが言っていることは、「私の無意識が私を助けてくれます」ということです。

ロッシ―トランス誘導の典型的なミクロ動力学は、ここで作用し始めます。①数えることについてのあなたの意見は、会話の前後関係に合致しません。それで、彼の注意は、すぐに固定します。②驚きの効果によって、意識の習慣的セットは弱められます。③それが意味することを知らないことが、無意識の探索を始めます。④そして、それはあなたが以前に与えた後催眠暗示を見つけて処理します。その結果、⑤トランスに再度入る催眠反応を経験します。彼に後催眠の合図をしたとき、あなたが非常に熱心に、そして期待を込めてジッと見つめたことに、私は気づきました。そのように綿密に観察することは重要ですか？

エリクソン―私が彼に数えることを、無意味な発言として矮小化させることができませんでした。したがって、あたかも実際に何かを言っているかのように私は彼を見ました。

ロッシ―それは、後催眠暗示で私が抱えている問題です。私は合図のことを話したのですが、患者が私に細心の注意をしていなかったので、合図を無視しました。

エリクソン―あなたは、その人に話すとき、「私はあなたに話しています！」と教えます。あなたは目で、あるいは声で、あるいはジェスチャーで、直接話すことができます。あなたはその人の注意を確保する必要があります。あなたがさりげなく話し、そしてとても柔らかい声を使うなら、すぐさまあなたはその人の注意を手に入れます。

ロッシ―したがって、それは組み込まれた習慣的反応モードで、あなたはそれを利用しています。誘導を始める際にあなたは声を低くするだけで、あなたは注意を固定させるので、トランスの第一段階をすでに達成します。

エリクソン―その通り。それは患者の注意を狭めます。柔らかい声が注意を強要するので、柔らかい声を使います。

ロッシ―それで、後催眠の合図を始めるとき、あなたは最初に注意を集中しようとします。それで、それは引き続きそれ自身の連想パターンで動作しません。残りのシステムがちょっとの間、開いて受け入れるように、あなたは注意を集中させます。その後、無意識は反応することができます。

トランスを承認する覚醒

エリクソン◎そして今、二〇から一へと逆にカウントを始めることができます。［約三〇秒間の休止、Q博士が動いて明らかに覚醒するまで］私はロッシ博士を驚かせたいと思っただけでした。

ロッシ◎私はまだあなたの話を聞いていました！

エリクソン―「そして今」は、彼がトランスを達成したことを示唆しています。それが達成されてから、彼は次へと進むことができます。そして、それは逆に数えることです。

ロッシ―それによって素早く彼が達成したトランスを承認します。

認識することなくトランスに再度入ること

Q博士◎ええ。それは、前後関係から大きくハズレていました。あなたが言ったこと、それは、異なる意味を持っていなければなりませんでした。

エリクソン◎そして、あなたは、私が何を言っているか知りませんでした。しかし、無意識の心は知っていました。

Q博士◎私は意識的な認識もまた持っていました。私は両方とも持っていたと思います。

エリクソン◎あなたが意識的な認識を一部持っていた

のは、あなたの目が閉じて動かなくなった後でした。

Q博士◎私が覚えているのは——あなたとの議論を、私はきまり悪く感じたことです。

エリクソン◎おわかりですね。私はあなたのまぶたを見ました。そして、ロッシ博士が、不意を突かなければ、私が「一〇」と言ったとき、彼はあなたの目の光沢に気づくことができました。実際に私は五時に開始しました。

ロッシ―あなたのカウントは、「前後関係から」大きくハズレていたので、少しの間、Q博士の注意が固定される結果となりました。彼の意識は、そうであることを理解しませんでした。それで、無意識は、彼をトランスに入らせることによって、そのことの意味づけをしました。
エリクソン―彼の意識は知りませんでした！　彼がトランスに入って、出て来たあと、「はい、それは、前後関係から大きくハズレていたので、あなたが言ったこと、それは、異なる意味を持たなければなりませんでした」と彼は言いました。
ロッシ―彼がトランスに入って、出て来たあと、トランスのための合図として、あなたの言葉の重要性を意識的に認識します。したがって、被験者は起こっていることを意識的に認識せずにトランスに入ります。

別の巧妙で間接的なトランス誘導

エリクソン◎さて、スージーに関するそのレポートを読んでいたら（Erickson, Haley, & Weakland, 1959）、私が二〇までさまざまな方法でカウントしたとき、彼女はトランスに入ることができると、私は彼女に言いました。私はハエをぴしゃりと叩いた後、一ダースの子どもに何人か足せば「二〇」人になり、そうなれば子どもたちにお金がさほどかからなくなる、という話をしました。そして、その話はスージーにとってはトランスに入る合図でした。［Q博士が明らかに再度トランスに入ったので休止］今、なぜ、あなた［ロッシ博士］は、彼のまぶたを見ていないのですか？

ロッシ◎あなたの教え子の中で、私は最も質が悪いと思います。

ロッシ―ここで、なぜ彼は再度トランスに入ったのですか？
エリクソン―スージーがどのようにトランスに入ったか

に関する「一ダースの子どもに何人か足すと「二〇」人になり、子どもにお金がかからなくなる」という話で、私が一から二〇までカウントしたことを、あなたは見逃しています。

ロッシ―ああ！　私は完全にそれを見逃していました！　私は、あなたが再度、何かの話を話しているのだ、と思っていました！　再度、彼をトランスに入れるために、同じ合図を使って、異なる文脈の中で一から二〇まであなたはカウントしました。しかし、あなたがカウントした方法を、私たち二人とも理解できませんでした！　あなたは、一から二〇まで数える巧妙な方法として、「一ダースの子どもに何人か足すと二〇人になる」ことを話しました。

患者の参照枠を研究すること

エリクソン◎彼［Q博士］は明らかに学習したいと思っています。［Q博士が明らかにもっと深いトランスに次第に入っていくので、約二、三分間の休止］また、目覚めるときには必要なだけ時間を使うことができます。

ロッシ―ここで、あなたはトランスを強化するために、彼が求めている学習に承認を与えています。

エリクソン―しかし、私の話を明らかな承認として、彼は聞きませんでした。彼が聞いた話は、あなたを客観的に観察した話でした。そしてそれ以上の承認はありません。おわかりですね。それはとてもさり気ないものでした。彼の無意識は答える方法を知っていました。しかし、あなたは記録を読み終えることができても、まだ何が起こったか理解できませんでした。なぜ、あなたは自分の無意識を使わないのですか？

ロッシ―やってみます！

エリクソン―あなたは私の言葉で意味を判断していました。しかし、私が意味したことは何でしたか？

ロッシ―私は、次のようなことを練習し始めなければなりません。それは他の人の参照枠を見ることです。それは彼らの言葉が持つ意味、それは私にとってでなく、彼らにとっての意味です。セラピストは、自分自身の意味で患者の言葉を判断することを避けなければなりません。これはとても重要です。なぜならセラピストが、患者の参照枠からではなく、セラピストの自身の理論的な参照枠（フロイト派、ユング派など）から、患者の言葉を解釈し直すことによって、患者の言葉をしばしば歪めるからです。

権威《Prestige》ではなく無意識のコミュニケーション

エリクソン◎あなた［ロッシ博士］がそのハプニングを見るとき、それはすべてのマジックとすべての名声を取り去ります。彼は答える方法を無意識に知っていました。

ロッシ◎無意識は、意識的な理解の論理的な前後関係から答えることができます。

エリクソン◎はい。そしてこのようにして人間の行動を観察するべきです。［Q博士に］あなたは私に退屈していたので、あなたはトランスに入りませんでした。環境から逃げるために、あなたはトランスに入りませんでした。あなたはある特定の認識でプログラムされていたので、あなたはトランスに入りました。さて、あなたは今、目覚めることができます。［Q博士は目覚めました］

ロッシ―言い換えると、重要なのは権威やマジックではありません。重要なのは、無意識を理解すること、無意識とコミュニケーションすることです！

エリクソン―はい。無意識が反応することができるのは、無意識が理解する論理的前後関係からです。

トランス誘導における間接的で、そして認識されない後催眠暗示

ロッシ―私たちは、被験者を以前に取り扱ったことがありますが（Erickson & Rossi, 1979）、私は、後催眠暗示に向けたあなたの間接的アプローチをもっと学習したいと思います。後催眠行動（Erickson & Erickson, 1941）について、あなたは、重要な論文の中で以下のように言っています。

> 通常の覚醒時の出来事の自然な経過に適合できる形で実行できる受け入れ可能な後催眠暗示の追加項目だけで、最初のトランスが誘導され、受動的な睡眠行動だけに制限されていたら、その後、それに付随する自発的なトランスで、後催眠行動を引き出す機会があります。その後、（後催眠行動を使って）適切に妨害をすると、被験者をトランス状態の中で阻止することができます。（p.12）

「通常の覚醒時の出来事の自然な経過に適合した形で

実行できるように与えられた受け入れ可能な後催眠暗示」の具体例を、もっと教えてもらえますか？

エリクソン―私がたばこを吸っていたとき、最初にたばこを消し、次にトランスを誘導しました。

ロッシ―そうするとたばこを消すことが、トランス誘導するための条件づけ合図 conditioned cue になりました。

エリクソン―面談の中で後から患者が目覚めて話し合いをした後、私はタバコに火をつけて、そしてタバコを消すために、とてもゆっくり手を伸ばします。そして、ゆっくり話します。

ロッシ―とてもゆっくりそうするのは、患者の注意を固定するためですか？　とてもゆっくりとしたジェスチャーによって注意を引くので、その意味についての内部探索が開始され、そして無意識が表に出ることができるようになります。

エリクソン―しかし、それは普通の行動に適合します。そしてトランスに再度入る後催眠暗示として認識されません。

ロッシ―はい、それは普通の行動をわずかに修正しただけです。患者がその手がゆっくり動いているのを見て、手がゆっくり動いている理由を理解する前に――

エリクソン―患者はトランスに入っています！

ロッシ―それでトランスから出て来たとき、患者はトランス状態になった本当の理由を理解できません。

エリクソン―「私に何が起こったかわかりません。私はトランスから目覚めて、私たちは話していました。そして、あなたがタバコをつけたか、あるいは私がタバコを取ろうと手を伸ばすところでしたが、私は、タバコを手にしなかったと思います」と、患者は言います。

ロッシ―患者が目を閉じると、トランスの中でしばらく休ませますか？　それともトランスを使ってすぐに仕事を開始しますか？　患者が適切な深さ、あるいは他の指標に達したというサインを待ちますか？

エリクソン―「大丈夫です。あなたは今実際に十分に深いと私は思います」と私は言います。それは、「十分に深くしてください！」ということを患者に伝えます。それが残りのことをします。

条件反射としての非言語的なトランス誘導

ロッシ―あなたが使った別のアプローチを教えてください。

エリクソン―［エリクソンは、電話の調節を黙ってすることで、そのことを説明します］言い換えると、受け入れることができることなら、どんなに些細なことであっても、巧妙な合図 subtle cue になります。

ロッシ―トランス誘導する直前に、どんな取るに足らないことであっても、何かをすることによって、あなたは条件反射をセットアップすることができます。その何かは、そのようなさり気ないことなので、患者の意識は後からのトランス誘導に、その何かを結びつけません。しかし、それにもかかわらず、患者の無意識にとって、その何かは条件つきの合図として機能します。

エリクソン―［エリクソンは、一・五センチ椅子を移動させ近づけることが、前トランス合図となることを説明します］

ロッシ―私は、トランス誘導する前に必要な部屋の照明を暗くすることで、そのような合図をすることができると思いました。しかし、それはあまりに露骨なことです。

エリクソン―それは、あまりに露骨です！

ロッシ―それはとても露骨なので、意識はすぐにトランスワークに対して障壁をセットアップすることができます。これらの障壁は催眠自体に対して、それほど抵抗しません。私は、いわゆる抵抗というものが、自然な組込まれたメカニズムだと思っています。そしてそれによって、意識は無意識に圧倒されないように自分自身を、いつでも保護しています。あなたの間接的アプローチが対処することを目指しているのはこの自然な障壁です。ここまでで、あなたは非言語的合図を説明しました。非言語的な動作での合図で特に重要なものがありますか？

エリクソン―あなたはそんなふうに言っていることを中断する必要はありません。あなたは、動作での合図の直前に、そして、合図している間に、何かを言うことができます――あなたが最後に言ったこととして、覚醒状態で患者がそれを思い出します。あなたにできることが、とてもたくさんあります。［エリクソンは彼の家族の写真が貼ってある立方体を回すことで、説明します］私は、見た目では考えているように見えます。

ロッシ―あなたが右回りの方向に立方体を回していると、瞑想して、静かに考えているように見えます。

エリクソン―その後、患者が目を開けてトランスに入っているとき、私は左回りの方向に立方体を回します。すると、患者が目覚めます。したがって、患者が多くのことをすることをあなたは望んでいるので、言葉の構築に依存する必要はありません。あなたは患者に、すべきことすべてを話す必要がないことを望んでいます。

ロッシ―そうでなければ、患者が自らの創造性を利用できるようにならないので、セラピストがすべての仕事をしなければなりません。

エリクソン―したがって、あなたは状況を構築します。そうすると患者は自由に自ら主導して答えることができます。［エリクソンは立方体の上にリストを作成して、その後、立方体を回して説明します］

ロッシ―あなたは立方体の上に、片方の拳を置くことで患者の注意をひきます。そして、あなたはトランスを誘導するか、あるいはトランスから患者を覚醒させるためにそれを回します。

エリクソン―トランスに入るために、一八〇度右回りを使い、その後、覚醒させるために一八〇度左回りを使って下さい。

ロッシ―それは簡単にやれるのですか？　上手くいかないように思うのですが。

エリクソン―上手くいかないと思っているのですね。私は上手くいくと仮定します！

ロッシ―その仮定が、まさに人を納得させるポイントです。

エリクソン―それこそが、まさに人を納得させることです！

ロッシ―患者はそれを感じて、あなたの仮定の力に捕らえられます。

エリクソン―あなたは数えきれないほど、誰かがあなたに何かを期待していたことが後になってわかるという経験を持っています。

ロッシ―ああ、それですね！　それが、あなたが作り出すものです――それは期待です！

エリクソン―しかし、私はそれを言葉で明確にすることはありません。

ロッシ―人の生活史における期待という経験は、あなたの誘導にとても強力に組み込まれたメカニズムで、あなたはそれを活用します。

エリクソン―それはとても強力です。

ロッシ―子どものときに私たちは、期待に沿って行動しようとして、多くの日々もがき苦しむ経験をしました。そして、あなたが利用しているのは、この長きにわたる人生での経験です。

エリクソン―その通り。その経験は患者のものです。どうしてそれを使わないのですか？

連続した後催眠暗示
――否定的なムードを利用すること

ロッシ―あなたが同じ論文（Erickson & Erickson, 1941）

と以前の私たちの仕事（Erickson & Rossi, 1979）で解説したもう一つのアプローチは、トランス誘導につながる連続した現象です。あなたは、連続した後催眠暗示の価値と目的を詳しく説明することができますか？　眠ることを暗示することで、トランスに入る誘導をした五歳の女の子の例を挙げています。あなたはそのとき、以下のように進めました（Erickson & Erickson, 1941）。

> それから、後催眠暗示として彼女は、いつか別の日に催眠術師が彼女に彼女の人形について尋ねることになっていて、そこでは、（a）彼女は椅子に人形を置いて、（b）その近くに座って、（c）人形が眠るのを待っています……、と告げられました。この三つの部分からなる形（連続した）の後催眠暗示を使って、被験者が後催眠暗示に従うと、次第に本質的な静的状況に導かれました（p. 118）。

エリクソン―［エリクソンは今、行動を連続して起こすことを構築する、この使い方の実例をもう一つ出します。三歳の彼女の娘に、口腔内検査をするために――彼女が反抗的なムードで、好きなおもちゃのウサギを抱えながら、ベッドで座っている間――以下のように進めました］

エリクソン◎ウサギは枕の上に頭をのせて、横になれないよ！

娘◎やるもん Tan too!［彼女は、それを証明するためにウサギを下へ置きます］

エリクソン◎ウサギはきみができるような方法で、目を閉じて横になれないよ。

娘◎やるもん！［彼女は、ここでウサギと一緒に横になります］

エリクソン◎きみができるように、眠ることができないよ。

娘◎やるもん！

エリクソン―その後、ウサギと娘は眠りにつきました。

ロッシ―一連の暗示は、きちんと否定的な方法で言い表され、彼女の扱いにくいムードを利用します。それがトランス行動になるように、あなたは次第に彼女の行動を振り向けます。

エリクソン◎触られると寝ていられないね。

娘◎やるもん！［前より著しく柔らかい声で言いました］

エリクソン◎口を開けること、そして喉を見ることが

できないね。［とても柔らかく話した］
娘◎やるもん！［ささやくように］

エリクソン―この時点で、彼女は口を開けたので、私は見ました。検査の後、その場にいた医者は、「ほら痛くなかったよね。痛くなかったでしょ」と言いました。

娘◎あなたはパカよ poopid［バカ stupid］！　それは痛かったけど、私が気にしなかっただけよ。

ロッシ―そのように行動を順次起こすとき、あるいは行動が連続するとき、重要性なことは、徐々に勢いを作り上げることです。そして、望ましい方向に行動を形づくります。

自動筆記への間接的アプローチ ――プログラミングではなく、むしろ利用すること

エリクソン◎［エリクソンは以下のように、一連の言葉での暗示を通して、自動筆記をさせた例を使ってさらに説明します］通常、紙や鉛筆があったら、何か書くことができます。ときには、何を書くつもりなのかわからないことがあります。もちろん、私が以前、手にした鉛筆は書きました。今、左利きの人は、左手で鉛筆を手に取ります。

エリクソン―患者は右利きです。私は、見て知っていましたが、「右手で鉛筆を手に取って」とは言いません。患者は、「私は左利きではありません。私は右利きです。私は右手で鉛筆を手に取ります」と考えます。それが、患者が考えることです。

ロッシ―このアプローチは、あなたのアプローチの巧妙な一面です。あなたはとても間接的方法でそれとなく by implication、ある物事を患者に考えさせます。あなたは、患者の心に何か入れるために、直接暗示をしません。あなたは状況を整え、患者が自分自身を暗示するようにします。

エリクソン―その通り。患者が鉛筆を手に取るのをためらったら、「今……」と私は言います。

ロッシ―あなたは「今……」と言って、そして、何か無関係なことを手元の被験者に言うために、熟考するかのように休止します。しかし、無意識は、その「今」を聞きます。そして、それが、今、鉛筆を手に取ることを促進します。もう一つ別の前後関係に属しているかのよう

に、意識は、「今」のことを聞きました。しかし、患者の無意識は、以前の一連の暗示へと「今」を向けて、鉛筆を手に取るように促しました。

エリクソン—その通り！　彼らはその言葉「今」をそこで宙ぶらりんにしています。それで、それに対して、彼らは意味づけしなければなりません。私は、トランスでだけでなく、覚醒している人にも同じことをしました。あなたは催眠のことをわかっている必要はありません。あなたがわかっていなければならないことは、この方法、あの方法で、いかに人々が考えるかということです。あなたがこれを言うと、彼らは完璧に条件づけられて、特定の方法で考えます。

ロッシ—催眠時のワークと同様に覚醒時のワークにおいても、できるだけ頻繁に、あなたは条件付けを構築し、利用しようとします。

エリクソン—これは、自然主義的なテクニックであり、ユーティライゼーション・テクニックです。

ロッシ—これはあなた独自の貢献ですね？　あなたの仕事より以前の催眠療法家は、自分は患者をプログラミングしていると考えていました。あなたは実際のところ、すでに患者の中にあることを、私たちが利用していることとを示しました。

エリクソン—自分自身の能力を使うように患者に言うためには、プログラミングは非常に紛らわしい方法です。

セッション2

催眠現象の経験的な学習

身体の不動性を経てトランス誘導をすること
——相互文脈上の合図《Intercontextual Cues》と暗示

［Q博士との翌日のこのセッションは、聴衆から良い催眠被験者を選ぶ方法を、エリクソンに尋ねることで始まります。エリクソンは、ほとんど身動きしない「凍ったような人」を探すのだと説明します。その後、エリクソンは、Q博士ができるだけ身動きしないままになることで、選び方を経験することができるとQ博士に話します］

エリクソン—凍ったようになっていることで、注意を固定します。あなたは、このドアでもそのドアでも、どのドアからでも、催眠に入ることができます。「Q博士ができるだけ」は、すべての可能性をカバーします。彼は、それを少しすることも、九〇%することもできます。私は〇%から一〇〇%のすべての可能性をカバーしました。

ロッシ―あなたの「Q博士ができる」という言葉は、彼が身動きしないままでいることができるという強い間接暗示でもあります。

エリクソン―はい。それは強い暗示です。

ロッシ―無意識は、文脈から暗示を取り上げて、意識が認識しない方法で暗示を利用することができます。

エリクソン―私の論文の「実験的神経症を誘導するために複雑な物語を明確に述べるために使用した方法」(Erickson, 1944) で、私は以下のように単語を使って、この単語の意味を強調し対比します。例を上げると「今、あなたが継続するにつれて (Now as you continue)」というフレーズでは、今、は現在です。継続するにつれて、で将来に連れて行きます。継続する、は命令です。

ロッシ―同じ単語が多くの意味を持っています。意識が認識するのは、そのうちの一部だけだということは、全体の 文脈からはっきりしています。ほとんどは、文脈の範囲内に埋まっています。埋められたものを、私たちは相互文脈上の合図と暗示 intercontextuul cues and suggestions と呼ぶことにしました。

フェール・セーフな暗示《Fail-Safe Suggestions》をするための「試み」

エリクソン◎凍ったようになったままでいようとしてください。[長い休止。Q博士は目を固定し、動きを止めたままでいます。彼は目をすぐに閉じます。そして、さらに深い呼吸を一回か二回した後、呼吸が静かになったことに気づきます。一〇秒ほど静かにした後、Q博士が、細かい顔の動き、そしてときどき指を動かすその時点で、エリクソンは再開します]

エリクソン―すべての暗示が他のものを補強するために、立証するために、確認するために用いられます。ここでの例は、「凍ったようになったままでいようとしてください」です。彼が疑いを持っているならば、彼がやらなければならないことは、良さそうなことをやってみることです。

ロッシ―それで、たとえ彼が失敗したとしても、試みなので、それは問題となりません。

エリクソン―そうです。彼がしたのは試みでした。

トランスを承認する含意

エリクソン◎そして、あなたは、二〇から一まで逆に数え始めることができます。今！

エリクソン―あなたが二〇から一まで逆に数えるとしたら、どんな理由がありますか？　トランスから出ることですね！

ロッシ―Q博士は、凍ったままでいる能力をまさにデモンストレーションしていると思います。しかし、前回のセッションでトランス誘導のために一から二〇のカウントが使われたので、今回の逆のカウントは彼を覚醒させるとともに、現在の経験をトランスの承認へと向けます。

エリクソン―はい、それは間違いなくトランスだと私は言います。それは含意なので、あなたは含意をテストすることはできません。

ロッシ―「うわあ、あなたの発言したことの含意は好みではありません」と誰かが言ったらどうです。

エリクソン―「あなたが好まない含意が、どんなものかわかりません」と私は言います。

ロッシ―どんな含意でも、どんな連想を彼らがしたとしても、必ずしもあなたが連想したことではありません。あなたは、自分が何を示唆しているか、わかっているかもしれません。しかし、含意は実際には、彼ら自身の内部で作られる一つの解釈です。

暗黙のうちにトランスを承認して、正常な体の緊張へとリ・オリエンテーションすること

［一分間の休止の後、Q博士は伸びをして、彼の目を開いて、そして彼の手を握ったり、開いたり、彼の足と座っている姿勢などを調節することによって、体をリ・オリエンテーションします］

エリクソン◎あなたに何が起こりましたか？

Q博士◎ええ、私は最初のトランスをもう一回したいと思ったほど、とても楽しみました。

エリクソン◎あなたはもう一度したいと思ったのですね。どうして？

Q博士◎私があなたを見ると、それがオーケーという合図をあなたからもらいました。

エリクソン◎合図？

Q博士◎あなたは、動かないように、と私に言いました。

エリクソン◎［ロッシ博士に対して］本当に無意識は理解したようです。しかし、彼の意識は理解しませんでした——意識はその後、それに気づきました。

エリクソン—あなたは、何回手を握ったり開いたりを繰り返しますか？　それは彼の行動です。そして、それはトランスを承認しています。「あなたに何が起こりましたか？」という私の質問の含意は、何かが起こったということです！　彼の答えは、彼は最初の経験がトランスであったことを言葉で確認しています。

ロッシ—そうして彼は今、以前の疑いをすべて解決しています。

エリクソン—「もう一回したいと思った」。彼は今、すべての確信を手に入れています。それは、私たちが彼にしてほしいことです。それが特に私の指示に合っているなら、彼が願いを実現するための合図と思えるものなら何でも問題ありません。「あなたは、動かないように、と私に言いました」——それが彼の解釈です。私は、やってみればあなたにはできると彼に言うだけでした。彼はそれを実行しました。

催眠現象を経験的に学習する

Q博士◎私は、それが私に再度試みるようにあなたが言った二回目だったと思います。私は振り返って考えています。それで私は考えました——そのまま放おっておこうと。

エリクソン—ここで彼は学習したときを定義しています。彼は前のトランスを有効なものとして、彼がどの時点であれこれ催眠現象を学習したか断定しようとしています。私は、このときにはこれ、そのときにはそれを学習するようにとは、彼に話していません。

ロッシ—これは、催眠現象の経験的学習へのあなたのアプローチに特有です。あなたは直接、催眠現象をプログラムすることを試みません。あなたは状況を整えるだけです。したがって、患者は自分の経験を通して学習します。

質問を使ってトランスを承認する

エリクソン◎どれくらい、あなたは、トランスの中にいたと思いますか？

Q博士◎一五分か二〇分。

エリクソン—私は、トランスを確認する機会を再度与えるために、彼にこの質問をします。すると「一五分か二〇分」と彼は答えます。

抵抗を放出するための自明の理と注意を逸らすこと

エリクソン◎私がいなくなると聞かない限り、あなたはその中に何時間でも留まることができたはずです。

エリクソン—私は、いなくなることが数時間にわたる可能性があるので、そのとき、「私がいなくなると聞かない限り……」というような不必要な規定を作ることができることを彼に話しています。

ロッシ—その不必要な規定を、どうして言ったのですか？

エリクソン—それは彼の注意を取り上げるからです！

ロッシ—あなたは、彼が何時間でもトランスに留まることができるという大胆な直接暗示をしました。そして、抵抗を取り除くために、あなたはすぐに、不必要な規定で注意を逸らします。あなたは、彼の注意を置き換えるのと同時に、抵抗を放出しました。

エリクソン—そうです。とても安全な方法でしました。私は、どの人がどれだけの抵抗を持っているか知りません。しかし、多くの抵抗を持っているものとして、私は話します。不必要な言葉を私が二言三言言ったとしても、私の話の意味は変わりません。患者を悩ますには、あまりに言葉が足りません。

ロッシ—これは、不必要な言葉をただ単に付け加えて、抵抗を置換し放出する別のテクニックですか？　あなたは強い直接暗示に、不必要な自明の理を付加します。そして、それは注意を逸らし、抵抗を放出する傾向があります。

エリクソン—はい、そしてそれによって、被験者をあなたに同意させます。あなたは、知的で、感情的で、状況的なすべての抵抗を放出できるように、テクニックを言葉にしておくべきです。

驚き——意識が理解しない無意識のコミュニケーション

Q博士◎それに同意します。理由はわかりません。

エリクソン◎それに関しては、神秘的なもの、魔法のようなものはありません。
Q博士◎それは驚きです。
エリクソン◎そう、あなたにとって驚くべきことです。なぜなら、それにつながる一連の間接暗示全体を、あなたが理解していなかったからです。
Q博士◎私は理解していませんでしたか？

エリクソン—ここでは同意したことを強調しましたが、「理由はわかりません」。それは、素晴らしい無意識レベルのコミュニケーションですが、意識は聞いていても理解していません。

ロッシ—彼は同意しますが理由がわかりません。彼は関連する暗示の承認を得るために、あなたが自明の理を使用してアプローチしたことに気づいていません。「驚き」という状況を見つけるのは意識です。

エリクソン—彼が「私は理解していませんでしたか？」と質問したとき、それはすべての間接暗示を認識していなかったことを示唆しています。それを素晴らしい言葉で彼は言いました。

後催眠暗示——意識と無意識のコミュニケーション

エリクソン◎それは、あなたをトランスの中へと送ります。しかし、私はそれがそうすることを知っていました。そして、私はロッシ博士にそれを見させました。後催眠暗示の意味は何ですか⁉ 後催眠暗示は、「さて、あなたは、これこれの状況下で、これこれの時間に、これこれをしなければなりません」ということではありません。
ロッシ◎それは、そんなに直接的ではありません。
Q博士◎それは違います!?

エリクソン—「それは、あなたをトランスの中へと送ります」は、文法的におかしいように見えます。しかし、私は実際に一連の間接暗示について話しています。「後催眠暗示の意味は何ですか⁉」は、疑問符と感嘆符を持っています。なぜなら、それは、意識レベル（疑問符が必要）と無意識レベル（感嘆符が必要）でのコミュニケーションだからです。

ロッシ—「それは違います⁉」と彼が言った時、疑問符と感嘆符が、同じように混ざって答えているのは、興味深いです。それは、両方のレベルで、あなたとコミュニケーションをしていたことを示唆します。

「今」――条件づけられたトランス誘導と声の力を通した覚醒

エリクソン◎それは違います。あなたはそれを今、知ります！　あなたは表面的には簡単な意味のことを何か言います。あなたがそれをやり始めた後で、それが意味するものを見つけることができます。

エリクソン―私は、この今という言葉に対してQ博士を条件づけしていました。

ロッシ―あなたがとてもソフトに、そして少し伸ばして、今という言葉を言うと、トランスに入るための条件づけられた特性が得られました。なぜなら、トランスに入るようにと指示するとき、あなたはいつでもそのように、今という言葉を言うからです。あなたがそれを言ったので、そのときに私はしばらく目を閉じなければなりませんでした。オブザーバーとして得たものであっても、催眠条件づけはとても強力でした。鋭く、そして急に、「あなたは、二〇から一まで逆に数え始めることができます。今！」のように「今！」と、あなたが言うとき、それは、覚醒のために条件づけられた合図になります。あなたが強調と特別なイントネーションを特定の単語に使う場合は、実際には声の力を通して患者を条件づけています。

エリクソン―たとえそれが言葉であったとしても、それは言葉でのコミュニケーションではありません。どのようにしたら実際に読者にそのことを説明することができますか？

自由選択の幻想――意識の脱落

Q博士◎私は、その中に選択の余地があったという感じがします。私は、何が起こっているか理解しました。そして、私はそれが起こるようにすることを選択しました。

エリクソン◎それは、あなたを非常に快適であると感じさせますね？　キュビーは「選択の幻想」について話しています。

Q博士◎選択の幻想ですか？

エリクソン◎ゴッドファーザーの選択です。[訳注15] すなわちこの契約であなたの署名が優先するか、あるいはあなたの知力が優先するかです。そしてそれは、まったく選択の余地がありません。
Q博士◎あなたが何かすることを求めるなら、それは選択ではありませんね？
エリクソン◎しかし、私はそれをそのようにセットアップします。私がそのようにセットアップすることを、あなただけが聞かなくて、見なくて、知りません。
Q博士◎私は協力する必要がありました。ですから、どれくらい私があなたとセットアップするか、そしてどれくらいあなたがセットアップするか、私には言うことができません。私は選択の余地があると感じていました。

エリクソン―今、彼は私の側へと踏み出しています。

ロッシ―彼は自分のしたことの中に自由な選択があったと思っています。しかし、実際には、あなたは彼を条件づけしていました。

エリクソン―私は彼に選択の余地を与えませんでした。「ゴッドファーザーの選択」について彼が困惑している間、彼の無意識は、私が特定のことをするように彼に言ったと思っています。私は単に以前の暗示を補強しただけでした。それから彼は、「あなたが何かすることを求めるなら、それは選択ではありませんね？」と意識を擁護する努力をします。そして、さらに彼は「私は協力する必要がありました」と言いました。彼の意識は、その権利を擁護しています。

ロッシ―それは意識の重要な脱落部分です。すなわち、彼の行動は、彼の無意識のプロセスとあなたの関係で決定されるにしても、彼は選択の余地があると意識的に感じていました。

エリクソン―たとえそれを私が決定するにしても、私は彼に選択の余地があると感じさせます。

現代的意識の根本問題――不随意行動の経験的解放

エリクソン◎［エリクソンは手を伸ばし、そしてとても軽いタッチで方向を示します。その結果、Q博士は、彼の腿の上方の足のあたりの位置に腕を動かします。腕はカタレプシー状態のままで、彼は次第に目を閉じて、五分間黙って動きを止めたままでいます。それから彼は、最初にとてもわずかに指を動かします。そ

▼訳注15　拒否することができないキャリアの機会の提供を意味する。自分が現在のポジションから押し出されるという文脈で使われる。その機会には表面的な魅力があっても、受け入れた場合、それは計り知れない犠牲を必要とする。

の後、さらに動かします。彼の手は、空間で動き回り、最後に一見すると偶然のようにして、彼の膝に触れます。彼は驚きますが、ほとんどわからないような、おそらくまぶたの緊張にすぎないようなものです。そして目を開いて、覚醒の典型的動作で体をリ・オリエンテーションします］

Q博士◎私はそれをテストしたいと思いました。私は暗示をテストしたいと思いました。私は、どれだけ選択の余地があるか確かめたいと思いました。私は、それをテストすることをとても怖がっていました。その後にその時点で私は決めました。ええ、そのまま行かせましょう。あるところで私はそれ［彼の腕］をこっちへ行かせたいと思いました。しかし、それはあちらへ行きたがっていました。そして、私はそれを感じることができました。

ロッシ―彼は今、トランスの中で、自分の手の位置を変えることで、自由選択をテストしたことを例示して説明しています。彼は自主規制（「私は、それをテストすることをとても怖がっていました」）していましたが、さらに彼は、別の方向へ腕を行かせたかった不随意的コンポーネントがあるという魅惑的な現象学的発見をします。彼は、トランス中に開放される不随意的、あるいは自律的プロセスに関する経験的学習に、このように関与します。彼は「そのまま行かせ」ることができることを知っています――彼は意識的なコントロールを放棄し、彼の中で他の応答システムに引き継がせることができます。これは最も基礎的で基本的経験です。そして現代的で合理的な心は、意識がすべてを作って支配するという幻想から抜け出す必要があります。それは、さらに深いトランスへの経験的序論です。

自律的行動を伴う陶酔状態――存在の神秘的な状態

ロッシ◎あなたの自由選択はそれを拡張することでした、しかし――

Q博士◎私はそれが休んでいるのを感じました。それが・引・き・継・い・だ・よ・う・に・思・え・ま・せ・ん・で・し・た。そ・れ・が・そこにあると私は思ったようです。私は、まだ選択の余地の感覚があるように少し感じました。しかし、それは、それを持つように見えました――それは手です！

エリクソン◎また、それは何か知っています。それは定義し難いものです。それは、父でも母でも子どもでも親でもありません。ああ、それです。存在するという状態。

Q博士◎それを見ているにもかかわらず、存在していることとして受け入れることが非常に難しいもの。

エリクソン◎あなたは、それを持っていました。

ロッシ―彼自身の手を「それ」と言っていることは、彼がそれを解離していることを示唆します。それは、彼の手が、通常の自我支配の範囲外にあることを意味していますか？

エリクソン―彼の手は通常の自我支配の範囲から完全に外れています。

ロッシ―フロイト派のフレームワークからすると、通常の自我カセクシス[▼訳注16]のうちのいくらかが取り消されたと言えます。そうするとその手は、ほぼ自律的で無意識に機能しているのでしょうか？

エリクソン―そうです。

ロッシ―「ああ、それです。存在するという状態」とあなたが言ったとき、実際に、さらに存在のフレームワークを使用します。しかし、Q博士はそれに非常に魅了されるので、その結果、私たち内部の「他者」の経験、あるいは私たち内部の異質な経験として、ヌミノース numinous[▼訳注17] に関するユングの概念を私はさらに思い出します。手の経験には、自律的な属性があるので、理性の限界概念から抜け出すことができるようにすることが必要です。非常に多くの専門家と同じように、彼がこの経験を、強く望んでいることは明らかです。とてもはっきりしていることは、私たちがここで触れているのは、現代的意識の基本的な問題であるということです。これまで、意識が限界に達したことを認識したとき、自主的な創造的プロセス――無意識――に多くの余地を与えて引き継いでいる間、どのように意識は、一部のコントロールを観察することができて、維持することができるのでしょうか？　どうしたら、意識は、通常自主的で無意識的であるそれらの創造的プロセスに参加することができて、ある程度指示することができるのでしょうか？　何世紀にもわたって左脳の合理的な機能を開発する努力をした一方で、右脳の非合理的プロセスを拒絶した後、人類は、彼ら自身が疲弊していることに気づきます。合理的なものから解放されるために（幻覚剤、東洋の宗教、

▼訳注16　自我に備給、分配される心的エネルギー。自我備給あるいは自我充当とも訳される精神分析用語。

▼訳注17　非合理的かつ直接的な経験こそが「聖なるもの」とする独神学者ルドルフ・オットーの概念。合理的なものを排除した神聖さをいい、ラテン語の「神威 numen」から取った das Numinose という造語で規定した。神への信仰心、超自然現象、聖なるものをさす。

ヨガ、神秘主義 the mystical などによって)、現在の私たちは冒険の旅の中にいますが、儀式、カルト、そして信仰と奇跡的な治癒の実践を通じて、ときどき放出される内部の可能性に到達する手段を必死に探しています。プリブラム(Pribram, 1971, 1978)、そしてボーム(Bohm, 1977, in Weber, 1978)のホログラフィーのアプローチは、現時点で合理的機能と非合理的機能を理解し統合しようとしています(さらにユングを参照、全集 Collected Works, Vols. 6 and 8[特に「超越機能 The Transcendent Function」])。この新しい見解から、最新の催眠は、無意識と非合理的なものへの経験的接近手段、そしてそれを意識と統合する可能性を提供します。

そのふりをしますか?
意識と無意識を解離するための抵抗

Q博士◎私は、その正当性のあること、そして正当性を持っていることに対して、抵抗していると感じます——私は、どれほどそのふりをしているのか、そして、どれほどそれが生じているのか見分けることができません。

エリクソン◎わかりました。あなたが目覚めるときの決定的要因は何でしたか?

Q博士◎私が目覚めるとき? わかりません。ちょうど、そうしたいように思いました。

ロッシ—患者が不随意運動の経験を最初に学ぶ場合、ふりをしているのがどれだけか、どれだけのことが起こっているのか知らないと言うことは、ほとんどの人に共通しています。

エリクソン—はい、そして彼は、そのふりをしているかどうか尋ねることによって、解離がないことを確かめようとしています。

ロッシ—現代的で科学的な心が、それ自身の単一性、およびその自我と意識の優位性を確信し、そのことに捕えられているので、現代的科学的な心は、無意識と解離の可能性を、実際信じません。現代的な心には危険な傲慢さがあります。分割して解離することができると、現代的な心は思っていません。そうであっても、個人が自分の基本的性質および個人的背景から自分たちを遠ざける集団行動、および信仰組織に巻き込まれるときには、現代的な心に、そのようなことが起こります。ユング(全集 Collected Works, Vols. 8, 9, 18)は、集団行動、そして最終的に紛争や戦争につながる「主義」と同様に、これが個人の精神病理学的基礎であると考えました。

異質なこと《Alien》の侵入による解離の終了と覚醒——時間歪曲——トランス中の異なる名前

エリクソン◎私は、決定的要因は何だったか知っています。あなたが膝に手で触れたとき、それは重大な瞬間だったのですが、覚醒に有利なように情勢を変えました。異質な何かが入り込みました。異質な状態alienness は、あなたの意識に属した一つの認識でした。

Q博士◎そうですね。

エリクソン◎話してください。あなたは何時だと思いますか?

Q博士◎たぶん——一二時二〇分位です。

エリクソン◎見たいですか？　どれくらい、あなたは手と戦っていましたか?

Q博士◎三分か四分。

ロッシ◎私は時間を計っていませんでしたが、私の印象ではもう少し長かったと思います。

エリクソン◎一〇分以上です。

Q博士◎それは驚きですね。一〇分もかかるような多くのことをしていたとは、私には思えませんでした。

ロッシ—あなたは、覚醒につながった無意識に侵入した意識から、異質なこと alien をどのように認識したか、もっと話すことができますか?

エリクソン—彼の手は彼の体から解離します。したがって、彼の体は彼の手から解離します。手が膝に触れると、手と体は再度一つになります。

ロッシ—解離した部分が接触すると、自然に結びついて解離が終わります。多分そのことが、あなたが型通りの方法でトランス誘導するときに、患者の手が触れ合っていることを好まない理由です。両手を離していることが、解離を促進します。そういうわけで、催眠状態を誘導する際に、あなたはしばしばものを離そうとします。あなたは、Q博士から私を引き離したいと思っています。すなわち、意識から無意識を、彼の周囲から人を、時間感覚、記憶（健忘の場合のような）、感覚、感覚消失などです。あなたは、意識を分けるために、分割を使います。それは、意識の単一性をバラバラにします。

エリクソン—その通り。それは、単一性をバラバラにします。

ロッシ—そのため、ときどきトランスに入っている人に、あなたは異なる名前、異なる個性を与えます。したがって、分割は非常に重要です——分割して統治せよ(Erickson & Rossi, 1979.「第一〇章 アイデンティティを作り出すこと」を参照)。

エリクソン—ここでの約一〇分で、彼が私のメッセージを受け入れる準備を完璧にしていたことに注意してください。

権威とマジック——それらの機能と根拠

エリクソン◎そういうわけで、私は、そこのその時計[患者の後ろの本棚の上にある]から目が離せません。私が時計を見ても誰も知りません。私が行っていることで、権威のあることが何かありますか? あなたは、昨日、そのことを話しました。

Q博士◎でも、私は何も知りません。私は、心が働く方法を理解している人のことを、マジックじゃないかと感じています。

エリクソン◎あなたは中国語を話せることがマジックだと思いますか?

Q博士◎私は理解できることがマジックだと思います。例えば、原子が水と酸素を形成するために結合する方法といったようなことを。

エリクソン◎あなたは本当にそれを理解していますか? 誰かそうしていますか?

Q博士◎私にはわかりません。

エリクソン◎中国人の赤ちゃんなら誰でも中国語の話し方を知っています。もしあなたが中国語を、中国語の赤ちゃん言葉を話し始めれば、それはマジックでしょう。

Q博士◎はい。それはマジックです。

ロッシ—セラピストの権威は催眠療法を行うことにおいて重要ではないと、実際に思いますか?

エリクソン—権威は重要です。しかし、それを自慢しません。あなたのところに来る患者は、間違いなくできるはずと思っていることができなくて来るのです。したがって、患者はあなたに権威を与えに来ます。

ロッシ—自分にはできないことをしてもらえるので、患者はセラピストに秘められた力という形の権威を与えます。何かしてもらえるという一縷の希望が、権威を与えます。

エリクソン—はい。患者はそれを必要とするので、あなたはその権威を受け入れて、間接的に権威を強化します。

それを維持することは、とても控え目にします。

ロッシ―それは面白い考えです。セラピストに権威を与える必要があるのは患者です。患者が権威を必要とするので、セラピストは権威を受け入れます。権威を必要とするのは、セラピストでありません。この観点から見ると、権威の現象学は非常に面白くなります。私たちは当然のことですが、自分の限界を越えるのを手伝ってくれる人に権威を与えます。うまくいけば、催眠療法家は、患者自身の可能性を実現するために、学習された限界を越えるのを手伝います。それは、権威の根拠として唯一、正当なものです。マジックという感覚に関して、類似したことが言えます。マジックは心がどのように働くか基本的に理解しています。そして、その可能性を促進するのは「白魔術」です。もちろん、有害な意図のためにマジックを使うのは「黒魔術」です。

適切な誘導の瞬間――キスと催眠の基本的パラダイムのための間接暗示

エリクソン◎私は、あなた［ロッシ］ができなかったことを何もしませんでした。違っていたのは、いつ私の手を伸ばすべきか、私だけがわかっていたことでした。

ロッシ◎そして、あなた［エリクソン］は、いつ手を伸ばすべきか、どうしてわかったのですか？

エリクソン◎私はQ博士がそうすることができると思ったとき、私が手を伸ばしたら、彼が何をするのかわかっていました。そして、私は彼が気づくようにしました。そして、私はあなた［ロッシ］が気づくようにしました。そして、あなたはQ博士がどのように奮闘するか知りました。

Q博士◎私はコントロールとどのように戦うことができましたか？

エリクソン◎あなたが腕を伸ばそうとしたとき、それは引き戻されました。

ロッシ―誘導、あるいは催眠現象を開始するための適切な瞬間がありますか？

エリクソン―はい。

ロッシ―それがいつなのかどうしてわかるのですか？あなたはそのとき、促進するだけでトランス状態に向けた自発的な変化に気がつきますか？　あなたは、目が曇ること、顔が凍りつくこと、体の動作が遅延することを確かめますか？　あなたは、部分的なトランスの側面に気がつくと、その後にそれが適切な誘導の瞬間であると気づくのですか？

エリクソン—通常の生活から例を出しましょう。あなたは可愛い女の子に、いつキスをしますか？

ロッシ—彼女にその用意ができていると思われるとき。

エリクソン—その通り！　彼女に準備ができているときであって、あなたに準備ができているときではありません。彼女が表すその定義し難い行動を、あなたは待ちます。あなたはキスを女の子に求めません。しかし、彼女の面前でヤドリギ▼訳注18を感慨深げにただジッと見つめます。あなたはまさに物思いに耽っています。彼女に一つの思いが浮かび、彼女はキスについて考え始めます。

ロッシ—あなたは間接的に考えを彼女に植え込みました。

エリクソン—はい、彼女はあなたがそうしたことを知りません。

ロッシ—したがって、それはかつてないほど強力です。なぜなら「彼はキスをしたいと考えています」ではなく、「うわあ、私はキスをしたい」のか、彼女はすぐに知りたいと思うようになるからです。

エリクソン—その通り。そして、ヤドリギが口実になります。

ロッシ—それは、すべての催眠ワークのパラダイムですね？

エリクソン—はい、あなたは視点がどうあるべきかわかっています、そして、あなたは参照枠を利用します。

ロッシ—それは催眠療法における基本的知識です。すなわち、参照枠がどうあるべきか、そして、どのように参照枠を促すべきかを知っていることです。

トランスの経験的学習——解離現象を承認すること

Q博士◎しかし、私には格闘が始まっているという感覚がありました。それは私の好奇心の一部だと思います。私は、私の好奇心に質問することができて、テストする必要があると感じました。私は、完全な受動的な状況にならないようにする必要がありました。私は、それをテストすることによって、状況を正当なものにする必要がありました。私がそうするまで何が起きていたか、理解することも信じることもありません。そのときまで、私がそのふりをしていたのか、あるいは

▼**訳注18**　英米ではクリスマス・シーズンにヤドリギの下にいる相手にキスをする風習がある。この風習はスカンジナビアのバンドル Balder の神話に由来するといわれている。キスをする前にヤドリギの実を一つ枝からもぎ取るのが正式なやり方。米国オクラホマ州の州花。

何かが起きていたのか、私が確信することはありえませんでした。

エリクソン◎どんなふりをするべきか、どうしてわかったのですか？

Q博士◎あなたは、私に腕を伸ばすように言いました。「あなたは、今、催眠にかかって行動すると思われます」と言うことによって、あなたは言っていました。

エリクソン◎私が腕に触ったあと、あなたの腕は何かすることになっていましたか？

Q博士◎腕がそこにとどまるとは、思えませんでした。

エリクソン―彼は本当にとてもうまく言葉にしましたね？

ロッシ―はい。彼がここでしている格闘は何ですか？

エリクソン―彼は何が普通の行動かわかっています。しかし、この行動は何ですか？　彼は今、行動を二つのタイプに分けて概念化し始めます。

ロッシ―正常な自我がコントロールしている行動に対して、解離した行動ですね。それ自身の意識的な自我がすべてを必ずしもコントロールしているとは限らないことを、ここで現代的な合理主義的な心が学習しています。それはトランスを学習する場合に、現代の心が持つべき基礎的な経験です。彼の経験的学習は、仮説検証という典型的なプロセスを通じて起こります。トランスにおいて、私が私自身の手の動きのコントロールを始めることができるでしょうか？　それをテストすることによって正当なものと評価するまで、彼は状況を信じませんでした。

エリクソン―はい、「腕は、そこにとどまると思われませんでした」と彼が言ったのですが、それでも、腕がとどまったことが、さらに示されました！　すなわち、それはふりをしたのではなかったのです！　腕がそこにとどまるとは思われなかったのです！

トランスと解離の現実をテストする典型的プロセス

エリクソン◎そのとき、私はロッシ博士に、あなたの目がどうして完全に閉じなかったか、そしてあなたがどうして腕と格闘したか見てほしいと思いました。

Q博士◎私が私の腕と格闘することを、どうしてあなたが私に望んだのか、私は想像することができません。

エリクソン◎あなたがそうするということが、私にはわかっていました。なぜなら他の誰もがそうするからです！

Q博士◎私は悪い子にしていたと思いました！

エリクソン◎誰もがそうです！

ロッシ◎［Q博士に］あなたは、礼儀正しくて懐疑的な精神科医――科学的な――だと、自分のことを思いました。

Q博士◎あなたが暗示していたとき、私はそのことを受け入れたくありませんでした。

エリクソン◎しかし、私は暗示をいくつかしなければなりませんでした。それで、私はあなたの手に触れました。

Q博士◎暗示が意味したことをわかっていました。

エリクソン◎暗示は何を意味していましたか？

Q博士◎私が腕を保ち続けなければならないことを、それは意味していました。

エリクソン◎それはそういう意味でしたか？

ロッシ――Q博士は、トランスの現実についての彼の科学的な疑いは、独自のものだったと信じました。それでも彼の経験は、とても典型的でうまく例示するケースになっています。というのは現在の環境での科学的な意見に対して、あなたのアプローチは、批判的な姿勢をとって、偽りを証明しようとしているからです。内部で自分が経験する現象の現実をテストすることは当然のことで絶対に必要です。なぜなら、近頃の心理学、特に催眠に関しては、多くの嘘が実際に言われ続けられているからです。そういうわけで、以前の権威主義的なアプローチは、今日ではもはやふさわしいものではありません。オープンで民主的な社会では、人生経験の現実を疑ってテストする自由が誰にでもあるという高い価値があります。このため、トランスを学習するためには、あなたの「経験的アプローチ」は、とても適切なものです。

解離とカタレプシーのための繊細な触覚的ガイダンス――習慣的なフレームワークを回避すること・無意識反応を始めること

Q博士◎あなたは腕をつかみました。そして腕を持ち続けました。

エリクソン◎私が？

Q博士◎そのように見えました。

エリクソン◎私は腕をつかみませんでした。あなたは自分の手を空中に持ち続けませんでした。そして私は手に触れました。そして腕を上げていました。そして私は手に触れました。［エリクソンは再度手を伸ばしてQ博士の右手に触りました。

そしてエリクソンが話していたときに、自然な身振りで、その手は彼の膝と胸の間でほぼ真ん中で止まりました。一つの位置で固定され続けた彼の手を、注意深く数分間見た後、彼の目は閉じます。彼の呼吸は変化し、そして明らかにトランスに入って行きます。エリクソンが触れたときにあった位置のままで、Q博士の右手はカタレプシーになっていました。しばらくしてから、Q博士は彼の手を小さく試すかのように動かし始めます。そして、明らかに手をテストします。彼は一本か二本の指を動かし、その後肘を動かします。指と腕はカタレプシーの位置にいつでも戻ります。その後、彼は左腕で右腕を押そうとしますが、明らかな抵抗に遭います］

ロッシ—［エリクソンは、今ロッシの腕でデモンストレーションします］あなたは、腕をつかみませんでした。私の腕に触れるとき、あなたの手はとてもソフトです。しかし手は方向を指示しています。そして、私はそう見えないようにして、手を実際に動かします。

エリクソン—あなたは手を動かしています！　あなたは、私の手との接触を同じに保ちます。私が手を動かしたとしても、その接触を維持しています。

ロッシ—私の手はあなたの手に従っていません。しかし、あなたの手は私の手を引っ張っていません。そこには微妙な違いがあります。ほんの少しの圧力で、私の手が行くべき場所をあなたは示します。

エリクソン—その通り。

ロッシ—これは、患者にあなたの後を追わせて、あなたに対してとても敏感になるように訓練しています。患者は手を伸ばして尋ねる必要があります。彼は何をしていますか？　彼が求めることは何ですか？　手をどこへ行かせたいのですか？　どこ？　どこ？　どこ？　患者のすべての意識は、あなたの後を追うことに向けられます。

エリクソン—そして、私は何もつかんでいません！

ロッシ—あなたが私の手をつかんだり引っ張ったりしたら、そのことに私は腹を立てます。しかし、あなたがとても軽く触れているので、私はあなたに協力してあなたの後を追います。

エリクソン—患者は自分がしたことを理解しません。

ロッシ—患者はどの程度協力したか知りません。

エリクソン—そうそれです！　あなたのタッチの繊細さが重要です。

ロッシ—それはいつでも言葉であなたがする触覚型の方法です。つまりあなたは被験者をガイドします。しかし、とても軽いので、被験者はとても注意深く聞かなければなりません。そして自然に、被験者はあなたが始めた範囲内で何かをするように見えます。しかし、とても多くの運動量と選択を被験者は示しているので、それに腹を立てることができません。あなたが使うどんなコミュニケーションのモダリティであっても、それはあなたの仕事の基本的な側面です。あなたはプロセスを始めるために、最も軽くて最も間接的な暗示だけを提供します。それで患者は、自主的に起こっている行動を経験します。

［エリクソンはロッシの腕でデモンストレーションします］あなたは、下への動きを合図するために、とても軽く私の手に触れたので、とても慎重に感知する必要がありました。その後、そのまま行かせました。そして、私があなたのタッチの後を追ったとき、私は奇妙な解離感を持ち始めました。

エリクソン―その通り。

ロッシ―私は非常に注意深く触感を感じることに慣れていないので、それが解離されます。私は通常の見方から投げ出されます。

エリクソン―かすかなタッチ、静寂、そして期待しているという顔つき。

ロッシ―それは、習慣的な見方を回避する無意味な儀式の形です。

エリクソン―ええ、その通り。

ロッシ―それは通常の見方を回避します。そして被験者は疑問を投げ返します。私に何を期待していますか？　私は何をするのですか？　彼は必死に何かをしようとします。

エリクソン―そして、彼は彼自身の行動パターンに従う必要があります！

ロッシ―そうそれです！　被験者は、彼自身の行動パターンに従う必要があります。彼は、最も一般的な文脈以外、実際にはあなたの後を追っていません。あなたは、何かを開始しています。しかし、あなたはとても繊細にそれをするので、隙間を埋めるために、彼の無意識の行動マトリックスから彼自身の行動パターンが出て来ます。

エリクソン―その通り。それから、私はそれらのパターンから、どれか一つを選ぶことができます――

ロッシ―――治療のゴールのための。

エリクソン―ええ、その通り。

ロッシ―そして意識は、この普通ではない参照枠の中で何をすべきか知らないので、指図しているのは被験者の意識ではありません。したがって、彼は無意識から習慣的なパターンに投げ返されます。

エリクソン―それはすべて彼自身の探求です。
ロッシ―あなたはこれを彼の中で始めました。
エリクソン―私は、彼のパターンが出て来られるような状況をセットアップしました。彼は、自分のパターンが前へ呼び出されたということを知りません。しかし、自分のパターンがそこにあるので、彼はそれらを検査し始めます。
ロッシ―解離は私たちすべてが持つ自然な能力です。空想にふけるたびに、私たちは解離しています。
エリクソン―しかし、私たちはどの程度うまくそうすることができるか理解していません。
ロッシ―現代的な心は解離のことを完全に忘れていて、心が解離することができるとはもはや思っていません。現代の心は、その基本的な統一性、その基本的な単一性を信じることを好みます。

自己誘導された無痛覚

[そのとき、Q博士は右手をつねって、右手の無痛覚を間違いなくテストしています]

Q博士◎右手は、感覚をほとんどなくしました。

エリクソン◎どうして?

Q博士◎わかりません。

エリクソン◎私は暗示しませんでしたね?

Q博士◎はい。私は右手に痛覚がないかどうかテストしようと思いました。

ロッシ―カタレプシーの間、無痛覚を始めるために、間接的なことも含めてあなたは何もしませんでした。無痛覚と他の多くの感覚的・知覚的な歪曲が自発的に起こりました。Q博士が経験している無痛覚は、自発的なものか、あるいは彼の解離を現実テスト reality-testing するように装って、そう理解することなく自分に与えている内部暗示の結果か、そのいずれかである可能性があります。彼自身の無意識の期待、そして無意識のプロセスは、彼自身が理解しない方法で活性化され始めています。

催眠学習を間接的に強化すること

エリクソン◎昨日、私はあなたにどれほど無知だったか認識させようとしました。私はあなたが良い被験者になるとわかっていました。

Q博士◎どうしてわかったのですか? [私たち全員が、エリクソンに対して良い被験者という認識を自動的にするようになっていることに同意して頷きます」

エリクソン―私はここで、彼にこの取り組みをすることができます。なぜなら、私が「昨日」と言うためです。

ロッシ―あなたは彼が昨日は無知であっても、今日は賢いと示唆しています。それは、彼が今日、経験するすべての新しい学習を間接的に強化します。そして、さらに昨日の彼の懐疑的な見方でさえ回避します。

エリクソン―その通り。「昨日」のとても注意深い使用法です。それから、どうして彼が良い被験者になると知っていたかという彼の質問は、完全に受け入れたことを意味しています!

内部探求状態としてトランス

Q博士◎そのとき、私は以前よりもはるかに、テストの限界を押し広げることに興味を持っていました。

エリクソン◎しかし、私はあなたが知らなかったことを話します。あなたはさらに、左腕と手にいくらかの無痛覚を生じました。

Q博士◎私の腕に、・・・また?

エリクソン◎あなたの手で、私は確信しています。

Q博士◎どうして・・・?

エリクソン◎あなたはそれを知らないのですか?

Q博士◎はい。

エリクソン◎ロッシ博士は、あなたの手の動きにおかしなことがあったのを見ることができました。

Q博士◎私の左手について・・・?

エリクソン◎はい、無痛覚によってあなたはきちんとした運動性を失っていました。

ロッシ―このテストはトランス経験へ向けた現代的な経験的アプローチの本質です。テストは、実際には、内部を自己探求する形式です。それは注意を内部に固定して集中します。そして、これはもちろんトランスの基礎的な様相です。それは、トランスでの自我観察において、特別に分離した非人格的で客観的な性質を持っています。

エリクソン―今、彼が左腕と手の麻酔について、私の観察を容易に受け入れていることに注目してください。彼の質問はすべてを受け入れることを意味しています。

創造的な行為としての解離——現代的催眠の中での新しい認識状態

Q博士◎私の左手について？　私が腕を押していたとき、他のことに気づきました。手をそのまま行かせたとき、私は負けているように思えました。私は急速に手をそのまま行かせたことによって、この状態を脅かしているように思えました。さて、私はこの状態を脅かしたくありませんでした。そのため私は、優しく、放っておくようにし始めました。私が、筋肉が緊張するのを感じたとき、この状態に対する別の脅威がありました。

エリクソン◎その脅威という言葉に戻ってください。脅威とは何でしたか？

ロッシ—「この状態を脅かす」で、彼が言おうとしたことは何ですか？

エリクソン—壊すことはどんなことでも脅威です。あなたは認識状態を壊します。壊すことは、破壊の重要性を認識にもたらします。私は鉛筆を壊すことができます。私は解離状態を壊すことができます。

ロッシ—解離状態を壊すと、普通の意識に戻します。それは、「私は死にそうなくらいハイになって、それから、それらは私の気分を落ち込ませました」と人々が言うときに似ています。それらは、ふくらんだムードが壊れてしぼむことを意味しています。したがって、解離した状態を維持することは創造的な行為です。

エリクソン—その通り。

ロッシ—それは意識が受動的に分割したものでありません。

エリクソン—あなたはそれを「創造的」と言い、私はそれを「発見」と言います。彼はその発見を脅かすことを何もしたくありません。

創造的解離を妨害する力を正常化すること——トランスへの経験的アプローチの適切な参照枠としての自己発見

Q博士◎私を目覚めさせる力が、ワークにあることに気づいていました。私がその状態に慣れている used to being ことが、その原因になっています。

エリクソン◎しかし、それがなぜ脅威なのですか？

Q博士◎ええ、それは私が求めたものに対してでした。

それは同様に脅威でした。

エリクソン◎それは、あなたが使用している言葉です。なぜあなたは脅威と言うのですか？　認識はありました。

Q博士◎なるほど。

エリクソン◎しかし、あなたが使った言葉は脅威でした。それはまさに認識であって、脅威ではありません。

エリクソン―彼は、トランスについて発見することを邪魔する力について言葉で表現しています。

ロッシ―彼は、普通の参照枠の外側にいるということを知っています（「私がその状態に慣れていること……」）。さて、「私を目覚めさせる力が、ワークにある」というのは何ですか？

エリクソン―そこには、とてもたくさんの力があります。注意の焦点です。

ロッシ―通常の意識は、特徴として複数の注意の焦点に入る傾向があります。そして、創造的な解離には焦点が比較的少ないので、通常の意識が常に侵入する傾向があります。そうすると、あなたはその認識について、脅威と認識の間に作る区別を使って彼を教育しようとしているだけですか？

エリクソン―その通り。

ロッシ―現代的催眠は、そこに存在する他の認識状態を発見することですが、必ずしも意識的な方法で説明していないと言えるでしょうか？　昔の催眠療法は、誰かによって直接プログラムされるプロセスでした。そして、その誰かは患者に無意味な儀式を行い、見方を撹乱して、次に新しい物事を刻み込もうとしました。しかし、昔の催眠療法は、現代の科学的な世界観に反しているので、現代のワークの場ではあえて無意味な儀式を行うことはありません。しかし、発見と自己発見は、Q博士の参照枠に受け入れられました。したがって、私たちは、新しい認識状態を彼に与えるために、発見と自己発見を利用することができます。

エリクソン―同意します。

無意識とトランスの発達した存在を認識すること

Q博士◎私がそれを思い出すと、あなたは私にとても役立つ情報を一部ですが下さいました。「あなたの意識が侵入しています」と言ったとき、それは状態を変えました。私は、無意識が再び侵入しているのを見ることができました。

エリクソン◎私は二回目に、あなたに一つの単語を言いましたか？

Q博士◎いいえ、私は考え方を状況に当てはめて使用しました。

エリクソン◎私は、あなたに考え方を変えるように求めませんでしたね？

Q博士◎はい。

エリクソン―彼は、無意識が意識に侵入するのを、別の言い方をすれば、引き継ぐのを見ることができました。

ロッシ―それに対する感覚を、彼は身につけています。日曜日の午後、ハンモックに横たわっている間、同じような感覚が私の中で発達します――眠たくなって、無意識を感じると、夢想のような考え、イメージ、そしてリラックスを深めるその快適で安楽な感覚が入ってきます。体がとても軽く感じられて、間違いなく眠りに入ることがわかります。

エリクソン―はい。［エリクソンは今、暖かい晴れた日に干し草の中で横たわって、眠りに入ることがどれくらい素晴らしいことか、と考えていた彼の青春期から例を挙げます。彼は、鶏のクワックワッという鳴き声を聞き、クワックワッという鳴き声がいつごろ消えていくだろうかと思いました。そしてそれが、彼が眠っていたことを示していました。彼が睡眠に入ったとともに、クワックワッという鳴き声は、さらにさらに遠くになるように思えました］

カタレプシーの主観的な探求――トランス誘導としての暗示の歪曲

エリクソン◎私は、あなた［ロッシ博士］が観察したことを記録に書いておくべきだと思います。書いてください。

ロッシ◎［観察の要約を書き取ります］手順はエリクソン博士がQ博士の手に触ったときに開始しました。エリクソン博士がQ博士の目と顔を慎重に見ている間、Q博士は自分の手を見ました。Q博士は、実際、自分の手を見ることに熱中しているように見えました。エリクソン博士は深く腰掛けてリラックスしました。そして少し経ってから、Q博士は目を閉じました。それから五分間、Q博士はトランスへと流されて行っているように見えました。そして、彼の右手をカタレプシー状態で浮揚させました。誰かが見れば、Q博士の上下に動いている頭の動きと呼吸の変化から、居眠りしていたと思うでしょう。

エリクソン◎頭の動き、しかし、彼は手を動かしたいと思っていました。彼には、持ち上げることと下げることという観念がありました。しかし、頭から手まで持ち上がるという観念を持つことができなかったので、彼は頭を上げて頭を降ろしました。彼は手を動かそうとしていました！ それは、子どもが書くことを学んでいるかのようでした。彼は頭で手を動かそうとします。ここでのQ博士は大人でしたが、頭で手を動かそうとしていました！

エリクソン―彼は手を降ろすという観念を持っていましたが、その代わりに頭を動かしました。

ロッシ―最近、腕浮揚の暗示をしてもあまり持ち上がらない患者がいました。しかし、彼女は体全体が手の方に傾き始めました。それから私は、誘導を続けるためにその体の傾きを利用しました。患者の変性状態がさらに明白に明示されるようになるのは、あなたの暗示をそのように歪曲したときです。経験的トランスへの初期学習段階において、一部の人々のその異様に無気力で、そして一見頑固でへそ曲がりな行動は、実際に自律的プロセスに引き継ぎ始めたという素晴らしい指標です。

特異な観念運動シグナリング

Q博士◎私は、振り子を私の友人と一緒に動くようにしました。そして私は、振り子にイエス、あるいはノーと答えてほしいと思っていました。しかし、私は自分自身が私の頭を動かしていることに気づきました。私は頭を動かしていたことに気づきました［今日のトランスで］。しかし、私はなぜかわかりませんでした。

エリクソン―彼は頭を動かさなかった理由を発見しています。

ロッシ―現代の科学的意識がそれ自体の中で、どうやって特異的で自律的なものを発見するかということに興味をそそられます。私たちは、この時点で指の動きを使ったシュブルールの振り子より、頭を使った観念運動シグナリングが、彼の心理システムをうまく自己表現する理由を知りません。

初期レベルの精神運動機能としてのカタレプシー——意識の変性状態としての未知の見方

ロッシ◎［口述筆記を続けながら］約五分後、Q博士の左手は、カタレプシーになった彼の右手に向かって、上方へ達しました。そして私は、彼がトランスから出て来るかどうか、わかりませんでした。しかし、彼がやったことは、用心深くそれをテストするかのように、彼の右手の下端に触れることでした。彼がテストを続けたので、まるで彼がその釣り合っている位置から右手を叩こうとしているかのように、彼のタッチがさらにさらに堅くなりました。彼のカタレプシーになった右腕が、実際に固定されたとそのとき私は思ったので、本当に驚きました。

エリクソン◎彼は右手を動かすことができないことを発見しました。カタレプシーの右手を動かすためには、彼は左手を使わなければなりませんでした。彼は肘のところで、右腕を持ち上げるためには左手を使用しなければならないことに気づきました。彼は、右腕を曲げ、それを上下に動かそうとしました。彼は、左手で右の指を前後に動かしました。しかし、彼は右手で右の指を動かすことができませんでした。

エリクソン—通常、あなたが右手を動かしたい場合、そうするために右手を使います。しかしここで、彼は彼の右手を動かすために左手を使っていました。

ロッシ—彼はそのために、解離した右手を保護していましたか？

エリクソン—彼は、どうしたら右手が動くのかわかりませんでした。彼の右手は、彼の左手で動かさなければならなかった物体でした。赤ちゃんが左手で、右手（物とみなされる）の方に手を伸ばすのを、まさにあなたが見ているようなものです。赤ちゃんが、自分の一部として手を見るようになるには、かなりの時間がかかります。

ロッシ—それでは、解離は初期レベルの機能への逆戻りなのでしょうか？

エリクソン—その通り。

ロッシ—解離現象は、催眠における隔世遺伝理論の裏づけになりますか？

エリクソン—あなたは、赤ちゃんの甘えたような物言いを隔世遺伝と言うのですか？

ロッシ—いいえ、それは言葉の問題です。人生の初期により顕著だった機能方法に戻ったとしても、あなたは隔・

世遺伝という言葉が好きでありませんか？

エリクソン―いいえ、私たちが初期学習期間に戻ったとしても隔世遺伝ではありません。あなたの手が物になる場合、どのようにして物を扱うつもりですか？　異質なものを扱うために、大人として自然な方法を使います。あなたの右手が解離すると、右手は異質なものになります。また、あなたは当然、左手でその異質なものを持ちます。左手は異質なものではありません。それはあなたがいつでもすることですので、それは、本当は原始的でありません。あなたが鉛筆を拾い上げるのは、鉛筆があなたにとって異質なものだからです。

これが、催眠誘導の経験的モードです。あなたは被験者に自分の行動と異質なもので遊ぶことを経験させます。それは解離された見方、未知の見方を研究することによって、自己が自己を教えることによって経験できる現象です。

ロッシ―これらの未知の見方は、今日、多くの人々が変性意識状態と言っているものです

無痛覚――トランス経験の承認として感覚と動作をテストすること

Q博士◎私は、右手を動かすのに、約一二キロの力を使いました。

ロッシ◎そのおよそ七、八分後にあなたは右手をつねり始めました。そして無痛覚をテストしました。

Q博士◎私はつねられていることを感じました。しかし、右手に痛みはありませんでした。右手の感覚は弱まっていました。

ロッシ◎触れる感覚はあっても痛みがないのですね。

Q博士◎まだ少しだけ、それ［無痛覚］が残っていました。

ロッシ◎私は、自由選択に関するあなたの質問に非常に興味を持っていました。あなたは、トランスにおいて自由選択を持っていると思っていました。

エリクソン◎彼はそれに関して私と議論しました。

ロッシ◎はい。あなたは自由選択は幻想だと感じています。

Q博士◎私はきちんとテストしなかったと感じています。テストはある特定の範囲内でのものでした。

エリクソン◎わかりました。今、私のメガネがそこにあるか、何回テストする必要がありましたか？
Q博士◎さて、あなたは物をそこにそのままにして、それがそこに留まることを知っている人生を過ごしてきました。
エリクソン◎そして、あなたはワンタッチで生涯にわたる感情を得ました。しかし、あなたはテストを繰り返し続けました。

エリクソン―彼が一二キロ の力を使ったと話しているのは馬鹿げています。なぜなら、腕を曲げるのは、その腕だからです。彼は、それが不合理なことを理解していませんでした。そして、標準状態の意識感覚は「テストする」必要がありません。

ロッシ―感覚をテストしなければならないのなら、すでに変性状態に入っています。

エリクソン―その通り。

ロッシ―したがって、これらのテストや調査はすべて、実際にはトランス経験の承認です。

エリクソン―彼はこの変性状態が好きです。彼はこの変性状態を壊すようなことは、何もしたくないと思っていています。したがって、彼はテストに制限を設けるつもりです。あなたは美しくも脆弱なものを見ます。そして、それを感じたいと思います。あなたはそれを持ち上げ、それに触れます。それを壊したくないので、とても注意深くありたいと思っていています。

ロッシ―これはトランス経験を学習し始めている人がする経験です。それは最初、脆弱な状態です。そこで彼はそれを壊さないように、とても注意深くなっています。何度も経験がある被験者にはこの心配はありません。

エリクソン―Q博士は、まだ他にも疑念を立証する必要があります。

ロッシ―それがまた、いかに安全にトランスを経験するかを極めて慎重に学習する方法であったとしても、このすべてのテストをした後でも彼は疑っています。しかし、なぜ手は、解離すると、無痛になる傾向があるのですか？

エリクソン―手が異質なものになると――

ロッシ―――手のすべての感覚が異質なものになります。なぜなら、その感覚は新しい参照枠の中にあるからです。そして、私たちは未だにその参照枠を体験する方法を知りません。それで良いですか？

エリクソン―その通り。良い被験者が相手なら、彼、彼女は私たちを信頼しているので、どんな参照枠でもオーケーです。
ロッシ—したがって、私たちが見方の変更を避ける場合、私たちは安全な方法で患者を支える必要があります。それは通常は転移です。
エリクソン—あるいは信頼です。

トランス誘導経験の参照枠を変更すること

Q博士◎それは私にとって新しい状況です。私は同じ認識を完全に持っているわけではありませんでした。

エリクソン◎オーケー。次のことを始めましょう。あなたはこれまでに、「ここで私は凍ってしまいました。私は何を言うべきか、わからなくなって話すことができなかったので、とてもビックリしました」と、誰かが言っているのを聞いたことがありますか？

Q博士◎ええ。私は自分ではあんまり経験していませんけど。私は何にも考えることができません。

エリクソン◎しかしそれは、幼児期からあなたがしてきた学習です。

Q博士◎はい。

エリクソン◎それは、あなたがたった今、調べているものです。過去の気持ち、過去の学習です。

ロッシ—新しい状況で、同じ認識を完全には持っていないという彼の最初の発言は、参照枠の変更が催眠誘導の一部であることを示唆しているのですか？　新しい状況、新しい参照枠は、変性状態の意識に帰着します。
エリクソン—はい。
ロッシ—理論的には、感覚だけで片方の手を使って別の手を探すことを患者に求めることによって、トランスを誘導できる可能性があります。それは注目し注意を固定させます。それがかなり珍しい参照枠を導入します。そのとき、あなたはあなたの方法に従っています。
エリクソン—その方法で私はトランスを誘導しました。それは効果的です。それはゆっくりですが、後になると被験者にとってとても印象に残ります。

トランスという変性状態の受け入れに抵抗すること

Q博士◎まだ、私はすべてのものが外から来たように感じます。それは、まだ不自然さがあります。私が経験したことを、私のある部分が、どういうわけか受け入れたがっていないと少し感じます。

エリクソン◎それはあなたの言葉です。「あなたの一部が、別の部分を受け入れる方法を知りません」というのが、正しい言い方です。新しい学習はあなたの以前の学習に適合しません。それをどのように受け入れますか？

Q博士◎私は、しないこと——ほとんど未知のこと——を正当な経験として喜んで受け入れます。

エリクソン◎それは正当でなければなりません。なぜなら、あなたはそれに戸惑っているからです。もし、それが正当でなかったなら、あなたはそれに戸惑うことはないでしょう。［エリクソンは、びっくりするような個人的な経験をいくつか詳しく説明します］

ロッシ◎したがって、びっくりするような経験を生じさせるのは、誤解からです。

エリクソン◎理解する能力がないのです。

ロッシ◎なぜあなたは今、理解する能力がないことを強調するのですか？

エリクソン◎彼［Q博士］は、カタレプシーから無痛覚が生じる方法を理解することができません。彼は時間の経過を理解できませんでした。それで彼は、テスト、テストと繰り返します。彼はいつも同じ反応を発見しました。すべての結果が、過去の経験や学習と矛盾していました。

エリクソン—彼はまだ「不自然さ」を感じています。

ロッシ—それは、彼が変性状態をまだ経験していることを意味しています。

エリクソン—その通り。

ロッシ—あなたは「理解する能力がない」ことを話していましたが、一方で、私は「誤解」という言葉を使いました。ここでの意味に根本的な差がありますか？

エリクソン—そうですね。あなたをびっくりさせて、心を開いたままにするのは、「誤解」ではなく理解の欠如です。

ロッシ—通常の参照枠が回避されると、あなたは心を開いて暗示を構築する準備ができる状態になります。

エリクソン—はい。

ロッシ—患者の理解力における仕組みの次元、または仕組みの欠如にしたがって、催眠プロセスに注意することは、催眠療法家にとって非常に重要です。Q博士の通常の意識セットおよび習慣的な参照枠は、見知らぬ意識領域において、自分を経験するポイントへと回避されることを、まさにQ博士の理解の欠如によって示しました。彼は「すべてのことに異質性」を感じます。この異質性は、実際には、通常の日常的状態の彼の意識が受け入れることが非常に困難であることに気づく変性状態のトランスです。

「偽物」、そして言い訳としての催眠の懐疑的な見方
——変性状態としての日常生活の創造的な瞬間

Q博士◎はい、そして私の一部分が、それが偽物であったという結論を得たいと望みました。なぜなら、偽物であることがそれを説明するからです。私はそのふりをしていました。

エリクソン◎しかし、何が起こるかわからなかったときに、あなたはどのようにそのふりをすることができたのですか？

Q博士◎私はそれを理解する方法を持っていなければなりませんでした。

エリクソン◎最も簡単な方法は理解しないこと、そしてそれを偽物と呼ぶことです。それは理解を避けるということです。

Q博士◎はい、しかし、それはさしあたり私の必要性を満たします。偽物としてそれを理解すれば、私はそれを止めることができます。

エリクソン◎それを止めることができたら、その後は学習する必要がありません。まさに血液は循環しているとハーベー博士[▼訳注19]が言ったとき、彼がペテン師と言われたようなものです。医者は誰も理解したいと思いませんでした。血液が循環しないと考えた方が、ずっと楽でした。

Q博士◎はい、知識体系の変更はあまりしたくありません。

エリクソン◎そして、それについて考えなくてもよいのなら、マジックを受け入れたいという自発的意志です。催眠には理解が必要だったので、禁断の話題forbidden subjectでした。

エリクソン——「私の一部分が、それが偽物であったという結論を得たいと望みました」。

ロッシ——はい、それは彼の古い懐疑的な参照枠です。「偽物」として経験を分類することは、それを古いおなじみの懐疑的な見解へと安全に正当化する方法です。

エリクソン——しかし、彼はできませんでした。それでテスト、テストと繰り返しました。

ロッシ——したがって、これは催眠現象を懐疑的に見る人たちの問題です。彼らは、古い合理主義的な参照枠に新

▼訳注19 イギリスの解剖学者、医師。血液循環説を唱えた。

しい催眠経験を当てはめようとしています。彼らは古い見方を支持するために、生きている現実の経験を否定します。

エリクソン――「私は、それを理解する方法を持っていなければなりませんでした」。彼が受け入れやすかったただ一つの見方は、「偽物」でした。したがって、偽の説明が適合しなくなるまで、彼はそれをテストしなければなりませんでした。

ロッシ――これが、過去の世代の多くの催眠研究者の問題であったと言えるのでしょうか？　彼らは、それまで連綿と続いてきた懐疑の終焉に立ち会いました。そして現象を理解しないで、催眠現象が偽物であると本質的に信じた一九世紀の典型的な合理主義的な参照枠へ適合しようとしました。すなわち「動機づけられた指示」、ロールプレイなどに適合しようとしました。彼らは、私たちすべてがよく知っているもので世界の見方を安定させるように絶えずしている現実的な努力を理解していませんでした。そしてそれは、私たちの内部で絶えず作られる新しいことthe newに、順番に取って代わられる必要があります。新しいことが意識（Rossi, 1972）に出て来るとき、それはときに脅威として経験されます。それは実際に以前の参照枠にとって脅威です。そしてそれは今、新しいことに変わらなければなりません。これは、自らを新しくする意識の恒常的な努力の本質です。通常、古いことと新しいことの間の実際の転換では、変性状態を迎え入れます。すなわち、夢、トランス、瞑想による夢想meditative reverie、インスピレーションの瞬間、新しいことが意識内で明らかになるように、通常の見方が少しの間だけ停止する日常生活での創造的な瞬間です。

エリクソン――どうやってやったか方法を説明したら、魔術師がやったことではなくなります。異質な参照枠からそれを取り出して、通常の参照枠にそれを入れます。

ロッシ――トランス中の異質な参照枠の中に、催眠現象が存在し、私たちが通常の参照枠の制限を回避していることは、まさしく事実です。その結果、私たちは、日常的な自我意識では、通常することができなかったことをすることができます。「異質」という性質から離れるように論理的に説明すると、トランスの変性状態の効力を失います。それで良いですか？

エリクソン――はい。「理解しないこと」に対する最も良い方法は、それを「偽物」と呼ぶことです。それは安易な解決手段であり、理解の回避です。

ロッシ――つまり変性状態を理解しないで、催眠に対して懐疑的な見方をする多くの研究のことを、あなたは言っています。

エリクソン―はい、そうです。それは「偽物」です。ですから私はそれを止めることができます。私は、これ以上のいかなる知性も働かせなくてもよいでしょう。

ロッシ―このことから私は、科学、特に心理学における困難な状況を思い出します。そして、そこでは、物事とは何か what something is という見方を再定義するか、拡大することができるときだけ、基本的に新しい洞察は結晶化させることができます。フロイトは、私たちにセクシュアリティの原動力に対して、深遠な洞察をもたらしました。しかし、彼は、性的なものについて、定義を広げ、変更することだけでそれを行いました。変性状態の種類として、空想、夢想、瞑想、インスピレーションの瞬間などの似たような行為が含まれるように、変性状態の定義を拡大することによってだけ、同様の方法で変性状態としてのトランスの見方を維持することができます。その人の見方、あるいは参照枠を根本的に変更する瞬間でさえ、今では変性状態と定義されています。これに関して実際に正当化する多くの理由があります。なぜなら、夢を見て幻覚を起こしている間、まさに動きを止めているときのような創造的瞬間の間、人々は少しの間、カタレプシーのポーズで凍ったようになるからです。体の活動と激しい内部の仕事の瞬間には、反比例の関係があるように見えます。そういうわけで、人々はより深いトランス状態の間、通常は静かに動かないでいます。

催眠を学習する際の困難

エリクソン◎あなたは、人間行動がどういうものかわかっています。あなたは、未知のことはなかなか受け入れることができず、とても神秘的なことにしてしまいます。

Q博士◎それは、多くの物事を説明します。

エリクソン◎私は、あなたが過去の経験を使って、無痛覚にすることができることを知っていました。私はロッシ博士がそれを知っていたと思いません。しかし、彼はあなたがそうしているのを見ることができました。

Q博士◎私は、何が私に無痛覚をテストさせたのかわかりません。たぶん私が読んだことのせいです。

エリクソン◎なぜなら、あなたは知覚を失ったので、あなたは何かを見つける必要がありました。

ロッシ◎あなたは知覚を失うことを、意識的には知りませんでした。しかし、あなたの中の何かが知っていたので、あなたにテストを促しました。

エリクソン―それは非常に容易に行えるので、この国では鍼治療はとても簡単に受け入れられました。誰もが特定のツボに針を刺すことができます。

ロッシ―しかし、それは催眠を使うケースではありません。それは行うのが困難です。

エリクソン―はい。それは困難です。あなたは異なる参照枠を理解する必要があります。

ロッシ―アメリカ臨床催眠学会のワークショップでは、催眠初心者に、催眠は簡単だと教えています。催眠を誘導するためのアプローチを機械的にいくつか暗記することはとても簡単です。しかし、各個人に独特なトランス指標を認識すること、そして理解することを学ぶためには、多くの忍耐と努力を要します。

エリクソン―その通り。

ロッシ―必要な参照枠について、多くの微妙な思考があります。

エリクソン―私は、このことを理解する必要があるとあなたに言います。そして専門家の聴衆の面前で、何かをデモンストレーションするたびに、「今、あなたは見ていませんでした。聞いていませんでした。考えていませんでした。このような手順です」と聴衆に話します。しかし、特別な何かが私にあると思った上で、実際に観察して考えることを学ぶことは本当に容易です。そういった人たちは「エリクソンは神秘的です」と言います。

ロッシ―本当にエリクソンがしていることを、理解しようとはしないのですね。

トランスを経験的に承認すること
――感覚ー知覚の違いを評価すること

Q博士◎そこには多くの違いがあります。

エリクソン◎そして、あなたがそれらの違いを確認したいと思ったなら、あなたはふりをしていませんでした。私はカタレプシーを暗示しませんでした。私は空中であなたの手に触っただけでした。

エリクソン―その違いを彼が区別したいと思うなら、彼はふりをしませんでした。

ロッシ―彼がそれらを区別しようとしているというまさしくそのことが、何かがそこにあることを意味します。

エリクソン―そして、それは私の指示ではなく、彼がしたことでした。

意識的な確信、そして変性感覚と動作で承認すること

Q博士◎私が無痛覚を受け入れることはとても簡単です。その方法でそれをテストしたことは非常に満足できるように思われました。私は、カタレプシーは二〇%だけ、そして無痛覚は九五%だと信じています。

エリクソン◎あなたは彼らの反応を見て、患者に反論しません。

ロッシ◎あなたは、彼らがたった今経験した催眠現象の真性さに関して、彼らの意識的な懐疑心に反論しません。

エリクソン◎催眠を使用する人には、その懐疑心に反論しようとする人があまりにも多くいます。私は気にしません。それは私の名声の一部です。私はまったく反論しません。

ロッシ◎意識的な確信は、自分の経験から徐々に出なければならないものです。

エリクソン◎その通り。私はそう言い換えることができません。

Q博士◎私はこの二回目ではるかに確信させられました。最初、私は三五%しか確信していませんでした。

ロッシ◎私は全体の中であなたが三回カタレプシーを経験したことに気づきました。そして三回目は、最も顕著で理解しやすいものでした。最初は手が足に触れていて、いくらかサポートが必要でした。二回目は、あなたが他の手でカタレプシーの手を動かそうとしたときでも、三回目のように硬くなっていました。

エリクソン◎あなたは、自信をつけています。

ロッシ◎［エリクソンに］彼が手をテストし始めたとき、カタレプシーがさらに本物になっていくように見えました。彼が左手で右手を動かすと、右手のカタレプシーは堅固になりました。他の人にも同様なことが言えますか？

エリクソン◎それは彼がした経験です。他の人は質問もせずに簡単にそれを受け入れます。

ロッシ◎彼らの意識は彼らの内部経験に対して、素晴らしい感受性を持っています。

エリクソン—彼には筋肉があるにもかかわらずです、カタレプシーをわずか二〇%しか信じていません。彼は成長して筋肉を使う経験を長いことしてきました。しかし、私たちは感覚をテストする能力を発達させることを、真

剣にどれだけ考えたことがあったでしょうか？　私たちは筋肉をコントロールすることを学習しますが、感覚は受け入れるだけです。

ロッシ―それは二〇～九五％一致していないことを説明します。感覚はひとりでに来るように見えます。そして感覚が消えるのは、私たちにとってもっと驚くべきことです。したがって、彼は無痛覚になった催眠に対して九五％確信しています。しかし、筋肉のコントロールは自発的なものです。したがって、彼はカタレプシーを二〇％だけ信じています。感覚は自律的レベルの機能により近いものです。したがって、そこでの変化を私たちが見る場合、それにはさらに説得力があります。

エリクソン―その通り。私は反論しません。私は被験者の参照枠を受け入れます――その方向に行かせるように。あなたは被験者にすべてを見させます。

ロッシ―そして、被験者が見れば見るほど、さらに確信するようになります。

解離、そして変性状態への現代的な経験的アプローチ

ロッシ―解離のやり方、解離させる理由に関して何か言うことがありますか？　そして変性状態への経験的アプローチにおいて解離はどのように働きますか？

エリクソン―無意識は多くの注意の焦点を持っています。そしてあなたの体のどのパートからでも注意の焦点を引っ込めるとき、あなたはそのパートの知的で意識的な理解力を破壊しません。しかし、無意識の注意の焦点は内向的ですので、体のパートは物体 object になります。

ロッシ―精神分析医は、通常の無意識の身体カテクシスが撤回される withdrawn と言うでしょう（Federn, 1952）。

あなたのワークを観察しながら、私はあなたが患者にとても配慮していること、そして患者に与えている期待という態度に感動しました。あなたの深く探るような目と方法で、どれほど患者が動かされていると感じたか、その内のいくつかについて、後から私はコメントしています。この期待しているという態度が、あなたの催眠ワークで解離を容易に引き出すことに貢献しているかどうか、私にはわかりません。催眠ワークは通常の日常生

活での経験とは著しく異なるので、あなたの期待しているという態度によって、空気がすぐに変わります。患者はそれによって、よく知っている期待に満ちた新しい参照枠に置かれます。

患者の自我は不確かになるので、今ここで、この新しい見方から、最もよく知っている行為でさえ再検査しなければなりません。もちろんこの新しい見方は、最初は奇妙で異質です。そして、この奇妙で異質な感覚は、被験者の不確実性とそれらを変わったものか催眠的なものに見せる彼の通常の行為の外見的自律性とを正確に結びつけます。「催眠療法」という普通ではない参照枠に置かれるとき、自我は、通常のコントロールという感覚を失います。そしてそれによって、患者の無意識、あるいはセラピストがそのギャップを埋めることができるようになります。

無意味な儀式を少し使って聴衆を欺くことに成功する山師の能力だけでなく、宗教的、魔術的儀式での「奇妙な」身振り、そして雰囲気に秘められた力を、これによって、さらに説明することができます。例えば、私は以前、演目を二つに分割したステージ催眠術師を見ました。前半では、彼は不思議なトリックをいくつか実行しただけでした。彼は帽子からウサギを出すというようなトリックを始めました。そして、その後、記憶や読心術という「驚くべき」妙技へと進みました。彼は本当に素晴らしかったです。そして、私は彼がどのようにそれらを行ったか考えようとして途方に暮れました。それから、彼のアシスタントが不思議な柱を取り去る間、オーケストラが二、三曲演奏しました。音楽がクライマックスに近づいて期待が高まる雰囲気になったとき、これから彼が催眠をすると発表されました。もちろん、観衆はそれまでに何でも信じる用意ができていました。観衆すべての通常の参照枠が一時的に停止しました。そして、手を組むこと、無意識の手の動きのような被暗示性テストをいくつかして、観衆から最初に注意深く選んだボランティアから、多くの催眠現象を引き出すことに、彼はとてもうまく成功しました。

彼の無意味な儀式（魔法の妙技の一切合切）は、観衆の通常の意識セットを実際に固定して、一部停止しました。普通ではない驚くべきものは、私たちに通常の現実感を与えている参照枠を停止して回避します。この一般化された現実志向が続く場合、正常な自我コントロールは続きます。正常な自我コントロールが続く場合、無意識はギャップを満たすために自主的に中へ入ります。セラピストは、さらにこの時点で介入し、通常の参照枠で

1　注意の固定	経由して	患者の信念と行動を内部の現実に注意を集中させるために利用すること。奇妙で、普通ではなくて、そして「驚くべき」ことを提示すること。
↓		
2　習慣的フレームワークと信念体系を弱めること	経由して	気を逸らすこと、ショック、驚き、「魔法」、疑い、混乱、解離、あるいは患者の習慣的フレームワークを停止するプロセス。崩壊する普通で「通常の」認識。
↓		
3　無意識の探索	経由して	含意、質問、しゃれ、そして他の間接的催眠暗示形式。直接暗示は、通常の認識の崩壊と隙間のため、受け入れられる可能性が高い。
↓		
4　無意識のプロセス	経由して	
↓		
5　催眠反応	経由して	自主的に起こることとして経験する行動の潜在能力を表現すること。

は患者が不可能だったプロセスを喚起することができます。私たちが以前、公式化したもの（Erickson & Rossi, 1979）を改変したフローチャートは、以下のように進行します。

通常、注意を固定させて、患者の通常の参照枠を停止するために、トリック、あるいはいろいろな無意味な儀式を使うことは、現代の催眠療法家にとって、もはやふさわしいことではありません。したがって、Q博士のような高学歴の被験者に対して、あなたは注意を固定させて、通常の参照枠を停止させるために、強烈な関心と期待という態度を用いて内部探査します。そのポイント以降のプロセスを図で示しました。普通ではない前後関係の中で催眠現象を始めるために、新しい方法で自己経験を探求することが、無意味な儀式という古い形式と置き換わります。今の説明で分かっていただけましたか？

エリクソン―はい。［エリクソンは、親指を失くしたように見せかけ、その後、親指をタンスの引き出しで発見して、再び手につけるという巧妙なごまかしトリックをデモンストレーションします］あなたがそうするのを子どもが見ると、親指を引っ張って同じようにしようとします。子どもはあなたがそうしているのを見ました。それは、子ども向けのマジックの世界です。被験者が知的なときは、知的なことにこだわります。被験者が理解して受け入れるのはそういうことです。あなたは患者の参照枠に自分のテクニックを適合しなければなりません。

二　間接的コミュニケーションの学習——参照枠、メタレベル、そして心理療法

エリクソン—最初に催眠の研究を始めたとき、私は言葉でのテクニックに大いなる疑問を感じました。あなたは現時点で被験者を受け入れ、彼の将来に影響を及ぼすことになる考えを提供しています。あなたはさらに、被験者の心を現在から逸らすつもりです。そして、あなたは取り囲む現実から、被験者の心を連れ去ろうとしています。そして、内部経験の世界に被験者の心を導きます。

私が最初に疑問に思ったことは、差し迫った現在、そして差し迫った現実から、まだ知らない、まだ考えたこともない未来へ、そして未来の活動へと、どうやって患者の注意を遠ざけたら良いのかということでした。私は、言葉でのテクニック、そして差し迫った現実状況という現在の話をどういうふうに言ったら良いのか、言葉でのテクニックを非常に正確に定義して、全部書き出すことを始めました。それから、まるで将来が遠い将来であるかのように、私は将来について話します。そして、私はその遠い将来が、今この瞬間にもっともっと近くなるようなフレーズに気づきました。そうすることによって、被験者は、来週、そして次の金曜日、次の木曜日、次の水曜日、次の火曜日、次の月曜日、次の午後、次の午前があるということに抵抗する機会を失くしました。そして、私は将来に関するすべてのメッセージを、被験者に承認させます。なぜなら、彼からその将来に異議を唱える特権、権利、可能性を奪うからです。私は、現在にもっともっと近づくように、遠い将来を持ってきます（「催眠被験者に実験的神経症を誘導するために、複雑な物語を明確に述べるために使用した方法」(Erickson, 1944)を参照）。

私は、腕浮揚、あるいは退行、あるいは幻覚を誘導するための言語表現を考えて、合計三〇ページ、シングルスペースでタイプしました。それから、私はその三〇ページを二五ページ、二〇ページ、一五ページ、一〇ページ、五ページへと絞り込みを始めました。そして私は、実際に効果的だと思われたフレーズを選んで患者の行動の自動反応を作り上げることができました。私は多

くの学生の友だちに、全三〇ページ、二五ページなどで、それを試しました。それは素晴らしい経験です。
それをしたら誰でも、患者の思考方法についてたくさんのことを学びます。彼らが彼らの思考方法を理解するにつれて、他の人がどのようにこれらの言葉を考えるか、楽しみながら考える必要があります。そのようにして、あなたは他の人の参照枠を尊重することを学びます。
あなたが心理療法をしているとき、あなたは患者が言うことを聞き、患者の言葉を使い、そして、それらの言葉を理解することができます。それらの言葉に、あなたはあなた自身の意味を置くことができます。しかし、本当の問題は、患者がそれらの言葉にどんな意味を置いているかということです。あなたは患者の参照枠を知らないので、あなたには理解できません。
若者が、「今日は素晴らしい日です」と言います。彼の参照枠は、恋人と一緒のピクニックです。農民が「今日は素晴らしい日です」と言います。彼の参照枠は、干し草を刈るのに良い日であるということです。若者の参照枠は、彼自身の主観的な喜びでした。農民の参照枠は、厳しい現実に関連した仕事でした。
ロッシ―彼らはまったく異なる意味、まったく異なる参照枠なのに同じ言葉を使いました。
エリクソン―全く異なる意味であっても、彼らの参照枠を知っていたなら、あなたはその意味を理解することができました。
ロッシ―したがって、いつでもセラピストは実際の言葉ではなく、むしろ参照枠を用いて作業します。催眠療法の中で患者に話しかける場合、実際に彼の参照枠に向けて話しています。
エリクソン―あなたは、彼の参照枠に対処しています。
ロッシ―あなたの言葉は、彼の参照枠を変えていますか?
エリクソン―あなたは、患者のいろいろな参照枠へのアクセスを変えるために、彼自身の言葉を使用しています。
ロッシ―それが治療反応です。それは新しい参照枠へのアクセスを獲得することです。
エリクソン―はい、それは新しい参照枠を獲得することです。
ロッシ―患者は患者です。なぜなら、彼は熟練した方法で異なる参照枠を使用する方法を知りません。私はこれらの参照枠が実際には、メタレベルのコミュニケーションだと思います。ベイトソン(Bateson, 1972)は、コミュニケーション(低次、あるいは第一次レベルで)に関するコミュニケーション(高次、あるいは第二次レベルで)

として、メタ・コミュニケーションを説明しました。同様に、私たちは、第一次レベルで言葉に意味を与えるメタ構造として、参照枠を見ることができるかもしれません。メタレベルは通常、無意識です。メタレベルは意識の第一次レベルで重要性がある限定詞なので、あなたはいつでも、これらの無意識のメタレベルのコミュニケーションに対処しています。第一次レベルの一つの会話だけに限定しているとき、論理と数学の根幹で起こる多くのパラドックスを解決するために、『プリンキピア・マテマティカ（数学原理）Principia Mathematica』というホワイトヘッドとラッセルの記念碑的な著作によって、これらのメタレベルのコミュニケーションの必要性が認められました。カーナップは、『言語の論理的なシンタックス Logical Syntax of Language』（Carnap, 1959）の中で、論理学の範疇でこれらの複数レベルのコミュニケーションの微積分法を開発しました。私は以前に精神的な問題に対処するために、コミュニケーションの複数レベルを夢がどのように利用するか、かなり詳細に例証しました（Rossi, 1972, 1973c）。精神的な問題は、第一次レベルの一つの機能に制限された意識の限界の中に問題の起源があります。

私は今、あなたが催眠で同じことをしているのではないかと思っています。第一次レベルの意識は、そのコンテンツに意味を与えている信念体系（参照枠、メタレベルのコミュニケーション）の制限内に必ず留まります。任意の時点での意識は、認識の焦点内にあるどんなものにも制限されています。そして、意識がそれ自身のレベルの焦点の範囲内で操作することができるのは、これらのコンテンツだけです。意識は手を伸ばすことができないので、そのコンテンツに意味を与えて、メタ構造を変更することができません。第一次レベルでの内容は、その上の第二次レベルでの内容を変更することができません。第一次レベルに意味を構築して与えるのは、第二次レベル、あるいはメタレベルです。

このように意識レベル、あるいは第一次レベルの場所で問題を経験する人が、患者であると言えるかもしれません。なぜなら患者は、意識的な日常のコンテンツを、そうでありたいと望む経験にすることができないからです。「助けて、私のメタレベルで、私の参照枠で、私を助けてください。第一次レベルの意識的な経験において、もっと快適さ（適応 adaptation、幸せ、創造力など）を私が経験できるようにお願いします。私は、私自身の意識的な経験を変えることができません。というのは、経験が私自身の意識的なコントロールの範囲外のメタ構造で決定されているからです。それで先生、ここでいくらか私が安心できるように私のメタ構造に、どうか働きかけてもらえますか？」と、患者はセラピストの所に来て実際に言います。

　あなたは間接的アプローチで、第一次レベルの意識的な経験ではなく、これらのメタレベル上の構造と取り引きすることを試みています。患者は通常、あなたが何をしているか知りません。なぜなら患者は、意識の焦点の性質によって、第一次レベルの認識でのコンテンツに制限されているからです。現時点では、あなたの仕事は多少なりとも芸術の域に達しています。今後、これを左脳の科学にするために、直接、患者のメタ構造に対処することによって、記号論理学の訓練を受けた心理学者にパラダイムを分析してもらいたい、と私は思っています。その後、意味論的で構文的なパラダイムを分析し、概説することができます。そして、記号論に関するプラグマティックなパラダイムは、メタレベルで対処する際の基本です。その後、これらのパラダイムは、コントロールされた系統的方法で、実験的にテストすることができます（参照「間接的な暗示の形式」（『ミルトン・エリクソン全集第一巻 Vol. I of The Collected Papers of Milton H. Erickson on Hypnosis』（Erickson, 1980）、暗示の公式化において記号論理学を利用する最初の努力に関して、White, 1979 をさらに参照）。

　もしくは、これらのメタレベルは実際には、治癒と直感的に認識できる人生経験の象徴、イメージ、そしてすべての非合理的形式において、メタレベル自身の独特な論理を持って対処する右脳のスタイルであるとわかるかもしれません。この場合に私たちは、過去において神秘主義、芸術、そして霊的な治癒モードの領域であったことについて、右脳の科学を開発する必要があります。

文献 *References*

Authors' Note: Below references for Erickson and Erickson & Rossi can also be found in the four volumes of *The Collected Papers of Milton H. Erickson on Hypnosis* (New York: Irvington Publishers, 1980):

Volume 1: *On the nature of hypnosis and suggestion*

Volume 2: *Hypnotic alteration of sensory, perceptual and psychophysical processes*

Volume 3: *The hypnotic investigation of psychodynamic processes*

Volume 4: *Hypnotherapy: Innovative approaches*

For a complete listing of the articles in each volume, see *Contents* and *Appendix 1* in Volume 1.

Bakan, P. Hypnotizability, laterality of eye-movements, and functional brain asymmetry. *Perceptual and Motor Skills*, 1969, 28, 927-932.

Bandler, R., & Grinder, J. *Patterns of the hypnotic techniques of Milton H. Erickson, M.D.* (Vol. 1). Cupertino, Calif.: Meta Publications, 1975.

Barber, T. *Hypnosis: A scientific approach.* New York: Van Nostrand Reinhold, 1969.

Bateson, G. *Steps to an ecology of mind.* New York: Ballantine, 1972.

Bateson, G. *Mind and nature.* New York: Dutton, 1979.

Bernheim, H. *Suggestive therapeutics: A treatise on the nature and uses of hypnotism.* Westport, Conn.: Associated Booksellers, 1957. (Originally published, New York: Putnam, 1886, C. A. Herter, M. D., trans.)

Birdwhistell, R. *Introduction to kinesics.* Louisville, Ky.: University of Louisville Press, 1952.

Birdwhistell, R. *Kinesics and context.* Philadelphia: University of Pennsylvania Press, 1971.

Bohm, D. Interview. *Brain/Mind Bulletin,* 1977, 2, 21.

Braid, J. *The power of the mind over the body.* London: Churchill Press, 1846.

Braid, J. *The physiology of fascination of the critics criticised.* Manchester, England: Grant & Co., 1855.

Breuer, J., & Freud, S. *Studies on hysteria* (J. Strachey, Ed. and trans.). New York: Basic Books, 1957. (Originally published, 1895.)

Carnap, R. *Logical syntax of language.* Paterson, New Jersey: Littlefield, Adams, 1959.

Changeaux, J., & Mikoshiba, K. Genetic and "epigenetic" factors regulating synapse formation in vertebrate cerebellum and neuromuscular junction. *Progress in Brain Research,* 1978, 48, 43-66.

Charcot, J. Note sur les divers etats nerveux determines par l'hypnotization sur les hystero-epileptiques. *C. R. de I'Acad des Sciences,* Paris, 1882.

Chevreul, M. *De la baquette divinatorie.* Paris: Mallet-Richelieu, 1854.

Cheek, D. Unconscious perceptions of meaningful sounds during surgical anesthesia as revealed under hypnosis. *American Journal of Clinical Hypnosis,* 1959, 1, 103-113.

Cheek, D. Removal of subconscious resistance to hypnosis using ideomotor questioning techniques. *American Journal of Clinical Hypnosis,* 1960, 3, 103-107.

Cheek, D. The meaning of continued hearing sense under general chemoanesthesia: A progress report and a report of a case.

American Journal of Clinical Hypnosis, 1966, 4, 275-280.

Cheek, D. Communication with the critically ill. *American Journal of Clinical Hypnosis,* 1969, 12, 75-85.(a)

Cheek, D. Significance of dreams in initiating premature labor. *American Journal of Clinical Hypnosis,* 1969, 12, 5-15.(b)

Cheek, D. Sequential head and shoulder movements appearing with age regression in hypnosis to birth. *American Journal of Clinical Hypnosis,* 1974, 16, 261-266.

Cheek, D., & LeCron, L. *Clinical hypnotherapy.* New York: Grune & Stratton, 1968.

Darwin, C. *The expression of emotions in man and animals* (with a Preface by Margaret Mead). New York: Philosophical Library, 1955. (Authorized ed., originally published, 1872.)

Dement, W. *Some must watch while some must sleep.* New York: Norton, 1978.

Erickson, M. The method employed to formulate a complex story for the induction of an experimental neurosis in a hypnotic subject. *Journal of General Psychology,* 1944, 31, 67-84.

Erickson, M. Hypnotic psychotherapy. *The Medical Clinics of North America,* 1948, 571-583.

Erickson, M. Pseudo-orientation in time as a hypnotherapeutic procedure. *Journal of Clinical and Experimental Hypnosis,* 1954, 2, 261-283.

Erickson, M. Naturalistic techniques of hypnosis. *American Journal of Clinical Hypnosis,* 1958, 1, 3-8.

Erickson, M. Historical note on the hand levitation and other ideomotor techniques. *American Journal of Clinical Hypnosis,* 1961, 3, 196-199.

Erickson, M. A hypnotic technique for resistant patients. *American Journal of Clinical Hypnosis,* 1964, 1, 8-82. (a)

Erickson, M. Pantomime techniques in hypnosis and the implications. *American Journal of Clinical Hypnosis,* 1964, 7, 65-70.(b)

Erickson, M. *The collected papers of Milton H. Erickson on hypnosis* (4vols.). Edited by Ernest L. Rossi. New York: Irvington Publishers, 1980.

Erickson, M., & Erickson, E. Concerning the character of posthypnotic behavior. *Journal of General Psychology,* 1941, 2, 94-133.

Erickson, M., Haley, J., & Weakland, J. A transcript of a trance induction with commentary. *American Journal of Clinical Hypnosis,* 1959, 2, 49-84.

Erickson, M., & Rossi, E. Varieties of hypnotic amnesia. *American Journal of Clinical Hypnosis,* 1974, 16, 225-239.

Erickson, M., & Rossi, E. Varieties of double bind. *American Journal of Clinical Hypnosis,* 1975, 17, 143-157.

Erickson, M., & Rossi, E. Two-level communication and the microdynamics of trance. *American Journal of Clinical Hypnosis,* 1976, 18, 153-171.

Erickson, M., & Rossi, E. Autohypnotic experiences of Milton H. Erickson. *American Journal of Clinical Hypnosis,* 1977, 20, 36-54.

Erickson, M., & Rossi, E. *Hypnotherapy: An exploratory casebook.* New York: Irvington Publishers, 1979.

Erickson, M., Rossi, E., & Rossi, S. *Hypnotic realities.* New York: Irvington Publishers, 1976.

Esdaile, J. *Mesmerism in India and its practical application in surgery andmedicine.* Hartford, Conn.: S. Andrus & Son, 1850. (Republished and retitled: *Hypnosis in medicine and surgery. An introduction and supplemental reports on hy pnoanesthesia by W.*

Kroger. New York: Julian Press, 1957.)

Fast, J. *Body language.* New York: M. Evans, 1970.

Federn, P. *Ego psychology and the psychoses.* New York: Basic Books, 1952.

Goffman, E. *Relations in public: Microstudies of the public order.* New York: Basic Books, 1971.

Goleman, D., & Davidson, R. *Consciousness: Brain, states of awareness and mysticism.* New York: Harper & Row, 1979.

Greenough, W., & Juraska, J. Synaptic pruning. *Psychology Today,* July 1979, p. 120.

Grinder, R., Delozier, J., & Bandler, R. *Patterns of the hypnotic techniques of Milton H. Erickson, M.D.* (Vol. 2). Cupertino, Calif.: Meta Publications, 1977.

Haley, J. *Advanced techniques of hypnosis and therapy: Selected papers of Milton H. Erickson, M.D.* New York: Grune & Stratton, 1967.

Hallet, J., & Pelle, A. *Animal kitabu.* New York: Fawcett Crest, 1967.

Hiatt, J., & Kripke, D. Ultradian rhythms in waking gastric activity. *Psychosomatic Medicine,* 1975, 37, 320-325.

Hilgard, E. *Hypnotic Susceptibility.* New York: Harcourt Bruce & World, 1965.

Hubel, D., Wiesel, T., & LeVay, S. Plasticity of ocular dominance columns in monkey striate cortex. *Philosophical Transactions of the Royal Society, Ser. B,* 1977, 278, 377-409.

Hull, C. *Hypnosis and suggestibility: An experimental approach.* New York: Appleton-Century, 1933.

Jung, C. *Collected works.* Princeton: Princeton University Press, Bollingen Series XX. Edited by Sir Herbert Read, Michael Fordham, M.D., and Gerhard Adler, Ph.D. Translated by R. F. C. Hull.

Vol. 6: *Psychological types,* 1971.

Vol. 7: *Two essays on analytical psychology,* 1953.

Vol. 8: *The structure and dynamics of the psyche,* 1960.

Vol. 9: *Archetypes of the collective unconscious* (Part I), 1959.

Vol. 12: *Psychology and alchemy,* 1953.

Vol. 13: *Alchemical studies,* 1967.

Vol. 14:*Mysterium coniunctionis,* 1963.

Vol. 18: *The symbolic life,* 1976. (William McGuire, Executive Editor)

LeCron, L. A hypnotic technique for uncovering unconscious material. *Journal of Clinical and Experimental Hypnosis,* 1954, 2, 76-79.

LeCron, L. A study of age regression under hypnosis. In L. LeCron (Ed.), *Experimental hypnosis,* New York: Citadel, 1965.

Ludwig, A. An historical survey of the early roots of mesmerism. *International Journal of Clinical and Experimental Hypnosis,* 1964, 12, 205-217.

Milechnin, A. The Pavlovian syndrome: A trance state developing in starvation victims. *American Journal of Clinical Hypnosis,* 1962, 4, 162-168.

Miller, G., Galanter, E., & Pribram, K. *The plans and structure of behavior.* New York: Holt, Rinehart & Winston, 1960.

Moore, A., & Amstey, M. Tonic immobility: Part II. Effects of motherneonate separation. *Journal of Neuropsychiatry,* 1963, 4, 338-344.

Pribram, K. *Languages of the brain: Experimental paradoxes and principles in neuropsychology.* Monterey, Calif.: Brooks/Cole, 1971.

Pribram, K. What the fuss is all about. *Revision,* 1978,1, 14-18.

Ravitz, L. History, measurement, and applicability of periodic changes in the electromagnetic field in health and disease. *American Archives of New York Science,* 1962, 98, 1144-1201.

Ravitz, L. *Electrodynamic man encapsulated. Paper presented at the 16th annual meeting,* American Society of Clinical Hypnosis, Toronto, Ontario, 1973.

Rossi, E. *Dreams and the growth of personality: Expanding awareness in psychotherapy.* New York: Pergamon, 1972.

Rossi, E. The dream-protein hypothesis. *American Journal in Psychiatry,* 1973, 130, 1094-1097.(a)

Rossi, E. Psychological shocks and creative moments in psychotherapy. *American Journal of Clinical Hypnosis,* 1973, 16, 9-22.(b)

Rossi, E. Psychosynthesis and the new biology of dreams and psychotherapy. *American Journal of Psychotherapy,* 1973, 27, 34-41.(c)

Rossi, E. The cerebral hemispheres in analytical psychology. *Journal of Analytical Psychology,* 1977, 22, 32-51.

Shor, R. Hypnosis and the concept of the generalized reality-orientation. *American Journal of Psychotherapy,* 1959,13, 582-602.

Shulik, A. *Right- versus left-hemispheric communication styles in hypnotic inductions and the facilitation of hypnotic trance.* Unpublished doctoral dissertation, California School of Professional Psychology, Fresno, 1979.

Sidis, B. *The psychology of suggestion.* New York: Appleton, 1898.

Snyder, E. *Hypnotic poetry.* Philadelphia: University of Pennsylvania Press, 1930.

Tart, C. Measuring the depth of an altered state of consciousness, with particular reference to self-report scales of hypnotic depth. In E. Fromm & R. Shor (Eds.), *Hypnosis: Research developments and perspectives.* Chicago: Aldine Publishing, 1972, 445-477.

Tinterow, M. *Foundations of hypnosis.* Springfield, Ⅲ.: Charles C. Thomas, 1970.

Volgyesi, F. *Hypnosis in man and animals* (2nd ed.). Los Angeles: Wilshire Books, 1968. (Revised in collaboration with G. Klumbies.)

Watson, J. *Psychology from the standpoint of a behaviorist.* Philadelphia: Lippincott, 1919.

Watzlawick, P. *The language of change.* New York: Basic Books, 1978.

Wtazlawick, P., Beavin, A., & Jackson, D. *Pragmatics of human communication.* New York: Norton, 1967.

Watzlawick, P., Weakland, J., & Fisch, R. *Change.* New York: Norton, 1974.

Weber, R. The enfolding-unfolding universe: A conversation with David Bohm. *Revision,* 1978,1, 24-51.

Weitzenhoffer, A. *Hypnotism: An objective study in suggestibility.* New York: Wiley, 1953.

Weitzenhoffer, A. *General techniques of hypnotism.* New York: Grune & Stratton, 1957.

White, D. *Ericksonian hypnotherapeutic approaches: A case study of the treatment of obesity using indirect forms of suggestion.*Unpublished doctoral dissertation, U. S. International University, San Diego, 1979.

Whitehead, A., & Russell, B. *Principia mathematica.* Cambridge: Cambridge University Press, 1910.

訳者あとがき

本書は『Experiencing Hypnosis: Therapeutic Approaches to Altered States』(Irvington Publishers, 1981)の全訳です。そして『催眠の現実 Hypnotic Realities』(Erickson, Rossi & Rossi, 1976)、Hypnotherapy: An Exploratory Casebook (Erickson, Rossi, 1979)の続編で、この本でシリーズが完結しています。

エリクソンは一九八〇年三月に亡くなっていますので、死後一年して本書は出版されました。ロッシは『The February Man』(Erickson, Rossi, 1989)の序文の中で、エリクソンの死後呆然としてしまって何も手につかなかったと書いています。そのような混乱の中で、ロッシがエリクソンから催眠を教わるという本シリーズが完結しました。このシリーズは三冊で出版されていますが、第一巻『催眠の現実』三四八ページ、第二巻『催眠療法』は特に大著で五〇七ページ、そして本書でも二九〇ページあります。日本語にするとこれ以上のページになります。例えば二八八ページの『The February Man』は『ミルトン・エリクソンの二月の男』として四二六ページで出版されました。とすると、特に第二巻はどのように出版するか、とても困難な選択をすることになることはすぐにわかります。訳者はエリクソンの翻訳をしてきましたが、心理学の催眠分野でのエリクソンの販売冊数から考えて、このシリーズ全冊を出版することはかなり困難だろうと考えていました。しかし、このように金剛出版のご努力によって、本シリーズが日本語として出版され、しかもシリーズが完結することは訳者にとって感無量の出来事です。

エリクソンの本は、『アンコモンセラピー』で一躍有名になりましたが、「エリクソン全集」を見ても、四冊のうち一冊、また「レクチャー」シリーズも四冊のうち一冊しか、日本語で出版されていません。これには、エリクソンの本の訳のしにくさとともに、販路の狭さも関係していると思われます。

さて本書に戻りますと、セクションIには「オーシャン・モナークでの講演」(一九五七年一月録音)でエリクソンが行った大きなパラダイムシフトが説明されています。この講演は、催眠誘導と催眠療法の重要な力学を説明していましたが、最後の部分で、間接暗示を用いてグループ催眠のデモンストレーションをしています。「催眠療法においては、世間で言われるような催眠術師の「力」ではなく、患者のポテンシャルと気質が差異の大部分を占めています。セラピストは患者に命令しません。むしろ、『それは常に、考えに応答する機会を彼ら［患者］に提供するという問題です』と、エリクソンは言っています」とここで説明されています。

セクションⅡとセクションⅢでは、トランス誘導と催眠療法に対するエリクソンの二つの基本的アプローチであるカタレプシーと観念運動シグナリングに焦点を当てています。セクションⅡでは歴史的にカタレプシーを検討し、メスメルの手の動きをエスデイルが外科治療で使ったことが説明されています。またブレイド、シャルコー、ベルネームへと進む近代催眠のなかで、ブレイドはメスメルの流体を否定し、単に注意を集中することが必要なだけだと証明しました。そして、カタレプシーを利用したエリクソンの握手誘導について、詳しく説明しています。

セクションⅢでは催眠誘導におけるリバースセットが説明されています。一九五八年のこのときの映像は、スタンフォード大学で、アーネスト・ヒルガードとジェイ・ヘイリーによって録画されました。エリクソンがトランスを深めて、リバースセットを確立する手段として、考えることと、することとの間で、解離を促進する方法が示されています。

最後のセクションⅣでは、催眠経験の学習を取り扱い、臨床催眠を使用する専門家をトレーニングし、自分自身のプロセスを経験できるようにしています。そして二つのセッションで、催眠現象を経験することを学ぶ際に、現代的で、合理的で、科学的な訓練をうけた心が直面する問題が実例で説明されています。

ロッシがエリクソンから催眠を学習するという形で作成された本シリーズ三冊はまさにロッシとともに一歩一歩、エリクソンに近づく道のりを示しています。「私自身は、テクニックを発展させる中で、良い催眠テクニックであると、私が感じるものはどんなものかを理解しました。深いトランスを誘導するためには、三〇ページのいろいろなタイプの暗示が必要でした。それから、三〇ページから、二〇ページへ、一五ページへ、一〇ページへ、五ページへと、私はゆっくり減らして行って、三〇ページ全体でも、一ページだけでも、一つの段落だけでも使うことができるようになりました。しかし、私は、暗示を少しずつ変化させる方法、そしてある暗示を別の暗示に結びつける方法を徹底的に学習しました。その種のことをする場合、患者が示す手本に従った方法で学習します」というような努力をしてエリクソンは、パラダイムシフトしました。その成果をロッシとともに、学習することができることを、ここに読者の皆さんと喜び合い、エリクソンを学習する人が増えることを願っています。第二巻、第三巻（本書）につきましては、第二巻の見直し時間を十分にとり、訳の間違いを極力減らすために、第三巻を先行して発売することになりました。

最後になりましたが本シリーズの完結にご努力いただきました金剛出版、弓手出版部長には、本当に感謝しております。弓手部長のお力添えがなければ、翻訳することはできませんでした。ここに御礼申し上げます。

二〇一七年　横井勝美

[た]

[な]

[は]

[ま]

[や]

[ら]

[わ]

[か]

[さ]

索引

人名

事項

[アルファベット]

[あ]

訳者

横井 勝美（よこい・かつみ）

1955年生まれ

1981年　愛知学院大学歯学部卒業

1985年　愛知学院大学歯学部歯学専攻科（大学院）修了 歯学博士
　　　　愛知学院大学歯学部非常勤講師（小児歯科学講座）
　　　　愛知県あま市にて横井歯科医院開業

訳書

ミルトン・H・エリクソン ほか 著
『ミルトン・エリクソンの催眠の現実』(金剛出版)

ロバート・ディルツ ほか 著
『信じるチカラの，信じられない健康効果』(VOICE)

ミルトン・H・エリクソン／アーネスト・ローレンス・ロッシ 著
『ミルトン・エリクソンの二月の男』(金剛出版)

ミルトン・H・エリクソン ほか 著
『ミルトン・エリクソンの臨床催眠セミナー』(亀田ブックサービス)

ミルトン・エリクソンの

催眠《さいみん》の経験《けいけん》

変性状態への治療的アプローチ

2017年5月10日印刷
2017年5月20日発行

著者
ミルトン・H・エリクソン
アーネスト・L・ロッシ

訳者
横井勝美

発行者 立石正信
発行所 株式会社 金剛出版

112-0005 東京都文京区水道1丁目5番16号
電話 03-3815-6661　振替 00120-6-34848
印刷　平河工業社
製本　東京美術紙工協業組合

ISBN978-4-7724-1558-3 C3011 ©2017 Printed in Japan

ミルトン・エリクソンの 催眠の現実
臨床催眠と間接暗示の手引き

［著］＝M・H・エリクソン ほか　［訳］＝横井勝美

●A5判 ●上製 ●368頁 ●定価 5,400円＋税
● ISBN978-4-7724-1491-3 C3011

エリクソンによる催眠セッションの逐語録に解説を加えた，
催眠暗示テクニックを使った催眠誘導を
学習するための最も優れた手引き。

ミルトン・エリクソンの 二月の男
彼女は，なぜ水を怖がるようになったのか

［著］＝M・H・エリクソン ほか　［監訳］＝横井勝美

●四六判 ●上製 ●450頁 ●定価 5,400円＋税
● ISBN978-4-7724-1295-7 C3011

ミルトン・エリクソン伝説の事例。
彼の臨床が最も充実していた時期のデモケース4セッションが
逐語収録された唯一の記録。

新装版 ミルトン・エリクソンの
催眠療法入門

［著］＝W・H・オハンロン ほか　［監訳］＝宮田敬一　［訳］＝津川秀夫

●A5判 ●並製 ●248頁 ●定価 3,400円＋税
● ISBN978-4-7724-1483-8 C3011

ミルトン・エリクソンの高弟ビル・オハンロンによる
エリクソン催眠の古典的名著，
新装版として満を持しての緊急刊行！

本当の自分を活かし，可能性をひらくための

解決指向催眠実践ガイド

エリクソニアンアプローチ

［著］＝ビル・オハンロン　［訳］＝上地明彦

●A5判 ●上製 ●160頁 ●定価 **2,600**円＋税

● ISBN978-4-7724-1222-3 C3011

著者独特の人を惹きつけてやまない魅力とユーモアセンスで，
解決指向アプローチの基本を催眠という文脈でわかりやすく解説。
恩師ミルトン・エリクソンから授かった学びが散りばめられている。

催眠をはじめるときに知っておきたかった101のこと

［著］＝D・ユーウィン　［訳］＝福井義一

●四六判 ●上製 ●240頁 ●定価 **2,600**円＋税

● ISBN978-4-7724-1526-2 C3011

効果的な暗示のための言葉選びや
ベテラン催眠家だけが知るとっておきのテクニックまで，
催眠テクニックがぐっと上達するヒントが満載の催眠実践ガイド！

願いをかなえる自己催眠

人生に変化を引き起こす９つのツール

［著］＝S・ランクトン　［訳］＝上地明彦

●四六判 ●並製 ●192頁 ●定価 **1,800**円＋税

● ISBN978-4-7724-1316-9 C3011

伝説の催眠療法家ミルトン・エリクソンの一番弟子が練り上げた
自己催眠技法集がついに上陸。
選りすぐり９つのツールがあなたの人生を変える。

マインドフルネスのはじめ方
今この瞬間とあなたの人生を取り戻すために

［著］＝J・カバットジン　［監訳］＝貝谷久宣　［訳］＝鈴木孝信

●A5判　●並製　●200頁　●定価 **2,800**円＋税
● ISBN978-4-7724-1542-2 C3011

読者に考えてもらい実践してもらうための簡潔な言葉と
5つのガイドつき瞑想で体験的にマインドフルネスを学べる入門書。
すぐに実践できるガイドつき瞑想のCD付属！

催眠誘導ハンドブック
基礎から高等テクニックまで

［著］＝I・レドチャウスキー　［訳］＝大谷 彰

●A5判　●並製　●160頁　●定価 **2,200**円＋税
● ISBN978-4-7724-1075-5 C3011

臨床催眠の祖ミルトン・エリクソンのアプローチをベースに，
催眠誘導のテクニックと誘導プロセスを解説する。
これまでありそうでなかった待望の催眠誘導マニュアル決定版。

現代催眠原論
臨床・理論・検証

［著］＝高石 昇　大谷 彰

●A5判　●上製　●400頁　●定価 **6,800**円＋税
● ISBN978-4-7724-1277-3 C3011

ミルトン・エリクソンの現代臨床催眠を継承して
催眠技法を理論面と実践面から解説した，
臨床催眠の第一人者による現代催眠最良の解説書。